Risiko und Risikobegrenzung für den Sicherungsgeber
bei der Sicherungsgrundschuld

Europäische Hochschulschriften
Publications Universitaires Européennes
European University Studies

Reihe II
Rechtswissenschaft

Série II Series II
Droit
Law

Bd./Vol. 3259

PETER LANG
Frankfurt am Main · Berlin · Bern · Bruxelles · New York · Oxford · Wien

Frank Markus Döring

Risiko und Risikobegrenzung für den Sicherungsgeber bei der Sicherungsgrundschuld

PETER LANG
Europäischer Verlag der Wissenschaften

Die Deutsche Bibliothek - CIP-Einheitsaufnahme

Döring, Frank Markus:

Risiko und Risikobegrenzung für den Sicherungsgeber bei der Sicherungsgrundschuld / Frank Markus Döring. - Frankfurt am Main ; Berlin ; Bern ; Bruxelles ; New York ; Oxford ; Wien : Lang, 2001
(Europäische Hochschulschriften : Reihe 2, Rechtswissenschaft ; Bd. 3259)
Zugl.: Kiel, Univ., Diss., 2001
ISBN 3-631-34304-3

D 8
ISSN 0531-7312
ISBN 3-631-34304-3

www.peterlang.de

Gewidmet der Erinnerung an meinen Großvater
Rechtsanwalt Heinz Döring (1908-1944)

Vorwort

Die vorliegende Arbeit wurde im Sommersemester 2001 von der Rechtswissenschaftlichen Fakultät der Christian-Albrechts-Universität zu Kiel als Dissertation angenommen. Dem waren Vorarbeiten vorangegangen, die sich über einen längeren Zeitraum erstreckten. Allen daran Beteiligten gilt mein Dank.

Besonderen Dank schulde ich meinem Doktorvater Prof. Dr. Sven Erik Wunner, der trotz seiner Lehrbelastung meine Dissertation intensiv betreut hat und immer für Gespräche und Vorschläge bereit stand. Aufrichtiger Dank gilt auch Herrn Prof. Dr. Jörn Eckert für seine Anregungen und Hilfestellungen bei der Anfertigung der Arbeit. Für die Beratung in Sachen der Bankenpraxis danke ich Herrn Dr. Hagen Materne.

Für Mitarbeit an der äußeren Gestaltung und den Korrekturen sei Frau Hilke Arends und Herrn Dr. Friedrich Franke gedankt. Und schließlich gebührt meinen Eltern Dank, deren sowohl materielle als auch menschliche Unterstützung schon das Studium, erst recht diese Arbeit ermöglicht hat.

Das Manuskript wurde im April 2000 abgeschlossen. Neben einzelnen Verbesserungen konnten später erschienene Literatur und Rechtsprechung nur noch teilweise berücksichtigt werden.

Flensburg, im Juli 2001

Frank Markus Döring

Inhaltsverzeichnis

Einleitung

Die Sicherungsgrundschuld ist heutzutage das wichtigste Kreditsicherungsmittel der Banken und Sparkassen. Ihre Existenz und ständige Weiterentwicklung jenseits der gesetzlichen Vorschriften des BGB hat eine kaum überschaubare Zahl von Gerichtsentscheidungen, Aufsätzen und Monographien der rechtswissenschaftlichen Literatur hervorgebracht, die sich in vielen speziellen Problemen ergehen.

Mit dieser Arbeit soll der Versuch unternommen werden, einen Überblick über die Meinungsstände zu den grundlegenden Problemen der Sicherungsgrundschuld zu erhalten, insbesondere zu dem Risiko, das der Sicherungsgeber mit der Begebung der Grundschuld als Sicherungsmittel eingeht. Es wird versucht, systematische Lösungen und die Möglichkeiten des Sicherungsgebers zur Risikobegrenzung aufzuzeigen. Die Arbeit erhebt dabei nicht den Anspruch, auch Randprobleme ausführlich zu behandeln und begnügt sich statt dessen mit Hinweisen auf einschlägige Abhandlungen.

Dabei wird festgestellt, daß in vielen Fällen die Vorschriften des BGB nicht ausreichen, um Schwierigkeiten der Sicherungsgrundschuld sowohl systematisch begründet als auch zugleich dem Gerechtigkeitsgefühl entsprechend zu lösen, so daß letztlich viele Unklarheiten verbleiben. Insbesondere die umstrittene Frage des gutgläubig einredefreien Erwerbs der Sicherungsgrundschuld läßt sich anhand der vorhandenen Regelungen nicht befriedigend lösen.

Abschließend werden die Möglichkeiten des Sicherungsgebers zur Risikobegrenzung zusammengefaßt.

Teil I: Die Sicherungsgrundschuld nach heutigem Recht

1. Kapitel: Die Zweigleisigkeit der Grundpfandrechte des BGB

Die Sicherungsgrundschuld ist im Gesetz nicht ausdrücklich geregelt. Bestandteil dieser Rechtsfigur ist aber jedenfalls die in §§1191ff. BGB geregelte Grundschuld, die neben dem in §§1113ff. BGB wesentlich ausführlicher als die Grundschuld normierten anderen Grundpfandrecht, der Hypothek, steht.

A. Die dingliche Gemeinsamkeit von Hypothek und Grundschuld

Das BGB sieht zwei unterschiedliche Grundpfandrechtsformen vor: Zum einen die in §§1113ff. BGB ausführlich geregelte Hypothek, zum anderen die in §§1191ff. BGB mit erheblich weniger Vorschriften bedachte Grundschuld.[1] Die in §§1198 ff. BGB geregelte Rentenschuld ist ein Unterfall der Grundschuld. Sie ist praktisch unbedeutend.[2]

Der Wortlaut der §§1113 und 1191 BGB zeigt die Gemeinsamkeit der beiden Grundpfandrechte. Beide belasten das Grundstück in der Weise, daß eine bestimmte Geldsumme „aus dem Grundstück" zu zahlen ist. Soweit also der Charakter der dinglichen Belastung in Rede steht, sind Hypothek und Grundschuld nicht unterschiedlich.[3] Beide Grundpfandrechte ermöglichen dem Rechtsinhaber einen Zugriff auf das Grundstück zur Erlangung eines Geldwertes.[4] Die Wesensgleichheit der beiden Grundpfandrechte zeigt sich zudem in ihrer Umwandelbarkeit: Gemäß

---

1 Zur besonderen Situation in den neuen Bundesländern vgl. *Welter*, WM 1991, 1189.).

2 Vgl. *Reithmann*, DNotZ 1982, 67.

3 Vgl. *Münstermann*, 13f.; *Seggelke*, 16; *Sohm*, 4f.; *Weisbecker*, 8f.; *Kramer*, 9; *Blomeyer/Löffler*, 39.

4 Vgl. *Münstermann*, 13; *Baur/Stürner*, §36 Rn 62; *Quentin*, 2.

§1198 BGB kann eine Grundschuld in eine Hypothek umgewandelt werden und umgekehrt.[5]

I. Die Rechtsnatur der Grundpfandrechte

Die Rechtsnatur der Grundpfandrechte und insbesondere der Inhalt der durch sie vermittelten Berechtigung ist umstritten. Der Gesetzgeber hat eine eindeutige Beschreibung nicht vorgenommen und die Rechtsnatur der Grundpfandrechte offengelassen.[6]

1. Verwertungsrecht des Gläubigers oder Zahlungspflicht des Eigentümers ?

Im allgemeinen wird das konkrete Recht für den Grundpfandrechtsinhaber aus §1147 BGB hergeleitet: Die Durchsetzung der Rechtsposition des Hypothekars bzw. des Grundschuldgläubigers beschränkt sich auf den Anspruch auf Duldung der Zwangsvollstreckung und damit auf die Verwertung des Grundstücks.[7] Der Inhaber des Grundpfandrechts erlangt also keinen Zahlungsanspruch gegen den Eigentümer.[8]

a. §1113 Abs.1 BGB als Anspruchsgrundlage ?

Die Beschränkung auf das in §1147 BGB festgelegte Zugriffsrecht wird von einigen mit der Erwägung bestritten, die aus der Hypothek resultierende „Zahlungspflicht" bedeute einen Zahlungsanspruch gegen den Eigentümer.[9] §1113 Abs.1 BGB formuliere eine Pflicht zur Zahlung, die notwendigerweise einen Verpflichteten voraussetze, und der könne nur

---

5 Vgl. *Haas*, 3; *Scholz/Lwowski*, Rn 841; *Nußbaum*, 51; *Strecker* in *Planck*, Vorbem. vor §1113, Anm. 3.

6 Vgl. *Schapp*, FG *Söllner*, 477, 483; *ders.*, Sachenrecht, 212.

7 Vgl. nur *Seggelke*, 19; *Clemente*, Sicherungsgrundschuld, 2; *Bremer*, 53; *Nußbaum*, 46; *Quentin*, 3; *Brebeck*, 13.

8 Vgl. Motive, Bd. 3, 595; *Haas*, 6; *Wieling*, Sachenrecht, 374; *Wolff/Raiser*, 528; *Münstermann*, 12ff.; *Pottschmidt/Rohr*, Rn 860. *Bremer*, 95, schlägt deswegen vor, das forderungsunabhängige Grundpfandrecht nicht als Grund"schuld", sondern als Grund"recht" zu bezeichnen; dagegen *Kühnast*, 10ff.

9 So schon *v. Gierke*, 161f. nach der Lehre von der „dinglichen Schuld"; dagegen bereits *Bremer*, 54.

der Eigentümer sein.[10] Mit der Verpflichtung müsse ein Anspruch korrespondieren.[11] Die Vorschrift des §1147 BGB sei zudem als Anspruchsgrundlage ungeeignet, weil sie nur eine Verfahrensvorschrift darstelle.[12]

Die Verweisung des §1147 BGB auf die Zwangsvollstreckung beschränke zudem nur den Gläubiger in der Anspruchsdurchsetzung, ohne eine inhaltliche Bestimmung des Anspruchs auszulösen.[13] Die Verurteilung aus dem Grundpfandrecht müsse daher nicht auf Duldung, sondern auf Vornahme einer Handlung aus dem Grundstück lauten.[14]

Daß dem Gläubiger die Erfüllung einer Leistungspflicht zustehe, ergebe sich zudem aus §1157 BGB, der einen Einredeerhalt anordne. Wenn der Eigentümer Einreden, also Leistungsverweigerungsrechte, habe, müsse auch eine Leistungspflicht bestehen, der gegenüber er sie geltend machen kann.[15] Soweit vorgebracht werde, die Leistung „aus dem Grundstück“ sei unmöglich, stimme das nicht, denn es könnten die Erträgnisse des Grundstücks wie zum Beispiel Mietzahlungen zur Zahlung verwandt werden.[16]

b. Grundpfandrechte als beschränkt dingliche Rechte

Gegen eine Zahlungsverpflichtung des Eigentümers aus dem Grundpfandrecht spricht jedoch die dem Grundpfandrecht als dinglicher Grundstücksbelastung zugrundeliegende Inhaltsbestimmung beschränkt dinglicher Rechte: Wie alle beschränkt dinglichen Rechte sind auch die Grundpfandrechte als Ableitungen aus dem umfassenden und gemäß §903 BGB zur vollständigen Beziehung einer Sache auf eine Person und

---

10 Vgl. *E. Wolf*, 432f.; *Eickmann* im MüKo, 3. Auflage, §1147 Rn 4; *ders.* in *Westermann*, 7. Auflage, 686; ähnlich schon *Kühnast*, 80f. *Güthe*, Hypothekenrecht, 45 meint, aus der Grundschuld sei daher das Grundstück verpflichtet zu zahlen; diese Verpflichtung könne wegen der Handlungsunfähigkeit des Grundstückes nur im Wege der Zwangsvollstreckung erfüllt werden.

11 Vgl. *Kühnast*, 80f.; *Eickmann* im MüKo, 3. Auflage, §1147 Rn 4.

12 Vgl. *Eickmann* im MüKo, 3. Auflage, §1147 Rn 4; *ders.* in *Westermann*, 7. Auflage, 686.

13 Vgl. *Eickmann* im MüKo, 3. Auflage, §1147 Rn 4.

14 Vgl. *v.Gierke*, 162.

15 Vgl. *E. Wolf*, 433.

16 Vgl. *Eickmann* im MüKo, 3. Auflage, §1147 Rn 4; *ders.* in *Westermann*, 7. Auflage, 686.

zur Handlungsfreiheit dieser Person bezüglich der Sache führenden Eigentums anzusehen.[17]

aa. Ableitung aus den Eigentümerrechten

Durch alle beschränkt dinglichen Rechte wird die das Eigentum ausmachende vollständige Rechtsbeziehung zwischen dem Eigentümer und seiner Sache zugunsten eines anderen dahingehend eingeschränkt, daß ein bestimmter Teil der Eigentümerbefugnisse nunmehr dem Inhaber des beschränkt dinglichen Rechts zusteht, während er dem Eigentümer genommen ist.[18] Zu den demnach übertragbaren, vom Eigentum „abspaltbaren" Eigentümerbefugnissen gehört zum Beispiel das Nutzungsrecht insgesamt (Nießbrauch) oder in einzelnen Ausprägungen (Grunddienstbarkeit und beschränkte persönliche Dienstbarkeit).[19]

Durch die Grundpfandrechte wird allerdings nicht das Nutzungsrecht des Eigentümers eingeschränkt. Sie betreffen vielmehr das Eigentümerrecht auf Realisierung der Grundstückswertes, das der Eigentümer insbesondere durch Veräußerung ausüben kann.[20]

bb. „Mobilisierung des Bodens"

Sein Recht, sich den dem Grundstück innewohnenden Kapitalwert zu verschaffen, räumt der Eigentümer durch Bestellung des Grundpfandrechts in Höhe des kapitalmäßigen Nennwertes dem Grundpfandrechtsinhaber ein.[21] Das ursprünglich nur dem Eigentümer gebührende Verwertungsrecht wird also auf eine andere Person insoweit übertragen, als sie das Grundstück dazu benutzen darf, sich den nunmehr ihr gebührenden in dem Grundstück enthaltenen Kapitalwert zu verschaffen.[22] Im

---

17 Vgl. *Baur/Stürner*, §3 Rn 23, 35; *Pottschmidt/Rohr*, Rn 860; *Schapp*, FG *Söllner*, 477, 484ff.

18 Vgl. *Schapp*, Sachenrecht, 212; *Baur/Stürner*, §3 Rn 23, §36 Rn 62.

19 Vgl. *Baur/Stürner*, §3 Rn 36ff.; *Weisbecker*, 6.

20 Vgl. *Baur/Stürner*, §36 Rn 62; *Lohmann*, 9; *Nußbaum*, 45; *Schapp*, FG *Söllner*, 477, 484ff.; *ders.*, Sachenrecht, 213; *Wieacker*, 187; *Schreiber*, Rn 444; *K. Bähr*, 9.

21 Vgl. *H.P. Westermann*, Jura 1979, 281; *Wieacker*, 186f.; *Pottschmidt/Rohr*, Rn 860.

22 Vgl. *Schapp*, Sachenrecht, 213; *H.P. Westermann*, Jura 1979, 281; *Komanns*, 3; *Weisbecker*, 6; *v. Gierke*, 161; *Pottschmidt/Rohr*, Rn 860; *Kramer*, 4. *Lohmann*, 9 entdeckt hierin ein „Verfügungsrecht" des Grundpfandrechtsinhabers.

gleichen Maße, wie dem Grundpfandrechtsinhaber dieses Recht zusteht, wird es dem Grundstückseigentümer genommen. Der Eigentümer kann zwar sein Grundstück immer noch veräußern, der Erlös wird aber um den Betrag des belastenden Grundpfandrechts gemindert sein.[23] Andererseits ermöglicht die Belastung dem Eigentümer die Mobilisierung des Grundstückswertes,[24] ohne daß er dafür das Eigentum durch Veräußerung aufgeben muß.[25]

Das Grundpfandrecht ist demnach die aus den Eigentümerbefugnissen abgeleitete dingliche Position, die es ihrem Inhaber erlaubt, sich den Kapitalwert des Grundstücks durch dessen Verwertung zu verschaffen. Anders als der Eigentümer darf der Grundpfandgläubiger aber das Grundstück nicht veräußern, sondern er ist für die Umsetzung seines Verwertungsrechts auf die Zwangsversteigerung angewiesen.[26]

Nach alledem kann aus dem Grundpfandrecht schon deshalb keine Zahlungspflicht des Eigentümers erwachsen, weil eine solche Verpflichtung nicht Bestandteil des Eigentums ist, aus dem sich das Grundpfandrecht als beschränkt dingliches Recht ableitet.

c. Keine Verpflichtung zur Ablösung

Auch die Vorschrift des §1142 BGB, nach der der Eigentümer den Gläubiger befriedigen kann, läßt keinen anderen Schluß zu. Sie räumt dem Eigentümer nur das *Recht* ein, an den Gläubiger zu zahlen und dadurch die dingliche Belastung seines Grundstückes zu beseitigen. Aus der Tatsache, daß ihm diese Befugnis zusteht, kann jedoch nicht geschlossen werden, daß er auch zur Zahlung *verpflichtet* sei.[27]

---

23 *Oberneck*, 6ff., 14ff. erblickt hierin einen vollständigen Übergang des Eigentumswertes auf den Grundpfandrechtsinhaber in Form einer „Wertparzelle", die ihm allein zustehe. *Obernecks* auf dieser Überlegung fußende „Wertparzellen-Theorie" scheitert aber bereits an der Frage, wie dann die Rangordnung der Grundpfandrechte zu erklären sein soll: Wenn jeder Gläubiger eine „Wertparzelle" innehat, müßte von einer im Verwertungsfall praktisch nicht auflösbaren Gleichrangigkeit ausgegangen werden. Der Theorie hat sich daher zu Recht niemand angeschlossen.

24 So formuliert *Kowalski*, Grundschuld, 7.

25 Vgl. *Seggelke*, 10; *Blomeyer/Löffler*, 29.

26 Vgl. *Wilhelm*, Sachenrecht, Rn 690.

27 Vgl. *Weisbecker*, 6f.; *Komanns*, 3; *Münstermann*, 13; *Kramer*, 5; *Kolbenschlag*, WM 1958, 1434, 1435. *Nußbaum*, 47, sieht eine faktische Zahlungspflicht des Eigentümers, die diesem zur Abwendung der Zwangsvollstreckung auferlegt ist.

Vielmehr muß das Ablösungsrecht aus §1142 BGB als eine Schutzvorschrift zugunsten des Eigentümers angesehen werden, der die Möglichkeit haben soll, den Verlust seines Eigentums an dem Grundstück durch die drohende Zwangsversteigerung abzuwenden.[28] Dabei zeigt schon der Wortlaut der Vorschrift, daß es ihm gleichwohl freisteht, die Zwangsversteigerung geschehen zu lassen und damit den Verlust des Eigentums an dem Grundstück hinzunehmen.[29]

Außerdem ist die Ablösungszahlung des Eigentümers nie im engeren Sinne eine „Zahlung aus dem Grundstück" , denn eine Geldzahlung unter unmittelbarer Verwendung des Grundstücks ist unmöglich, weil seine Bestandteile keine Zahlungsmittel sind. Die Erfüllung einer Pflicht zur Zahlung eines Geldbetrages aus dem Grundstück erscheint folglich ausgeschlossen.[30]

Der Hinweis der Gegenansicht auf die Möglichkeit der Zahlung aus den Erträgnissen des Grundstücks[31] geht fehl, weil sie nicht zu erklären vermag, wie die Zahlungspflicht erfüllt werden soll, wenn das Grundstück keine Erträgnisse abwirft, wie typischerweise bei dem vom Eigentümer selbst bewohnten Hausgrundstück, das Erträge allenfalls in Form der Ersparung von Mietaufwendungen erbringt. Der Eigentümer kann „aus dem Grundstück" demnach nur zahlen, wenn er das Grundstück seinerseits verwertet und einen Veräußerungserlös erzielt.[32] Die Ablösungszahlung, mit der die Preisgabe des Grundstücks gerade abgewendet werden soll, erfolgt deshalb stets aus dem sonstigen Vermögen des Grundstückseigentümers.[33]

Daraus folgt, daß die Formulierung „aus dem Grundstück" nur bedeutet, daß der Gläubiger berechtigt ist, aus dem Erlös der Zwangsversteigerung des Grundstücks seine Befriedigung zu erhalten.[34]

---

28 Vgl. *Münstermann*, 13; *Quentin*, 3.

29 Vgl. *Komanns*, 3.

30 Vgl. *Nußbaum*, 46; *Münstermann*, 13; *Güthe*, DJZ 1908, 929, 930.

31 *Eickmann* im MüKo, 3. Auflage, § 1147, Rn 4; *ders.* in *Westermann*, 7. Auflage, 686.

32 Vgl. *Schapp*, FG *Söllner*, 477, 482.

33 Vgl. *Weber*, Kreditsicherheiten, 199; *Quentin*, 3.

34 Vgl. *Güthe*, DJZ 1908, 929, 930; *Kramer*, 7.

d. Widersprüchlichkeit der Gegenansicht

Letztendlich verstrickt sich die Gegenansicht auch in Widersprüche, die ihren Erwägungen zur Zahlungspflicht des Eigentümers die Überzeugungskraft nehmen. So wird das Grundpfandrecht trotz der vertretenen Zahlungspflicht als „Verwertungsrecht“ bezeichnet.[35] Auch die Folgen der Zahlung auf das Grundpfandrecht werden inkonsequent gelöst: Mit der herrschenden Meinung wird bei der Hypothek als Rechtsfolge der Ablösungszahlung durch den Eigentümer der Übergang der Forderung gemäß §1143 Abs.1 S.1 BGB mit anschließendem Übergang der Hypothek gemäß §1153 Abs.1 BGB angenommen.[36]

Bestünde tatsächlich eine Zahlungspflicht, könnte das Ergebnis nicht stimmen: Die Zahlung müßte als Erfüllung der Pflicht aus der Hypothek gelten, so daß die Hypothek eigentlich erlöschen müßte. Jedenfalls kann die nur mittelbar im Wege des Forderungsübergangs eintretende Rechtsfolge des Hypothekenerwerbs durch den Eigentümer nicht das Ergebnis der Erfüllung sein.

Schließlich vermag diese Auffassung auch nicht die Rechtsfigur der Eigentümergrundschuld zu erklären, weil aus ihr ein Anspruch des Eigentümers gegen sich selbst herrühren müßte.[37]

2. Ergebnis

Hypothek und Grundschuld sind als dingliche Belastung des Grundstücks in der Weise gleichartig, daß sie ihrem Inhaber das Recht gewähren, das Grundstück zur Erlangung des ihm gebührenden Anteils an dessen Kapitalwert zu verwerten.[38]

---

35 Vgl. *Eickmann* in *Westermann*, 7. Auflage, 721.

36 Vgl. *E. Wolf*, 489f.; *Eickmann* in *Westermann*, 7. Auflage, 731.

37 Darauf weisen auch *Brebeck*, 13 und *Kramer*, 7 zutreffend hin.

38 *Sohm*, 18ff. kommt daher zu dem Ergebnis, daß es überhaupt keine privatrechtliche Befugnis aus der Hypothek gebe, da nur ein Anspruch auf gerichtliche Befriedigung bestehe. Der Anspruch richte sich daher gegen die Obrigkeit und habe öffentlich-rechtlichen Charakter (29).

B. Wesentliche Unterschiede zwischen Hypothek und Grundschuld

Hypothek und Grundschuld unterscheiden sich vor allem dadurch voneinander, daß die Hypothek akzessorisch mit der Forderung verbunden und damit von der gesicherten Forderung abhängig ist, während die Grundschuld nicht einmal die Existenz einer Forderung voraussetzt. Daraus resultieren auch für Bestellung und Übertragung von Hypothek und Grundschuld Unterschiede.

I. Akzessorietät

Der maßgebliche Unterschied zwischen beiden Grundpfandrechten ist die Akzessorietät der Hypothek im Gegensatz zur Selbständigkeit der Grundschuld. Wie §1192 BGB zeigt, ist die Grundschuld anders als die Hypothek nicht vom Bestehen einer Forderung abhängig.[39] Welche rechtlichen Konsequenzen sich daraus im einzelnen ergeben, ist allerdings umstritten.[40]

Gegenüber der Grundschuld ist die Hypothek in ihrer Verwendung beschränkt. Sie kann gemäß §1113 BGB nur zur Sicherung einer Forderung eingesetzt werden. Die Beschränkung ihres Zweckes macht es notwendig, den Bestand der Hypothek auch von der Existenz der gesicherten Forderung abhängig zu machen. Dem trägt das Gesetz Rechnung: Nur durch Abtretung der Forderung kann die Hypothek übertragen werden (§§1154, 1153 BGB), bei Erlöschen der Forderung verliert der Gläubiger auch die Hypothek (§1163 Abs.1 S.2 BGB), und wenn die Forderung gar nicht erst valutiert wird, so erwirbt der Gläubiger auch nicht die Hypothek (§1163 Abs.1 S.1 BGB). Einreden des persönlichen Schuldners gegen die Forderung kann der Grundstückseigentümer schließlich gemäß §1137 BGB auch der Inanspruchnahme aus der Hypothek entgegenhalten.

Die rechtliche Lage der Hypothek richtet sich also grundsätzlich nach dem Schicksal der Forderung, die sie sichert. Die Forderung ist damit

---

39 Vgl. *Seggelke*, 16; *H.P. Westermann*, Jura 1979, 281, 285; *Strecker* in *Planck*, §1191 Anm. 1; *Baur/Stürner*, §36 Rn 77.

40 Die Festlegung der durch die Verweisung des §1192 BGB erfaßten Vorschriften bereitet einige Schwierigkeiten. Bereits die Verfasser des Gesetzes hatten dies erkannt: Motive, Bd. 3, 781 formuliert, daß die Festlegung der anwendbaren Vorschriften „mitunter nicht leicht zu entscheiden" sein werde; vgl. auch *Ritter*, 12f. und den Versuch einer Feststellung der anwendbaren Vorschriften bei *Werneburg*, MHB 1918, 99.

das „Hauptrecht“, während die zu ihrer Sicherung bestellte Hypothek nur ein „Anhängsel“, eine *accessio* darstellt.[41]

1. Römisches Recht

Die Vorstellung vom Zusammenhang zwischen Sicherungsrecht und gesicherter Forderung findet sich schon im römischen Recht, das die Notwendigkeit von Kreditsicherungen bereits anerkannte.[42] Dabei kam allerdings die persönliche Sicherung durch Bürgen häufiger vor als die Sachsicherung.[43]

a. Entwicklung des Pfandrechts aus der Sicherungsübereignung

Das Pfandrecht, das sich erst allmählich aus der Sicherungsübereignung (*fiducia*) als *pignus* oder *hypotheca* entwickelte,[44] war an die Forderung gebunden, so daß dem Pfandgläubiger nur eine auf den Sicherungszweck beschränkte Rechtsmacht zukam.[45] Erst die Zulassung anderer Rechte an einer Sache als das Eigentum ermöglichte diese Entwicklung: Das Recht des Pfandgläubigers war nun kein volles Eigentum mehr, setzte sich aber bei legitimer Inanspruchnahme gegen das Eigentum durch.[46]

Die Akzessorietät des Sicherungsrechts entwickelte sich aus dem Streben nach einem Interessenausgleich zwischen Sicherungsgeber und Si-

---

41 Vgl. *Medicus,* JuS 1971, 497; *Baur/Stürner,* §36 Rn 75; *Füchtenbusch,* 11; *Weber*, Kreditsicherheiten, 197.

42 Die wirtschaftliche Notwendigkeit von Kreditsicherungen wird zum Teil in Frage gestellt (vgl. *Adams*, 44ff.). Es kann jedoch nicht von der Hand gewiesen werden, daß die Bereitschaft zur Hingabe von Kapital durch die Möglichkeit, im Falle des Ausfalls der Rückzahlungsforderung und vor allem der gewinnträchtigen Zinsforderung auf den beständigen Wert eines Grundstücks zurückgreifen zu können, erheblich gefördert wird (vgl. *Nußbaum*, 190ff.; *Baur/Stürner*, §36 Rn 8f.; ausführlich *Serick*, Bd. 1, 9ff.). Daß dahinter ein „Mißtrauen“ des Kreditgebers gegenüber seinem Kreditnehmer steht, ist unbestreitbar (vgl. *Bülow*, Rn 1; *Güthe*, Hypothekenrecht, 27f.; *Kühnast*, 108).

43 Vgl. *Kaser*, 383; *Seggelke*, 5f.

44 Vgl. *Kaser*, 384; *Seggelke*, 5; *Güthe*, Hypothekenrecht, 15; *Dernburg*, Bd. I, 7ff.

45 Vgl. *Kaser*, 384f.; *Lohmann*, 2f.; bezweifelnd *Becker-Eberhard*, 131ff. und *Küchler*, 12ff.

46 Vgl. *Dernburg*, Bd. II, 110.

cherungsnehmer.[47] Dem Sicherungsnehmer sollte zwar die Möglichkeit der Haftungserweiterung auf eine andere Person oder eine Sache gegeben werden. Gleichzeitig sollte der Sicherungsgeber vor Übervorteilung geschützt werden, die sich insbesondere dann ergeben konnte, wenn der Gläubiger sowohl aus der Forderung als auch aus dem Pfandrecht Befriedigung verlangte.[48]

b. Akzessorietät zur Vermeidung doppelter Inanspruchnahme

Die Möglichkeit der doppelten Inanspruchnahme war bei den frühen Formen römischer Kreditsicherungen noch gegeben. Bei der Bürgschaft (*sponsio*) ebenso wie beim frühen Pfandrecht, das durch Übereignung der Pfandsache bestellt wurde, ergab sich der Sicherungscharakter allein aus dem Treuvertrag (*pactum fiduciae*) zwischen Sicherungsgeber und Sicherungsnehmer,[49] der aber materiell weder die Verwertung der Sache noch die Inanspruchnahme des – eigenständig verpflichteten – Bürgen verhindern konnte, wenn der Sicherungsnehmer sich an seine Beschränkung nicht hielt.

Erst später entwickelte sich die Idee, daß der Fortfall des Sicherungsinteresses des Gläubigers automatisch auch zum Fortfall des Sicherungsrechts führen müsse, daß also eine existentielle Abhängigkeit des Sicherungsrechts von der Forderung bestehe. Damit war der Gedanke der Akzessorietät geboren.

2. Akzessorietät als Mittel zur Beschränkung der Verwertung auf das Sicherungsinteresse

Die Akzessorietät führt dazu, daß die rechtlichen Handlungsmöglichkeiten des Gläubigers durch das ihm zugebilligte Sicherungsinteresse eingegrenzt wird. Nur solange die Rechtsordnung sein Sicherungsinteresse anerkennt, steht ihm das Sicherungsrecht auch zu.[50] Der Interessenausgleich zwischen Sicherungsgeber und Sicherungsnehmer scheint also durch die Akzessorietät optimal gewährleistet.[51] Dem Sicherungsgeber wird die Befriedigung seines wirtschaftlichen Interesses erleichtert, zugleich wird zugunsten des Sicherungsgebers aber sichergestellt, daß er

---

47 Vgl. *Dernburg*, Bd. I, 515.

48 Vgl. *Zenker*, 87f.; *Füchtenbusch*, 11; *Dernburg*, Bd. I, 515.

49 Vgl. *Güthe*, Hypothekenrecht, 13.

50 Vgl. *Richrath*, 7.

51 Vgl. *G. Bähr*, NJW 1983, 1473, 1474.

er nur bei Fortbestehen des anerkannten Sicherungsinteresses des Gläubigers in Anspruch genommen wird.[52]

Während die Hypothek demnach als akzessorisches Sicherungsrecht vom Bestand der Forderung abhängt, setzt die Grundschuld – wie §1192 BGB zeigt – keine Forderung voraus und ist somit auch nicht von ihr abhängig. Der Anwendungsbereich der Grundschuld ist mithin nicht auf die Forderungssicherung beschränkt und damit weiter als der Anwendungsbereich der Hypothek.

II. Bestellung und Übertragung von Hypothek und Grundschuld

Aus dem Umstand, daß die Hypothek als „Anhängsel" der Forderung ausgestaltet ist, ergeben sich bei ihrer Bestellung und Übertragung Konsequenzen, die für die Grundschuld als nicht forderungsgebundenem Recht nicht in gleicher Weise gelten.

1. Bestellung

Für den dinglichen Bestellungsakt der Grundpfandrechte bestehen keine wesentlichen Unterschiede. Weil es keine Sonderregelungen gibt, vollzieht sich die Bestellung nach den allgemeinen Vorschriften: Die Buchhypothek wird also gemäß §873 BGB durch Einigung über die Entstehung des dinglichen Rechts und Eintragung bestellt, die Buchgrundschuld ebenso. Bei Briefpfandrechten muß noch die Übergabe des Briefes hinzukommen (§1117 BGB).[53]

Die Forderungsbezogenheit der Hypothek erfordert im Gegensatz zur Grundschuld überdies den Bestand der Forderung (§1163 Abs.1 S.1 BGB). Ohne sie wird die Hypothek nicht zum Gläubigerrecht. Daraus folgt, daß auch die dingliche Einigung im Sinne des §873 BGB einen umfangreicheren Inhalt hat als bei der Grundschuld. Die Parteien müssen klären, welche Forderung die Hypothek sichern soll. Ohne Bestimmung der Forderung kann die Hypothek nicht entstehen, weil nicht festgestellt werden könnte, ob die Voraussetzungen des §1163 Abs.1 S.1 BGB vorliegen. Nur für eine durch die Parteien beschriebene Forderung läßt sich sagen, ob sie besteht.

---

52 Vgl. *Füchtenbusch*, 11; *Medicus*, JuS 1971, 497, 498.

53 Zu den praktischen Problemen, die bei der Grundschuldbestellung auftreten können siehe *Opalka*, NJW 1991, 1796.

2. Übertragung

Unterschiede zwischen Hypothek und Grundschuld bestehen bei der Übertragung des existenten Grundpfandrechts. Zwar stellt §873 Abs.1 BGB einen Tatbestand für die Übertragung von Rechten an einem Grundstück bereit, der nach seinem Wortlaut auch Hypothek und Grundschuld erfaßt. Für die Hypothek gelten jedoch die speziellen Sonderregeln der §§1154, 1153 BGB, nach denen eine Übertragung durch Abtretung der Forderung und Übergabe des Briefes bzw. Eintragung erfolgt.

Das führt zu der Frage, wie eine bereits existierende Grundschuld übertragen wird. Während für die Bestellung der Grundschuld wie für die Hypothek die allgemeine Regel des §873 Abs. 1 BGB gilt, die die Bestellung einer Grundschuld durch Einigung und Eintragung anordnet, findet sich in den besonderen Regeln über die Grundschuld (§§1191 ff. BGB) kein Sondertatbestand für die rechtsgeschäftliche Übertragung, wie ihn §§1154, 1153 BGB für die Hypothek bereitstellen.[54]

a. Die entsprechende Anwendung des §1154 BGB auf die Grundschuld

Die Abwesenheit einer Sonderregelung führt dazu, daß für die Grundschuld wiederum die allgemeine Regel des §873 Abs.1 BGB zur Anwendung gelangt, genauer: der allgemeine Übertragungstatbestand für Rechte an einem Grundstück aus §873 Abs.1 3. Var. BGB. Das gilt uneingeschränkt jedenfalls für die Buchgrundschuld, die demnach übertragen wird durch Einigung und Eintragung.

Bei der Briefgrundschuld kann es hingegen nicht bei dem Übertragungstatbestand des §873 Abs.1 3. Var. BGB bleiben. Die Brieferteilung dient dazu, den Publizitätsakt der Grundbucheintragung ersetzen zu können durch die Übergabe des Briefs. Die Grundbucheintragung kann deshalb nicht Tatbestandsmerkmal bei der Übertragung der Briefgrundschuld sein, weil sonst die Brieferteilung sinnlos wäre.[55] Allgemein wird deshalb angenommen, die Briefgrundschuld werde über die Verweisung des

---

54 Ein eigenständiger Übertragungstatbestand findet sich in §1142g eines Gegenentwurfs zur Regelung der Grundpfandrechte: Nach diesem Vorschlag sollte die Übertragung der Grundschuld durch schriftliche Abtretungserklärung und Übergabe des Grundschuldbriefs erfolgen (vgl. die Anlage zum Protokoll 302, Protokolle, Bd. 4, 506). Hintergrund dieses Vorschlages war eine insgesamt andere Konzeption, nach der die Grundschuld als erstes Grundpfandrecht ausführlich geregelt und die Hypothek mit weniger Vorschriften versehen werden sollte (vgl. Protokolle, Bd. 4, 498).

55 Vgl. *Reinicke/Tiedtke*, Kreditsicherung, 4. Auflage, Rn 968.

§1192 BGB in analoger Anwendung des §1154 BGB durch schriftliche Abtretungserklärung und Übergabe des Grundschuldbriefes abgetreten.[56]

Die Analogie knüpft an den Umstand an, daß §1154 BGB für die Abtretung einer durch Hypothek gesicherten Forderung zusätzliche Anforderungen aufstellt, die über den Tatbestand der „einfachen" Abtretung gemäß §398 BGB hinausgehen, namentlich die in §1154 Abs. 1 für die Briefhypothek festgelegten Erfordernisse der Schriftform der Abtretungserklärung und der Übergabe des Hypothekenbriefs. Diese zusätzlichen Anforderungen haben ihren Grund in den Publizitätserfordernissen, die mit der dinglichen, im Grundbuch dokumentierten Sicherung der Forderung durch die Hypothek einher gehen.

Schriftform und Briefübergabe bilden demnach Regeln, die allein wegen der Hypothek als dinglichem Recht aufgestellt wurden. Mit Rücksicht auf die grundbuchliche Sicherung legt §1154 BGB Publizitätsanforderungen für den Übergang des Grundpfandrechts fest. Diese Publizitätsanforderungen müssen für Hypothek und Grundschuld dieselben sein; für eine unterschiedliche Behandlung gibt es keinen Grund, so daß insoweit die entsprechende Anwendung des §1154 Abs.1 BGB auf die Grundschuld – über die Verweisung des §1192 BGB – geboten ist.[57] Daraus folgt, daß bei der Briefgrundschuld ebenso wie bei der Briefhypothek die Einigungserklärung des Übertragenden schriftlich dokumentiert und anschließend der Brief übergeben werden muß – mit der Besonderheit, daß die schriftliche Erklärung sich nicht auf die Abtretung einer Forderung bezieht, sondern auf das dingliche Recht selbst.[58]

---

56 Vgl. *Haas*, 8; *Clemente*, Sicherungsgrundschuld, 34; *Lamb*, JA 1987, 1; *Derleder*, JuS 1971, 90, 93; *Weber*, Kreditsicherheiten, 256; *Wieling*, Sachenrecht, 435. Ausdrücklich findet sich dieser Übertragungstatbestand in §1142g des Gegenentwurfs (vgl. Protokolle, Bd. 4, 506).

57 Die entsprechende Anwendung des §1154 BGB auf die Briefgrundschuld wird durch die Gesetzesmaterialien gestützt. Die Heranziehung des §1154 BGB für die Grundschuld – über die Verweisung des §1192 BGB – wurde in den Verhandlungen ausdrücklich für zulässig erachtet. Der Unterschied zur Hypothek bestehe nur darin, daß nicht die Forderung, sondern das dingliche Recht selbst Gegenstand der Übertragung sei (Motive, Bd.3, 783). Die Überlegungen der zweiten Kommission, für die Grundschuld einen Übertragungstatbestand ausdrücklich zu regeln (§1142g des Gegenentwurfs, Protokolle, Bd. 4, 506), wurden schließlich nicht umgesetzt; sie zeigen jedoch die Absicht des Gesetzgebers, mit §1154 BGB einen allgemeinen Tatbestand für die Publizitätserfordernisse bei Übertragung von Grundpfandrechten zu schaffen.

58 Vgl. *Clemente*, Sicherungsgrundschuld, 34; *Lamb*, JA 1987, 1; *Derleder*, JuS 1971, 90, 93; *Weber*, Kreditsicherheiten, 256; *Wieling*, Sachenrecht, 435.

b. Unklare Sprachregelung

Die Übertragung der Grundschuld erfolgt gemäß §873 Abs.1 3. Var. BGB durch Einigung und Umschreibung im Grundbuch. Bei der Briefgrundschuld wird die Eintragung ersetzt durch die schriftliche Einigungserklärung und die Übergabe des Grundschuldbriefs.[59] Daraus folgt, daß die häufig anzutreffende Formulierung, die „Abtretung“ der Briefgrundschuld richte sich mittels der Verweisung des §1192 BGB in entsprechender Anwendung nach §1154 Abs.1 BGB, in zweifacher Hinsicht zumindest ungenau ist.

Zum einen wird verschwiegen, daß keine vollständige Analogie zu §1154 Abs.1BGB besteht, die entsprechende Anwendung beschränkt ist auf die Publizitätserfordernisse der schriftlichen Übertragungserklärung und der Briefübergabe. Die der Übertragung zugrundeliegende Einigung ist jedoch im Unterschied zur Hypothek keine (Forderungs-)Abtretung gem. §398 BGB, sondern die dingliche Einigung im Sinne des §873 Abs.1 BGB. Zutreffend müßte man des halb formulieren, daß die Briefgrundschuld übertragen wird durch Einigung gem. §873 Abs.1 3. Var. BGB sowie in entsprechender Anwendung des §1154 Abs.1 BGB durch schriftliche Erteilung der Übertragungserklärung und Übergabe des Grundschuldbriefs.

Zum anderen trägt der allgemein geläufige Begriff der „Abtretung“ der Grundschuld zur Verwirrung bei, weil er den Eindruck erweckt, bei der Übertragung der Grundschuld handele es sich um einen der Forderungsabtretung nachgebildeten Vorgang. Das ist nicht der Fall, denn die Übertragung der Grundschuld richtet sich nach §§1154, 873 BGB. Die zu ihrer Übertragung notwendige Einigung ist demnach – anders als bei der hypothekarisch gesicherten Forderung – keine Abtretung im Sinne des §398 BGB, denn sie enthält keine Einigung über einen Forderungsübergang.[60]

Die Übertragung der Grundschuld kann auch nicht gemäß §413 BGB als Übertragung eines „anderen Rechts“ nach §§398ff. BGB angesehen werden. Zwar finden gemäß §413 BGB die Abtretungsregeln auf die Übertragung anderer Rechte Anwendung, aber nur, soweit nicht das Gesetz etwas anderes vorschreibt. Das Gesetz sieht aber für die Grundschuld die Übertragungsregeln der §§1154, 873 BGB vor, so daß die in

---

59 So auch die Differenzierung bei *Reinicke/Tiedtke*, Kreditsicherung, 4. Auflage, Rn 969.

60 Vgl. *Wilhelm*, Sachenrecht, Rn 872.

§413 BGB geforderte Voraussetzung des Fehlens einer anderweitigen Regelung nicht vorliegt.[61]

Zwar ist der Begriff „Abtretung“ nicht auf die Forderungsabtretung und die in §413 BGB erwähnten sonstigen Fälle beschränkt. Die für die Grundschuld maßgebliche Vorschrift des §873 Abs.1 3. Alt. BGB spricht jedoch ausdrücklich von „Übertragung“ des Rechts und damit von einem auch sprachlich von der Forderungsabtretung abzugrenzenden Vorgang. Aus Gründen der Klarheit empfiehlt es sich deshalb, bei der Grundschuld von „Übertragung“ zu sprechen.

III. Unterschiedliche Bestimmung des Nennwerts

Ein weiterer Unterschied zwischen Hypothek und Grundschuld liegt in der Art und Weise der Festlegung der Höhe des dem Gläubiger aus dem Grundpfandrecht zustehenden Kapitalwertanteils.

1. Die Hypothek als Sicherungsrecht

Bei der Hypothek bestimmt sich die Höhe des Betrages, den der Gläubiger bei der Verwertung beanspruchen kann, ausschließlich nach der gesicherten Forderung. Der in das Grundbuch eingetragene Nennwert des Verwertungsrechtes ist der Nennwert der Forderung. Die Hypothek hat also keinen eigenständigen Nennwert.

Nur soweit die Forderung existiert, kann der Hypothekar auch von seinem Verwertungsrecht Gebrauch machen. Erlischt die Forderung, beträgt der dem Hypothekar gebührende Kapitalwert dementsprechend Null, so daß es auch keinen Bedarf mehr für ein Recht des Hypothekars auf Verwertung des Grundstücks gibt. Das Gesetz trägt diesem Umstand dadurch Rechnung, daß es den automatischen Rückfall des Verwertungsrechtes auf den Grundstückseigentümer anordnet (§1163 Abs.1 BGB) und es damit dem Hypothekar entzieht.

Durch diesen Modus der Festlegung des Kapitalwertes stellt sich die Hypothek als reines Sicherungsrecht dar:[62] Die Verwertung des Grundstücks soll dem Rechtsinhaber nur zu dem Kapitalwert zustehen, der seinem Sicherungsinteresse entspricht. Nur wenn er den ihm durch die

---

61 So zutreffend auch *Münstermann*, 37f.; vgl. *Buchholz*, AcP 187 (1987), 107; *Kowalski*, Grundschuld, 46; *Clemente*, Sicherungsgrundschuld, 34, spricht von „Abtretung durch Einigung und Eintragung“.

62 Vgl. *Lamb*, JA 1987, 1; *Eickmann* im MüKo, 3. Auflage, §1113 Rn 81; *Nußbaum*, 46; *Quentin*, 2; *K. Bähr*, 9.

Forderung zugewiesenen Kapitalbetrag nicht durch Einziehung der geschuldeten Geldsumme realisieren kann, soll ihm die – anderweitige – Möglichkeit zur Erlangung des Kapitals zustehen, indem er das Grundstück verwertet.

2. Die Grundschuld als unmittelbare Kapitalzuordnung

Im Unterschied zur Hypothek hat die Grundschuld einen eigenständigen Nennwert, der auch als Betrag der Grundschuld („Grundschuldsumme") in das Grundbuch eingetragen wird und der von keiner Forderung abhängt.[63] Im Unterschied zur Hypothek ist die Grundschuld demnach kein Sicherungsrecht, sondern sie weist ihrem Inhaber den aus dem Verwertungsrecht herrührenden Kapitalwert unmittelbar zu.[64] Ist also die Zuweisung des Kapitalanteils an dem Grundstück bei der Hypothek nur dann gerechtfertigt, wenn dem Hypothekar der Kapitalwert bereits durch die Forderung gebührt, erfolgt die Zuweisung bei der Grundschuld ohne Rücksicht auf eine anderweitige schuldrechtliche Kapitalzuordnung.

Der Unterschied zwischen den beiden Grundpfandrechten zeigt sich auch daran, daß dem Hypothekar gemäß §1163 Abs.1 S.1 BGB das dingliche Recht erst zusteht, wenn die gesicherte Forderung valutiert wurde. Der Erwerbstatbestand für die Hypothek ist nur erfüllt, wenn die gesicherte Forderung zur Existenz gelangt ist. Trotz Einigung und Eintragung der Hypothek in das Grundbuch erlangt der eingetragene Hypothekar seine materielle Gläubigerstellung nur, wenn er die gesicherte Summe an den Schuldner gezahlt hat.

Bei der Grundschuld ist das Schicksal der Forderung hingegen unbeachtlich. Der Gläubiger erwirbt das dingliche Recht bereits mit Eintragung im Grundbuch, die den Erwerbstatbestand der Grundschuld vollendet.[65] Die Bezeichnung als „Grundpfandrecht" trifft deshalb die Grundschuld nicht genau, wenn man mit dem Begriff „Pfand" ein Haftungsobjekt verbindet. Ihrer Rechtsnatur nach ist die Grundschuld kein Haftungsobjekt, sondern die unmittelbare Zuweisung eines dem Grundstück innewohnenden Kapitalwerts.

Dennoch hat sich die Bezeichnung als Grundpfandrecht im Sprachgebrauch durchgesetzt, zumal die Grundschuld in den meisten Fällen

---

63 Vgl. *Opalka*, NJW 1991, 1796; *Lwowski,* Rn 905, 916.

64 Vgl. Motive, Bd. 3, 608; *Lamb*, JA 1987, 1; *Serick*, Bd. 2, 409; *K. Bähr*, 9; *Reinicke/Tiedtke*, Kreditsicherung, 4. Auflage, Rn 968; *Quentin*, 4; unklar bei *Blomeyer/Löffler*, 31.

65 Vgl. *Seggelke*, 40; *Weimar*, 54; *Lohmann*, 32; *Weisbecker*, 19, *Kramer*, 29f.

als Sicherungsgrundschuld Verwendung findet und damit doch Haftungsobjekt wird. Die allgemein gebräuchliche Bezeichnung der Grundschuld als Grundpfandrecht wird deshalb im folgenden beibehalten.

C. Sinn und Zweck der Zweigleisigkeit

Die Beantwortung der Frage nach dem Sinn und Zweck der Zweiteilung der Grundpfandrechte bereitet einige Schwierigkeiten, zumal es fraglich erscheint, inwieweit aus diesem Unterschied zwischen Hypothek und Grundschuld auch unterschiedliche Anwendungsbereiche resultieren. Wäre das der Fall, müßte die Grundschuld zu anderen Zwecken verwendet werden als zur Sicherung einer Forderung, denn das ist der originäre und einzige Anwendungsfall der Hypothek.[66]

I. Anwendungsfälle der isolierten Grundschuld

Praktische Beispiele für Anwendungsfälle der Grundschuld zu anderen Zwecken als zur Sicherung einer Forderung sind jedoch selten.[67] In aller Regel wird die durch sie ermöglichte unmittelbare Zuordnung des Kapitalwertanteils mit der Sicherung einer Forderung verknüpft.[68]

Denkbar wäre als weiterer Anwendungsfall die Erbauseinandersetzung, bei der ein Erbe das Eigentum, ein anderer eine Grundschuld an dem Grundstück erhält. Jedoch sind hierfür in ausreichender Zahl Alternativmöglichkeiten vorstellbar, nicht zuletzt eine Hypothek zur Sicherung der Forderung aus der Erbauseinandersetzung,[69] so daß diese Form der Verwendung nicht die Begründung für ein eigenständiges Rechtsinstitut „Grundschuld“ liefern kann.

Als weitere Beispiele werden die Verwendung der Grundschuld als Gesellschaftereinlage,[70] zur Sicherung eines Veräußerungsverbotes oder zur Gewährung eines vorweggenommenen Erbausgleiches genannt.[71]

---

66 *Münstermann*, 53, geht davon aus, daß die Grundschuld eigentlich einen Anwendungsbereich nur neben der Hypothek haben soll.

67 Teilweise werden sie völlig vernachlässigt, zum Beispiel bei *Lohmann*, 10, der die Grundschuld vollständig als Sicherungsmittel begreift; *Reithmann*, NJW 1973, 879, 880 bezeichnet die Sicherungsgrundschuld als „einzige“ Verwendungsmöglichkeit der Grundschuld.

68 Vgl. *Huber,* Sicherungsgrundschuld, 18; *Münstermann*, 11; *Seggelke*, 17.

69 Vgl. *Blomeyer/Löffler*, 15.

70 Vgl. *Thieme*, JR 1953, 89, 90.

71 Vgl. *Huber,* Sicherungsgrundschuld, 18f.; *Seggelke*, 17; *Komanns*, 4.

Der Vorschlag, die isolierte Grundschuld als Rangsicherungsmittel zu verwenden, indem sie einem Treuhänder übertragen wird,[72] hat keinen Widerhall gefunden.[73]

II. Sicherungsgrundschuld als Regelfall

Wenn demnach die Grundschuld einen Anwendungsbereich hat, der über den der Hypothek hinausgeht, so ist in der Praxis dennoch gerade die Überschneidung mit dem Anwendungsbereich der Hypothek die Regel, indem die Grundschuld zur Sicherung von Forderungen eingesetzt wird.[74]

III. Das akzessorische Sicherungsrecht als Leitbild des BGB

Die Verwendung der Grundschuld als Sicherungsmittel widerspricht auf den ersten Blick den Regelungen des BGB über Sicherungsrechte. Das Gesetz weist nämlich als typisierte und speziell normierte Sicherungsrechte nur solche Rechte auf, bei denen das Akzessorietätsprinzip gilt. Die Vorschriften über Hypothek, Pfandrecht und Bürgschaft erklären stets die Forderung zum Hauptrecht, von dessen Bestand das Sicherungsrecht abhängt. Fraglich ist deshalb, ob die Verwendung der als nicht akzessorisches Recht ausgestalteten Grundschuld zur Forderungssicherung überhaupt mit der gesetzlichen Konzeption vereinbar ist.

1. Keine Ausschließlichkeit akzessorischer Sicherungsrechte

Aus den umfangreichen gesetzlichen Regeln zu akzessorischen Sicherungsrechten zu schließen, Forderungssicherungen seien nach dem Willen des Gesetzgebers überhaupt nur zulässig, wenn der gesetzlich vorgesehene Interessenausgleich gewährleistet ist, wenn also eines der gesetzlich vorgesehenen – akzessorischen – Sicherungsmittel verwen-

---

[72] So *Eickmann*, NJW 1981, 545.

[73] *Eickmann* sieht in seiner Konstruktion einen Vorteil gegenüber der Eigentümergrundschuld, weil sie beim Eigentümer gepfändet werden könne (NJW 1981, 545, 546). Richtig ist zwar, daß eine erfolgreiche Pfändung beim Eigentümer unmöglich ist, wenn ein anderer - der Treuhänder - die Grundschuld innehat, jedoch besteht dann die Möglichkeit, daß sie beim Treuhänder gepfändet wird. Zur Risikominimierung taugt *Eickmann*s Vorschlag also nur, wenn die Pfändung gegen den Eigentümer konkret absehbar ist - so daß sich sein Vorschlag fast wie eine Anleitung an insolvente Schuldner zur Gläubigerbenachteiligung liest.

[74] Vgl. statt vieler *Kowalski*, Grundschuld, 7; *Stöcker*, 31.

det wird, würde die vom Gesetz eröffneten Gestaltungsmöglichkeiten unzulässig verengen.

a. Durchbrechung der materiellen Akzessorietät bei der Hypothek

Gegen eine herausragende Bedeutung des Akzessorietätsgrundsatzes spricht bereits, daß er auch bei der Hypothek (mit Ausnahme der Sicherungshypothek gemäß §1184 BGB) zugunsten des Verkehrsschutzes durchbrochen und ein Mißlingen des eigentlich gewünschten Interessenausgleichs in Kauf genommen wird, wenn Dritte beteiligt sind.[75]

Die materiell gemäß §1163 BGB dem Eigentümer zustehende Hypothek kann gleichwohl gutgläubig erworben werden, wenn der Anfall der Hypothek beim Eigentümer noch nicht in das Grundbuch eingetragen ist, dessen Inhalt für die Hypothek als in das Grundbuch eingetragenes Recht gemäß §892 BGB als richtig gilt.[76] Mithilfe der Forderungsfiktion aus §1138 BGB kann es sogar trotz Befriedigung des Kapitalinteresses beim Gläubiger, der seine Forderung bezahlt erhalten hat, zur Verwertung des Grundpfandrechts kommen, wenn der gutgläubige Dritte seinen Anspruch auf Duldung der Zwangsvollstreckung aus der Hypothek geltend macht.[77]

Der Akzessorietätsgrundsatz wird indessen auch beim gutgläubigen Erwerb einer „forderungsentkleideten" Hypothek nicht aufgegeben, sondern in seiner konstruktiven, formellen Komponente durchgehalten, die die gesicherte Forderung gemäß §§1153, 1154 BGB zum Hauptrecht erklärt, dem das Sicherungsrecht nachfolgt.[78] Die Vorschrift des §1138 BGB (in Verbindung mit §892 BGB analog) fingiert für den Erwerb der Hypothek nach §1153 Abs.1 BGB den Übergang der Forderung und ermöglicht damit die Herbeiführung des Tatbestandes trotz nicht existenter Forderung. Sie stellt damit sicher, daß die Forderung als Hauptrecht „übergeht" und damit der Tatbestand des §1153 Abs.1 BGB erfüllt wird.

Die materielle Komponente des Akzessorietätsgrundsatzes, die auf den Interessenausgleich zwischen Sicherungsgeber und Sicherungsnehmer

---

75 Vgl. *Füchtenbusch*, 19ff.; *Baur/Stürner*, §36 Rn 80.

76 Vgl. *Wieacker*, 189; *Weimar*, 52; *Nußbaum*, 49. Die Tatsache, daß die Hypothek zwar nicht rechtlich, wohl aber wirtschaftlich das Hauptrecht ist, erhält damit ausnahmsweise auch rechtliche Anerkennung, da sie im Interesse des Verkehrsschutzes zum alleinigen Erwerbsobjekt wird (vgl. *Huber*, Sicherungsgrundschuld, 25; *Baur/Stürner*, §36 Rn 81).

77 Vgl. *Baur/Stürner*, §38 Rn 22; *Seckelmann*, 22; *Weimar*, 52.

78 Vgl. *Schwab/Prütting*, Rn 692; *Baur/Stürner*, §36 Rn 81.

abzielt, wird im Interesse der Durchsetzung des Prinzips des öffentlichen Glaubens des Grundbuchs gleichwohl preisgegeben.[79]

Das Gesetz zollt damit der „Zwitterstellung" der Hypothek zwischen Sicherungsrecht und dinglichem Recht Tribut. Die angestrebte Verläßlichkeit des Grundbuchs läßt es notwendig erscheinen, auch eine materiell bereits an den Eigentümer gefallene Hypothek kraft öffentlichen Glaubens des Grundbuchs dennoch erwerbbar zu machen.[80] Etwas anderes gilt nur bei der Sicherungshypothek, die als reines Sicherungsrecht den öffentlichen Glauben des Grundbuchs hinter das dem Schutz des Eigentümers dienende Akzessorietätsprinzip zurücktreten läßt.[81]

b. Vorrang des Verkehrsschutzes

Damit wird die gesetzgeberische Konzeption der Hypothek deutlich: Die Verkehrsfähigkeit der Hypothek sollte eine wichtigere Rolle spielen als die Akzessorietät. Das trägt dazu bei, daß den wirtschaftlichen Wert der hypothekarisch gesicherten Forderung nicht die Forderung, sondern in erster Linie die Hypothek ausmacht. Solange die Hypothek im Grundbuch eingetragen ist, bleibt grundsätzlich auch ihr Erwerb möglich.

Der Akzessorietätsgrundsatz ist also durch den BGB-Gesetzgeber nicht zum unumstößlichen Dogma erhoben worden, so daß für Forderungssicherheiten keine Ausschließlichkeit akzessorischer Sicherungen besteht. Gegen die Verwendung der Grundschuld als Sicherungsmittel bestehen nach alledem ebensowenig Bedenken wie gegen die Sicherungsübereignung und die Sicherungsabtretung einer Forderung, die als nichtakzessorische Sicherungsmittel im Anwendungsbereich der akzessorischen Pfandrechte an beweglichen Sachen und Rechten gebräuchlich sind.

2. Einführung der Grundschuld zur Verwendung als Sicherungsgrundschuld

Gegen die Ausschließlichkeit akzessorischer Sicherungen spricht schließlich, daß die Einfügung des Rechtsinstituts Grundschuld in das BGB in voller Kenntnis der Tatsache vorgenommen wurde, daß sie als

---

79 Vgl. *Zenker*, 141; *Medicus*, JuS 1971, 497, 500; *Lohmann*, 9f.; *Güthe*, Hypothekenrecht, 46f.; *Heck*, 345; *Strecker* in *Planck*, Vorbem. vor §1113, Anm. 2a.

80 Vgl. *Baur/Stürner*, §36 Rn 81; *Wieacker*, 189.

81 Vgl. *Medicus*, JuS 1974, 497, 500.

nichtakzessorisches Grundpfandrecht zur Forderungssicherung verwendet werden würde.[82] Einen Grund für die Einfügung der Grundschuld bildete die Überlegung, die Grundschuld habe sich in den Gebieten des Reichs, in denen sie bereits vorher existierte, als wirtschaftlich gut nutzbar erwiesen.[83] Der „wirtschaftliche Nutzen“ bestand in der Verwendung als Sicherungsmittel. Außerdem: Hätte die Verwendung der Grundschuld zu Sicherungszwecken verhindert werden sollen, wäre das im Gesetz zum Ausdruck gebracht worden.

Das ist jedoch nicht der Fall. Im Gegenteil findet sich in §223 Abs.2 BGB sogar ein Hinweis auf die Zulässigkeit nichtakzessorischer Sicherungen. Nach dieser Vorschrift kann wegen Verjährung einer Forderung nicht die Rückübertragung einer für diese Forderung gegebenen Sicherheit verlangt werden. Die akzessorischen Sicherungsrechte können mit dieser Regel nicht gemeint sein, weil sie bereits in §223 Abs.1 BGB eine Regelung erfahren.[84]

Der Gesetzgeber wollte also die Verwendung der Grundschuld als Sicherungsmittel für Forderungen nicht ausschließen. Vielmehr sollte gerade die Möglichkeit der Wahl zwischen akzessorischer und nichtakzessorischer Sicherung eröffnet werden.[85]

IV. Erleichterte Rechtsvereinheitlichung durch Einführung der Grundschuld

Die Einfügung der Grundschuld in das BGB führte zur Schaffung eines weiteren, die akzessorischen Sicherheiten ergänzenden Sicherungsmittels. Neben dieser Intention dürfte die Einführung der Grundschuld indessen vor allem auf die Überlegung zurückzuführen sein, daß mit der Grundschuld eine leichtere Rechtsvereinheitlichung in Deutschland ermöglicht werden würde.[86]

---

82 Vgl. Motive, Bd. 3, 610, 779; *Nußbaum*, 175; *Radloff*, DJZ 1929, 981, 982.

83 Vgl. Motive, Bd. 3, 608, 610.

84 Vgl. *Kramer*, 17.

85 Vgl. *Haas*, 15. Nicht überzeugend ist die Auffassung *Zenkers*, der die Sicherungsgrundschuld zur Sicherung von Forderungen aus laufender Geschäftsbedingung als unzulässige Umgehung der Höchstbetragshypothek ansieht, weil diese zwingend als das Grundpfandrecht zur Sicherung laufender Forderungen vorgeschrieben sei (153ff.). Er setzt sich damit in Widerspruch zu seinem eigenen zuvor erzielten Ergebnis, nach dem der Einsatz der Grundschuld im Anwendungsbereich der Hypothek zulässig ist (146).

86 Vgl. Motive, Bd. 3, 607ff.; Protokolle, Bd. 4, 497ff.

1. Die Rechtslage vor Inkrafttreten des BGB

Vor Inkrafttreten des BGB hatten in Deutschland unterschiedliche Grundpfandrechte existiert:[87] In Süddeutschland gab es im wesentlichen die akzessorische Hypothek, der die heutige Hypothek nachgebildet ist. Im Norden hingegen existierten verschiedene nichtakzessorische Grundpfandrechte mit unterschiedlicher Bezeichnung, zum Beispiel die Hypotheken des mecklenburgischen[88] oder des hamburgischen Rechts[89], die trotz dieser Bezeichnung nicht akzessorisch zu einer Forderung waren, gleichwohl aber als Sicherungsmittel für Forderungen Verwendung fanden.[90]

Die Existenz dieser unterschiedlichen Regelungen führte dazu, daß bereits im preußischen Eigentumserwerbsgesetz vom 5.5.1872 erstmals neben der akzessorischen Hypothek auch ein nichtakzessorisches Grundpfandrecht geregelt wurde, das die Bezeichnung „Grundschuld" erhielt.[91] Motiviert war diese Gesetzgebung wohl durch den Erfolg der mecklenburgischen Regelung eines nichtakzessorischen Grundpfandrechts, das von der Kreditwirtschaft sehr positiv angenommen worden war, weil die „Hinderlichkeiten" der Forderungsabhängigkeit fehlten.[92]

Im übrigen hatte sich in Deutschland jedoch die Hypothek als akzessorisches Grundpfandrecht durchgesetzt. Aus den akzessorischen Pfandrechten des römischen Rechts (*hypotheca* und *pignus*)[93] hatte sich die

---

87 Zur geschichtlichen Entwicklung vgl. die eingehende Darstellung von *Buchholz*, Abstraktionsprinzip und Immobiliarrecht (1978).

88 Mecklenburg-Schwerinische revidierte Hypothekenordnung für Landgüter vom 18.10.1848; vgl. *Bremer*, 76.

89 Gesetz über Grundeigentum und Hypotheken vom 4. Dezember 1868.

90 Vgl. *Seckelmann*, 13f.; *Polzin*, AcP 134 (1931), 219; *Seggelke*, 10f.; im einzelnen: *Buchholz*, in: *Coing/Wilhelm*, 218-239. In Anlehnung an die Bezeichnung als „Hypothek" in diesen Rechtsordnungen findet sich für die Grundschuld vielfach noch der Begriff der „selbständigen Hypothek", vgl. zum Beispiel Motive, Bd. 3, 610.

91 Vgl. *Seckelmann*, 16; *Münstermann*, 57; *Seggelke*, 12f. Wegen des „Erfolges" des nichtakzessorischen Grundpfandrechts in Mecklenburg sieht *Bremer*, 4, die Schaffung eines forderungsunabhängigen Grundpfandrechts sogar als das Ziel des Gesetzes an.

92 Vgl. *Seggelke*, 10; *Nußbaum*, 174f.; *Riecke*, 8f.; *Felgentraeger*, FS *Gierke*, 140, 141; *Polzin*, AcP 134 (1931), 219.

93 Die *hypotheca* ist das besitzlose Pfandrecht, das insbesondere zur Verpfändung von landwirtschaftlichem Inventar benutzt wurde, das beim Verpfänder

Vorstellung, daß eine Sachhaftung automatisch auf das Sicherungsinteresse des Gläubigers begrenzt sein müßte, auch für die Grundpfandrechte entwickelt.[94] Ebensowenig wie das klassische römische Recht kannte demnach das gemeine Recht ein von der Forderung unabhängiges, also nichtakzessorisches Pfandrecht.[95]

2. *Begründung der Übernahme der Grundschuld in das BGB*

Der Grund für die Übernahme der Grundschuld in das BGB war dann auch die Erwägung, daß man den Gebieten des Reichs, in denen es die akzessorische Hypothek nicht gab, ein erhebliches Umdenken ersparen und womöglich auch ein identitätsstiftendes Rechtsinstitut erhalten wollte.[96] Die Akzeptanz des BGB sollte dadurch insgesamt gesteigert werden.[97]

Kaum haltbar scheint hingegen die These, daß dabei die Hoffnung mitschwang, das „unliebsame" Rechtsinstitut der Grundschuld werde bald absterben.[98] Die Einführung der Grundschuld verfolgte gerade das Ziel, die Möglichkeit der Verwendung als Sicherungsgrundschuld und damit eine Alternative zur Hypothek zu schaffen.[99]

---

verbleiben sollte; *pignus* ist das Besitzpfandrecht (vgl. *Güthe*, Hypothekenrecht, 15f.; *Dernburg*, Bd. I, 44ff.).

94 Vgl. *Seggelke*, 5ff. Die jüngere Satzung enthielt sowohl bereits die Beschränkung der Verwertung der Hypothek auf die Zwangsvollstreckug als auch die Eintragung in des Grundbuch als Voraussetzung des Rechtserwerbs (vgl. *Güthe*, Hypothekenrecht, 21).

95 Vgl. *Lohmann*, 2f.; *Güthe*, Hypothekenrecht, 40; *Seckelmann*, 14ff.; *Seggelke*, 6ff. *Becker-Eberhard*, 131ff. bezweifelt die durchgängige Akzessorietät des römischen Pfandrechts. Seine These findet jedoch in den Quellen nur wenige Stützen (vgl. die ausführlichen Verweisungen bei *Kaser*, 384f. sowie die Erläuterungen bei *Dernburg*, Bd. II, 574f.).

96 Vgl. *Seggelke*, 14; *Seckelmann*, 19ff.; *Zenker*, 147f.; *Haas*, 15; *Münstermann*, 53.

97 Vgl. Protokolle, Bd. 3, 791, 794; *Felgentraeger*, FS *Gierke*, 140, 142.

98 So *Buchholz*, AcP 187 (1987), 107, 110.

99 Vgl. Motive, Bd. 3, 610, 779; *Nußbaum*, 175.

2. Kapitel: Begriff der Sicherungsgrundschuld

Eine spezielle gesetzliche Regelung für die Sicherungsgrundschuld existiert nicht. Gleichwohl ist sie das wichtigste Kreditsicherungsmittel der Banken[1] und damit ein in der Praxis unentbehrliches Rechtsinstitut.[2]

A. Notwendigkeit vereinheitlichender Aussagen

Die wegen der überwiegenden Verwendung der Grundschuld zu Sicherungszwecken in der Praxis auftretenden rechtlichen Probleme sind in einer großen Zahl von Literaturbeiträgen und Gerichtsentscheidungen behandelt worden, so daß sich trotz Fehlens einer gesetzlichen Regelung vereinheitlichende Aussagen über die Sicherungsgrundschuld treffen lassen.[3] Solche sind in Anbetracht der erheblichen praktischen Bedeutung dieses Rechtsinstituts auch im Interesse der Rechtssicherheit für alle Beteiligten notwendig. Die einheitliche Handhabung der Sicherungsgrundschuld entspricht auch der Praxis der Kreditinstitute, die für die Bestellung von Sicherungsgrundschulden in aller Regel Formulare verwenden, die allesamt nahezu wortgleich sind.[4]

B. Definition

Erste Voraussetzung für die rechtliche Einordnung der Sicherungsgrundschuld und die Festlegung eines einheitlichen rechtlichen Rahmens ist die Definition des Begriffs der Sicherungsgrundschuld.

---

1 Vgl. *Buchholz*, AcP 187 (1987), 107, 108. Von den Wohnungsbaukredite der Banken werden zwei Drittel durch Sicherungsgrundschulden gesichert (vgl. *Stöcker*, 24). Zu den Gründen für die Bevorzugung der Sicherungsgrundschuld gegenüber der Hypothek siehe unten das 3. Kapitel.

2 Zu dieser Folgerung gelangt auch *Schwerdtner*, Jura 1986, 259, 260.

3 Vgl. *Buchholz*, AcP 187 (1987), 107, 109; *Baur/Stürner*, §45 Rn 1.

4 Vgl. *Clemente*, Rechtsfragen der Kreditsicherung, 8; *Broihan*, 17.

I. Grundschuld zur Sicherung einer Forderung

Allgemein besteht dabei Übereinstimmung, daß die Sicherungsgrundschuld eine Grundschuld ist, die Kraft vertraglicher Bestimmung der Sicherung einer Forderung dient.[5] Diese Definition ist weitgehend unumstritten, wenngleich der Begriff „Sicherungsgrundschuld" wegen der Verwechselungsgefahr mit der Sicherungshypothek von einigen als unpassend empfunden wird.[6]

Nach dieser allgemeinen Definition sind für die Sicherungsgrundschuld mehrere Entstehungstatbestände möglich. Die Grundschuld kann dem Sicherungsnehmer durch den Eigentümer verschafft werden, und zwar entweder durch Neubestellung einer Grundschuld für den Sicherungsnehmer oder durch Übertragung einer bereits existenten Eigentümergrundschuld. In diesem Fall wird der Sicherungsvertrag stets zwischen dem Eigentümer des belasteten Grundstücks und dem Sicherungsnehmer geschlossen.

Denkbar ist eine vertragliche Beziehung zwischen Eigentümer und Sicherungsnehmer aber auch, wenn der Eigentümer nicht am dinglichen Vollzug der Grundschuld-Verschaffung durch Neubestellung oder Übertragung beteiligt ist, wenn nämlich zunächst ein Sicherungsvertrag geschlossen und sodann eine Fremdgrundschuld vom bisherigen Gläubiger auf den neuen Grundschuldgläubiger übertragen wird. Eine solche Konstellation ist regelmäßig anzutreffen, wenn der Eigentümer bereits eine Sicherungsgrundschuld bestellt und seinen Rückgewähranspruch an einen weiteren Sicherungsnehmer abgetreten hat. Die Grundschuld kann dann nach Wegfall des (ersten) Sicherungszwecks direkt auf den (zweiten) Sicherungsnehmer übertragen werden.[7]

Schließlich kann eine Grundschuld auch ganz ohne Beteiligung des Eigentümers als Sicherungsmittel eingesetzt werden, wenn dem Sicherungsnehmer eine bereits existierende Fremdgrundschuld übertragen wird, die jedoch zur Sicherung einer Forderung gegen den bisherigen Grundschuldgläubiger eingesetzt wird.[8]

---

5 Vgl. *Baur/Stürner*, §45 Rn 1; *Seggelke*, 28; *Rünger*, 9; *Weber*, Kreditsicherheiten, 251.

6 Vgl. *Baur/Stürner*, §45 Rn 3; *Broihan*, 17; *Kowalski*, Grundschuld, 14; *ders.*, JW 1934, 1837.

7 Vgl. *Huber*, Sicherungsgrundschuld, 23.

8 Vgl. *Huber*, Sicherungsgrundschuld, 21; *Seggelke*, 38; *Baur/Stürner*, §45 Rn 74; *Serick*, Bd. 2, 417; *Reinicke/Tiedtke*, Kreditsicherung, 4. Auflage, Rn 977.

II. Die sichernde Fremdgrundschuld als Sicherungsgrundschuld ?

Das weite Verständnis des Begriffs der Sicherungsgrundschuld unter Einschluß der zu Sicherungszwecken übertragenen Fremdgrundschuld ist nicht unumstritten.

1. Die Definition Hubers

Huber hält den Abschluß des Sicherungsvertrags zwischen Eigentümer und Sicherungsnehmer für ein Wesensmerkmal der Sicherungsgrundschuld, weshalb die sichernde Fremdgrundschuld nicht unter den Begriff der Sicherungsgrundschuld zu fassen sei.[9] *Huber* definiert die Sicherungsgrundschuld wie folgt:

> „Sicherungsgrundschuld ist eine Grundschuld, die aufgrund eines zwischen dem Grundschuldgläubiger und dem Eigentümer des belasteten Grundstücks abgeschlossenen schuldrechtlichen Vertrages zur Sicherung einer Geldforderung dienen soll“[10].

Zur Begründung für die Beschränkung des Begriffs der Sicherungsgrundschuld führt *Huber* die Hypothekenähnlichkeit der Sicherungsgrundschuld an.[11] Die Hypothek könne nur existieren, wenn der Eigentümer an ihrer Entstehung beteiligt gewesen sei. Die Übertragung einer Hypothek zur Sicherung einer (neuen) Forderung sei ausgeschlossen, weil die Hypothek nur zur Sicherung der ursprünglichen Forderung eingesetzt und daher nicht ohne diese übertragen werden könne (§1153 BGB). Erlösche die Forderung, falle das Grundpfandrecht wieder an den Eigentümer (§1163 Abs.1 S.1 BGB).[12]

Nur bei Beteiligung des Eigentümers am Sicherungsvertrag trete die typische Konstellation auf, die vom Konflikt zwischen unbeschränktem dinglichen Verwertungsrecht und dem schuldrechtlich beschränkenden Sicherungsvertrag geprägt sei. Nur dann erlangten auch die anhand der

---

9 *Huber*, Sicherungsgrundschuld, 21ff.; zustimmend *Haas*, 17 und wohl auch *Gaberdiel*, 102ff.

10 *Huber*, Sicherungsgrundschuld, 24.

11 *Huber*, Sicherungsgrundschuld, 21.

12 Die Hypothek kann allerdings im Verbund mit der gesicherten Forderung als Sicherungsmittel eingesetzt werden, und zwar durch Verpfändung (§§1274 Abs. 1, 1154, 1153 BGB) oder durch Sicherheitsabtretung (§§305, 1154, 1153 BGB). Ihr eigener Sicherungszweck als Hypothek ändert sich dabei aber nicht, sondern bleibt auf die ursprünglich gesicherte Forderung gerichtet.

§§1157, 1169 BGB zu beantwortenden Fragen des Bestands- und Verkehrsschutzes Bedeutung.[13]

2. Dreistufiger Begriff der Sicherungsgrundschuld

Demgegenüber wird von einigen ein weiterer, die sichernde Fremdgrundschuld ausdrücklich einschließender Begriff der Sicherungsgrundschuld vertreten. Eine Sicherungsgrundschuld soll demnach allgemein vorliegen, wenn drei Voraussetzungen gegeben sind:

1. die Forderung (und das sie begründende Rechtsverhältnis; in der Regel ein Darlehen),
2. der Sicherungsvertrag bzw. die Sicherungsabrede oder Zweckerklärung (diese Begriffe werden synonym verwandt),
3. der dingliche Vollzug (Bestellung einer neuen oder Übertragung einer bereits bestehenden Grundschuld).[14]

Die Einbeziehung der sichernden Fremdgrundschuld wird als erforderlich angesehen, weil es wünschenswert sei, über die zur Forderungssicherung verwendete Grundschuld auch dann vereinheitlichende Aussagen zu treffen, wenn der Eigentümer nicht Sicherungsgeber sei.[15] Die Konstellation bei der Übertragung der Fremdgrundschuld unterscheide sich nicht grundlegend von derjenigen bei Übertragung durch den oder auf Veranlassung des Eigentümers.[16]

3. Sachgerechte Beschränkung auf den Sicherungsvertrag mit dem Eigentümer

Auf den ersten Blick erscheint das Anliegen, einen möglichst weiten Begriff der Sicherungsgrundschuld zu finden, durchaus plausibel. Es kommt hinzu, daß sich die von *Huber* angeführte Parallele zur Hypothek bezweifeln läßt. Weil die Grundschuld unabhängig von einer gesicherten Forderung besteht, sind akzessorietätsbedingte Grundsätze auf sie nicht

---

13 *Huber*, Sicherungsgrundschuld, 22.

14 Vgl. *Buchholz*, ZIP 1987, 891, 892; *Reinicke/Tiedtke*, Kreditsicherung, 4. Auflage, Rn 975; *Neuhof/Richrath*, NJW 1996, 2894, 2895; *Lamb*, JA 1987, 1, 2f.; *Oehler*, JuS 1989, 604, 605.

15 Vgl. *Reinicke/Tiedtke*, WM 1987, 485, 491.

16 Vgl. *Reinicke/Tiedtke*, Kreditsicherung, 4. Auflage, Rn 977f.; *Baur/Stürner*, §45 Rn 75.

anwendbar. Insbesondere ist die Zweckbeschränkung auf die Sicherung der ursprünglichen Forderung bei der Grundschuld nicht vorhanden. Eine Grundschuld kann selbständig übertragen werden und dabei mit einem im Belieben des Grundschuldgläubigers stehenden Zweck verknüpft werden.

Während bei der Hypothek der Sicherungszweck also bereits bei der Bestellung des Grundpfandrechts feststehen und die Einigung der Parteien die Bestimmung der gesicherten Forderung umfassen muß, kann der Sicherungszweck einer Grundschuld auch noch später festgelegt werden, und zwar auch dann, wenn der Grundschuldgläubiger sie zum Zwecke der Forderungssicherung ohne Beteiligung des Eigentümers weiter überträgt.

a. Keine Besonderheiten bei Hingabe einer Fremdgrundschuld

Bei alledem darf jedoch nicht aus den Augen verloren werden, worum es bei der Definition der Sicherungsgrundschuld geht. Es soll das spezielle rechtliche Gebilde erfaßt werden, für das vereinheitlichende Aussagen erforderlich und möglich sind. Vor diesem Hintergrund erweist sich *Hubers* einschränkende Definition als sachgerecht, weil bei genauer Betrachtung eine besondere, spezielle rechtliche Überlegungen erfordernde Situation nur besteht, wenn der Eigentümer am Sicherungsvertrag beteiligt ist.[17]

Bei der sichernden Fremdgrundschuld gibt es keine Besonderheiten: Für den Eigentümer handelt es sich um eine „gewöhnliche", eben nicht durch vertragliche Bindungen beschränkte Grundschuld. Die sicherungsvertragliche Beziehung spielt sich zwischen altem und neuem Grundschuldgläubiger ab und weist ebensowenig Merkmale auf, die sie als besonderes Rechtsverhältnis erscheinen lassen. Gerade weil der Sicherungsgeber nicht zugleich der dinglich Belastete ist, unterscheidet sich die Sicherungsübertragung der Fremdgrundschuld hinsichtlich des Rechtsverhältnisses zwischen Sicherungsgeber und Sicherungsnehmer nicht von anderen Sicherungsübertragungen wie der Sicherungsübereignung oder der Sicherungsabtretung einer Forderung.

---

17 *Reinicke/Tiedtke*, Kreditsicherung, 4. Auflage, Rn 976 und *Gaberdiel*, Rn 631 nehmen deshalb zumindest an, daß die Beteiligung des Eigentümers am Sicherungsvertrag den Regelfall bilde.

b. Kollision von schuldrechtlicher Vereinbarung und dinglichem Recht

Der Sicherungsvertrag unter Beteiligung des Eigentümers des belasteten Grundstücks wirft demgegenüber wegen des Zusammentreffens des schuldrechtlichen Vertrags und des mit einigen gesetzlichen Sonderregeln ausgestatteten Rechts an einem Grundstück spezielle Rechtsfragen auf, insbesondere hinsichtlich des an §§1157, 1169 BGB zu messenden Schicksals der sicherungsvertraglichen Beschränkungen bei Übertragung der Grundschuld auf einen Dritten.

In diesem Zusammenhang gewinnt abermals die Gesetzgebungsgeschichte Bedeutung. Der Gesetzgeber hat die Grundschuld zwar als reines Kapitalzuordnungsrecht ausgebildet und nicht als Sicherungsrecht. Die Übernahme der Grundschuld in das BGB erfolgte gleichwohl bewußt zu dem Zweck, eine Alternative zur Hypothek bereitzustellen.[18] Bei der Schaffung der Grundschuld hatte der Gesetzgeber also gerade die Situation der Verwendung der Grundschuld als Sicherungsmittel vor Augen. In diesem Bewußtsein wurde auch die Vorschrift des §1157 BGB über den Erhalt von Einreden geschaffen, deren „besondere Bedeutung für die Grundschuld" im Gesetzgebungsverfahren ausdrücklich hervorgehoben wurde.[19]

Die besondere Situation, die die Definition der Sicherungsgrundschuld als vereinheitlichte Rechtsfigur erfordert, besteht also in der durch §§1157, 1169 BGB geschaffenen Möglichkeit der Drittwirkung vertraglich begründeter Einreden gegen das dingliche Recht. Weil §§1157, 1169 BGB nur den Eigentümer begünstigen, kann die besondere Situation der Sicherungsgrundschuld nur auftreten, wenn der Eigentümer Partei des Sicherungsvertrags ist. *Hubers* Überlegungen zur Ähnlichkeit der Sicherungsgrundschuld mit der Hypothek ist demnach mit einer Modifikation zuzustimmen: Die Besonderheit der Sicherungsgrundschuld, die sie zu einer eigenen Rechtsfigur macht, liegt zwar einerseits in der Ähnlichkeit zur Hypothek, andererseits aber in der Unterschiedlichkeit im Detail, insbesondere wegen der fehlenden Akzessorietät der Grundschuld.

III. Ergebnis

Die Definition von Huber ist sachgerecht, weil sie die Sicherungsgrundschuld in ihrer speziellen, typischen Konstellation zutreffend erfaßt. Die Sicherungsgrundschuld ist demnach eine Grundschuld, die aufgrund eines zwischen dem Grundschuldgläubiger und dem Eigentümer des be-

---

[18] *Nußbaum*, 175.

[19] Denkschrift zur Reichstagsvorlage, bei *Mugdan*, Bd. 3, 986.

lasteten Grundstücks abgeschlossenen schuldrechtlichen Vertrages zur Sicherung einer Geldforderung dienen soll.

C. Sicherungsgrundschuld als Buchgrundschuld

Die Sicherungsgrundschuld kommt fast nur als Buchgrundschuld vor. [20] Zwar ist der Gesetzgeber bei Schaffung der Grundschuld – wie die Regelung der §§1192, 1116 Abs.1 BGB zeigt – davon ausgegangen, daß grundsätzlich eine Briefgrundschuld bestellt wird, weil damit die gewünschte Erhöhung der Verkehrsfähigkeit erreicht werde.[21]

I. Entbehrlichkeit der Brieferteilung

Für die Sicherungsgrundschuld ist die Brieferteilung in der Regel entbehrlich. In den meisten Fällen dient die Grundschuld der Sicherung laufender Forderungen desselben Gläubigers gegen denselben Schuldner, so daß die Grundschuld über lange Zeit in einer Hand bleibt und eine erleichterte Übertragung mit Hilfe eines Briefes nicht im Interesse der Parteien liegt. Der Ausschluß der Brieferteilung erspart außerdem die Kosten der Brieferteilung und die Probleme mit der Verwahrung des Briefs, insbesondere die Mühen eines späteren Aufgebotsverfahrens bei Verlust des Grundschuldbriefs.[22]

Hinzu kommt, daß die Schaffung des gesetzlichen Löschungsanspruchs der nachrangigen Grundpfandgläubiger gem. §1179a BGB die Verkehrsfähigkeit jedenfalls der Eigentümerbriefgrundschuld beseitigt hat. Der Erwerber einer Eigentümerbriefgrundschuld kann sich nie sicher sein, ob er eine erstmalig übertragene und damit gem. §1196 Abs.3 BGB vom Löschungsanspruch freie oder eine mit dem Löschungsanspruch behaftete Grundschuld erwirbt.[23]

---

20 Vgl. *Petri*, 200; *Riecke*, 133; *Polzin*, AcP 134 (1931), 219, 224f. Daß man auf den Brief verzichten kann, gilt auch für den Konsortialkredit, für den der Grundschuldbrief von einigen als unentbehrlich angesehen wird, weil erst der Mitbesitz der Konsorten diesen ihr Recht vermittle (vgl. *Stöcker*, 50). Die materielle Inhaberschaft der Grundschuld kann sich aber nicht am Besitz des Briefes festmachen; vielmehr wird die Rechtsinhaberschaft durch die treuhänderische Bindung des Konsortialführers durch die Konsorten gewährleistet, so daß er ihnen auch bei einem auf seinen Namen bestehenden Buchrecht die Rechtsinhaberschaft vermittelt.

21 Vgl. Motive, Bd. 3, 781f.; *Blomeyer/Löffler*, 43.

22 Vgl. *Buchholz*, AcP 187 (1987), 107, 110; *Weirich*, JuS 1980, 188.

23 Vgl. *Baur/Stürner,* §46 Rn 41.

Schließlich ist zu beachten, daß die Sicherungsgrundschuld nie Inhabergrundschuld sein kann, die ausschließlich als Briefgrundschuld zulässig ist.[24] Wegen des nur zwischen Sicherungsgeber und Sicherungsnehmer geschlossenen Sicherungsvertrags kommt es auf die Person des Sicherungsnehmers als Grundschuldgläubiger besonders an, und es besteht keine Beliebigkeit der Person des Gläubigers, wie sie für die Inhabergrundschuld Voraussetzung ist. Auch deshalb besteht in aller Regel kein Interesse der Parteien an einer Brieferteilung.

II. Untauglichkeit des Briefs für die wirtschaftliche Bewertung

Darüber hinaus wird der Grundschuldbrief auch noch deshalb als verzichtbar angesehen, weil er eine für die Bewertung des Grundstücks und die Einschätzung der Qualität der Sicherheit nicht ausreichende Informationsquelle darstelle, Angaben über Lage und Besonderheiten des Grundstücks, vor allem aber über anderweitige Belastungen fehlen.[25] Für die als Vorbild der heutigen Regelung dienenden Grundpfandrechte des mecklenburgischen und hamburgischen Rechts war die Brieferteilung auch nicht als Regelfall vorgeschrieben.[26]

---

24 Für die Inhabergrundschuld (§1195 BGB) ist die Erteilung des Briefes zwingend, weil sie wie eine Inhaberschuldverschreibung gemäß §793 BGB gehandelt wird. Die Übertragung der Inhabergrundschuld richtet sich daher nicht nach §§1154, 873 BGB, sondern nach §§929ff. BGB (vgl. *Haas*, 127; *Bülow*, Rn 81). Die praktische Bedeutung des Rechtsinstituts ist gering (vgl. *Weber*, Kreditsicherheiten, 262; *Haas*, 127).

25 Vgl. *Riecke*, 135.

26 Vgl. Motive, Bd. 3, 781; *Riecke*, 5f.

3. Kapitel: Vorzüge der Sicherungsgrundschuld im modernen Kreditwesen

Der Hauptanwendungsfall der Grundschuld ist die Verwendung als Sicherungsgrundschuld.

A. Verdrängung der Hypothek

Die Sicherungsgrundschuld hat heute – jedenfalls im Bereich der Kreditgewährung durch Geldinstitute[1] – fast vollständig die Hypothek als Kreditsicherungsmittel verdrängt.[2] Dabei kam es zunächst zur Verdrängung der Höchstbetragshypothek, später dann zur Verdrängung der Hypothek als Sicherungsmittel des kurzfristigen Kredits, heute aller Kredite.[3] Noch existente Hypotheken sind in der Regel älteren Ursprungs.[4]

B. Gründe für die Bevorzugung der Sicherungsgrundschuld

Allgemein wird die Sicherungsgrundschuld als vorzugswürdig gegenüber der Hypothek angesehen, weil sie als Kreditsicherungsmittel „günstiger" sei.[5] Die „Günstigkeit" wird dabei vorwiegend aus Sicht der Kreditgeber beurteilt, die die Sicherheit erhalten. Jedoch mag man konstatieren, daß die bessere Sicherungsmöglichkeit auch den Kreditnehmern zugute

---

1 Private Grundpfandrechtskredite haben keine nennenswerte Bedeutung, zumal auch private Geldgeber in der Regel Kreditinstitute als Vermittler zwischenschalten, um ihr Ausfallrisiko zu vermindern (vgl. *Baur/Stürner*, §36 Rn 27).

2 Vgl. *Reinicke/Tiedtke*, Kreditsicherung, 4. Auflage, Rn 973; *Buchholz*, AcP 187 (1987), 107, 108; *Schwerdtner*, Jura 1986, 259, 260.

3 Vgl. *Lindemann*, JW 1931, 2615; *Kollhosser*, JA 1979, 61, 63; *Stöcker*, 25; *Lamb*, JA 1987, 1; *Reithmann*, WM 1985, 441. Von den Wohnungsbaukrediten der Banken werden zwei Drittel mit Sicherungsgrundschulden abgesichert (vgl. *Stöcker*, 24).

4 Vgl. *Stöcker*, 26.

5 So schon Motive, Bd. 3, 607f.

kommt, weil sie sich wegen einer großzügigeren Kreditvergabepraxis der Geldgeber leichter Kapital verschaffen können.[6]

I. Wiederverwendbarkeit der Grundschuld als Sicherungsmittel

Die Bevorzugung der Grundschuld durch die Kreditinstitute beruht vor allem auf ihrer gegenüber der Hypothek erheblich größeren Flexibilität.[7] Die Flexibilität beruht darauf, daß keine existentielle Abhängigkeit der Grundschuld von der Forderung besteht – weil §1163 BGB keine Anwendung auf die Grundschuld findet – und dementsprechend die Grundschuld nach Tilgung der Forderung zunächst in der Hand des Gläubigers verbleibt.[8]

Dadurch wird sie als Sicherungsmittel für neue Forderungen wiederverwendbar, ohne daß es einer erneuten Grundbucheintragung bedarf.[9] In der Kreditvergabepraxis der Geldinstitute ist daher zu beobachten, daß die einmal bestellte Grundschuld über einen langen Zeitraum in der Hand des Kreditinstituts bleibt und die gesicherte Forderung durch neue schuldrechtliche Vereinbarungen immer wieder ausgewechselt wird.[10]

Die Banken und Sparkassen verfahren dabei häufig so, daß sie eine Grundschuld auch dann für längere Zeit behalten, wenn keine zu sichernde Forderung besteht, damit im Falle dringenden Kreditbedarfs dem Sicherungsgeber möglichst schnell ein für das Kreditinstitut „sicheres“ Darlehen ausgezahlt werden kann, das seine Sicherheit allein durch die neuerliche schuldrechtliche Sicherungsvereinbarung erlangt.[11]

Die Möglichkeit der Sicherung einer neuen Forderung ohne erneute Grundbucheintragung liegt dabei auch im wirtschaftlichen Interesse des Kreditnehmers, der nicht nur schneller das Kapital erhält, sondern zu-

---

6 Zur wirtschaftlichen Zweckmäßigkeit der Sicherungsgrundschuld siehe *Adams*, 271ff.

7 Vgl. *Kowalski*, Grundschuld, 68; *Dempewolf*, Bedeutung des Rückübertragungsanspruches, 1; *Pottschmidt/Rohr*, Rn 858.

8 Vgl. *Huber,* Sicherungsgrundschuld, 53; *Seggelke*, 29.

9 Vgl. *Huber,* Sicherungsgrundschuld, 53; *Lamb*, JA 1987, 1f.; *Reithmann*, WM 1985, 441; 442; *ders.*, DNotZ 1982, 67, 70.

10 Vgl. *Huber,* Sicherungsgrundschuld, 60; *ders.*, FS *Serick*, 195, 215; *Lwowski*, Rn 904.

11 Vgl. *Huber*, FS *Serick*, 195, 215.

dem die üblicherweise durch ihn zu tragenden Kosten der Eintragung erspart.[12]

II. Sicherung von Kontokorrenten

Anders als die Hypothek kann die Grundschuld auch zur Sicherung mehrerer Forderungen – auch verschiedener Gläubiger, zum Beispiel im Rahmen eines Konsortialkredits[13] – sowie künftiger Forderungen und damit eines wechselnden Forderungsbestandes verwendet werden. Sie ist folglich dazu geeignet, laufende Forderungen (Kontokorrent) zu sichern.[14] Die Kreditinstitute verwenden sie daher in der Regel zur Sicherung aller Ansprüche aus der „bankmäßigen Geschäftsverbindung",[15] also von Forderungen, die bereits existieren sowie von Forderungen, die im Laufe der Geschäftsverbindung erst zur Entstehung gelangen.

Ein zusätzlicher Vorteil der Grundschuld liegt dabei darin, daß sie einen festen, in das Grundbuch eingetragenen Nennwert hat und dementsprechend beliebig viele Forderungen gleichzeitig oder nacheinander durch sie besichert werden können, ohne daß der Forderungsbestand den Nennwert der Grundschuld beeinflussen könnte.[16] Die Absicherung der Inhaber nachrangiger Grundpfandrechte ist dabei trotz möglicherweise den Nennwert der Grundschuld übersteigenden Forderungsbestandes gesichert.

1. Nichtverwendbarkeit der Hypothek

Eine Verwendung zur aufeinanderfolgenden oder gleichzeitigen Sicherung mehrerer Forderungen ist bei der Hypothek unmöglich, weil sie gemäß §1163 Abs.1 BGB zu ihrem Bestand als Fremdgrundpfandrecht

---

12 Die Wiederverwendbarkeit der Grundschuld ist eingeschränkt, wenn sie nicht in der Hand der Bank verbleibt, sondern an den Eigentümer zurückfällt und dann erneut als Sicherungsmittel an einen Sicherungsnehmer übertragen werden soll: Der gesetzliche Löschungsanspruch der nachrangigen Grundpfandgläubiger gemäß §1179a BGB verhindert – so denn nachrangige Gläubiger vorhanden sind – die erneute Übertragung der Grundschuld durch den Eigentümer (vgl. *Baur/Stürner*, §46 Rn 14).

13 Vgl. *Rimmelspacher*, Kreditsicherungsrecht, Rn 781f.; *Rutke*, WM 1987, 93, 94ff.

14 Vgl. *Kowalski*, Grundschuld, 68; *Lamb*, JA 1987, 1, 2; *Bülow*, Rn 120; *Lwowski*, Rn 904.

15 *Broihan*, 23; vgl. *Bülow*, Rn 120; *Weber*, Kreditsicherheiten, 252.

16 Vgl. *Lwowski*, Rn 905, 916; *Bülow*, Rn 121.

die Existenz der gesicherten Forderung voraussetzt. Dabei folgt die Hypothek untrennbar der gesicherten Forderung. Sobald die Forderung erlischt, verliert der Gläubiger auch die Hypothek.

2. Sicherung mehrerer Forderungen

Bei der Hypothek ist zwar die Bestellung für mehrere Forderungen möglich, indem der Nennwert der Hypothek nach der Summe aller gesicherten Forderungen bestimmt wird. Die spätere Hinzunahme einer neuen Forderung ist jedoch ausgeschlossen. Soll eine neue Forderung gesichert werden, muß entweder eine neue Hypothek bestellt oder die bisherige Forderung gemäß §1180 BGB ausgewechselt werden.[17] Für die Auswechselung ist jedoch ebenso wie für die Neubestellung die Grundbucheintragung erforderlich, so daß der Auswechslungstatbestand genauso umständlich herbeizuführen ist wie der Tatbestand der Neubestellung.[18]

Hinzu kommt, daß durch die Auswechselung die Sicherung für die bisherige Forderung verlorengeht, so daß eine Erweiterung des gesicherten Kapitalinteresses auf diesem Wege – etwa durch die Bildung eines neuen Gesamtnennwerts der Hypothek – ausscheidet. Die neue Forderung kann den Wert der bisherigen nicht überschreiten, weil sich damit der von der Forderung abhängige Nennwert der Hypothek erhöhen würde. Eine nachträgliche Erhöhung des Nennwertes der Hypothek scheidet jedoch wegen des Rangverhältnisses der Grundpfandrechte aus, würde den tatsächlichen Wert der nachrangigen Grundpfandrechte beeinträchtigen.

3. Sicherung laufender Forderungen: Höchstbetragshypothek

Die Verkehrshypothek eignet sich wegen ihres anhand der gesicherten Forderung festgelegten Nennwerts nicht zur Sicherung von Kontokorrenten. Das hat der Gesetzgeber gesehen und für die Sicherung laufender Forderungen das spezielle Rechtsinstitut der in §1190 BGB geregelten Höchstbetragshypothek geschaffen. Der Nennwert der Höchstbetragshypothek wird – anders als der der Verkehrshypothek – nicht nach der gesicherten Forderung, sondern nach einem festzulegenden Höchstbetrag bestimmt, so daß die Höchstbetragshypothek wie die Grundschuld einen eigenen Nennwert hat, der sich nicht nach einer Forderung bestimmt. Die Abhängigkeit der Hypothek von einer bestimmten Forderung

---

17 Vgl. *Seckelmann*, 23.

18 Vgl. *Stöcker*, 31.

ist insoweit aufgehoben.[19] Daher bietet die Höchstbetragshypothek auch die Möglichkeit zur Sicherung eines wechselnden Forderungsbestandes.

Die Höchstbetragshypothek wird aber im Vergleich mit der Grundschuld dennoch als unkomfortabel angesehen. Das gilt zum einen, weil die Zinsen – und damit der wirtschaftlich gewinnbringende Teil des Kredits – in den Höchstbetrag eingerechnet werden müssen (§1190 Abs.2 BGB), womit höhere Beurkundungs- und Eintragungskosten entstehen.[20] Zum anderen ist auch die Höchstbetragshypothek ein reines Sicherungsrecht, so daß ihr Nennwert zwar nicht nach einer Forderung bestimmt wird, in der Verwertung jedoch eine Inanspruchnahme nur in Höhe der bestehenden Forderungen möglich ist, die aufgrund des in §1190 Abs.3 BGB angeordneten Charakters der Höchstbetragshypothek als Sicherungshypothek durch den Hypothekar bewiesen werden muß.[21]

Weil die Ermittlung der tatsächlich gesicherten Forderungen einer späteren Feststellung vorbehalten ist, kann sich der Schuldner – anders als bei der Grundschuld – auch nicht gemäß §794 Abs.1 Nr.5 ZPO der sofortigen Zwangsvollstreckung unterwerfen.[22]

III. Günstige Beweislast für den Sicherungsnehmer

Auch in der Verwertung ist die Grundschuld für den Inhaber leichter zu handhaben als die Hypothek, weil er das Vorliegen einer persönlichen Forderung nicht beweisen muß.[23] Das ist die Folge der Unabhängigkeit der Grundschuld von der Forderung.

---

19 Vgl. *Nußbaum*, 162; *Baur/Stürner*, §42 Rn 25.

20 Vgl. *Huber,* Sicherungsgrundschuld, 54; *Baur/Stürner*, §42 Rn 20; *Dempewolf*, Bedeutung des Rückübertragungsanspruches, 1; *Felgentraeger*, FS *Gierke*, 140, 154; *Janberg*, DFG 1939, 57; *Capeller*, MDR 1953, 153; *Kramer*, 18; *Schütz*, JZ 1961, 105, 106.

21 Vgl *Kollhosser*, JA 1979, 61, 63; *Stöcker*, 43; *Nußbaum*, 162; *Hornung*, NJW 1991, 1649.

22 Vgl. *Huber,* Sicherungsgrundschuld, 53f.; *Seckelmann*, 23; *Dempewolf*, Bedeutung des Rückübertragungsanspruches, 1; *Capeller*, MDR 1953, 153; *Kramer*, 18; *Schwab/Prütting*, Rn 754; *Schütz*, JZ 1961, 105, 106. *Hornung*, NJW 1991, 1649, 1651 will die Unterwerfung unter die sofortige Zwangsvollstreckung zulassen, soweit zum Höchstbetrag eine feststehende Forderung gehört.

23 Vgl. *Polzin*, AcP 134 (1931), 219, 226.

1. Beweislast für Einwendungen

Die Beweislast sowohl für das Bestehen eines Sicherungszwecks als auch das Nichtbestehen der gesicherten Forderung trägt der Eigentümer, denn es handelt sich dabei um Einwendungen gegen den Anspruch auf Duldung der Zwangsvollstreckung aus der Grundschuld und damit dem Eigentümer günstige Tatsachen.[24] Eine Beweislastumkehr kommt nur in Betracht, wenn allein dem Sicherungsnehmer die notwendigen Beweismittel zur Verfügung stehen. Das ist bei der Sicherung von Kontokorrentkrediten freilich häufig der Fall, weil der Bank die Abrechnungsunterlagen vorliegen.[25] Mindestvoraussetzung ist allerdings stets die schlüssige Darlegung des Erlöschens der gesicherten Forderung durch den Sicherungsgeber.[26]

Günstig wirkt sich auch §891 BGB für den Sicherungsnehmer aus. Gemäß §1192 BGB ist das Bestehen einer Forderung nicht Voraussetzung für den Bestand der Grundschuld und damit auch nicht für das aus ihr herrührende dingliche Verwertungsrecht. Die Vermutung des §891 BGB muß daher für den Grundschuldinhaber bedeuten, daß ihm das Verwertungsrecht uneingeschränkt zur Verfügung steht.[27]

2. Beweislast bei Geltendmachen der Grundschuld

Ungünstiger ist die Beweislast für den Sicherungsnehmer, wenn feststeht, daß die Grundschuld eine Sicherungsgrundschuld ist und der Eigentümer folglich nicht mehr den Beweis für das Bestehen eines Sicherungszwecks führen muß. Will der Sicherungsnehmer aus der Grundschuld vorgehen, muß er zwar nicht vollständig die Tatsachen beweisen, aus denen sich die Existenz der gesicherten Forderung ergibt.

Weil umgekehrt dem Sicherungsgeber aber mit dem Beweis der Nichtexistenz der Forderung die Beweislast für eine negative Tatsache auf-

---

24 Vgl. BGH NJW 2000, 1108, 1109; BGHZ 109, 197, 204; BGH NJW 1992, 1620, 1621; *Huber*, Sicherungsgrundschuld, 129; *Haselbach*, 5ff.; *Kramer*, 19; *Schwab/Prütting*, Rn 754; *Räfle* in *Erman*, §1191 Rn 22. Zur Einredenproblematik siehe im einzelnen unten das 8. Kapitel.

25 Vgl. BGHZ 109, 197, 204; BGH NJW 1991, 1286; NJW 1992, 1620, 1621. *Haselbach*, 53ff. lehnt die Beweislastumkehr ab, da der Sicherungsgeber einen Auskunftsanspruch gegen den Sicherungsnehmer habe, mit dem er sich die notwendigen Beweismittel verschaffen könne.

26 Vgl. BGH NJW 2000, 1108, 1109.

27 Vgl. *Huber,* Sicherungsgrundschuld, 129; *Seggelke*, 30; *Felgentraeger*, FS *Gierke*, 140, 148; *Schütz*, JZ 1961, 105, 106.

gebürdet wird, sind an die Substantiierung der Forderung durch den Sicherungsnehmer aber hohe Anforderungen zu stellen.[28] Damit steht der Sicherungsnehmer größeren Schwierigkeiten gegenüber als der Hypothekar: Während letzterer sich für den Beweis der Forderung auf die Vermutung der §§1138, 891 BGB stützen kann, muß der Sicherungsnehmer für die Sicherungsgrundschuld die Forderung substantiieren, ohne daß er auf das Grundbuch zurückgreifen kann, das über die Forderung keine Aussage enthält.[29]

IV. Geheimhaltung des Sicherungsnehmers

Ein weiterer Vorteil der Sicherungsgrundschuld wird in der Möglichkeit der Geheimhaltung der Sicherungsnehmers im Grundbuch gesehen.[30] Die Geheimhaltung sei erreichbar, indem eine Eigentümergrundschuld eingetragen und anschließend unter Übergabe des Briefs übertragen werde. Der Sicherungsnehmer tauche dann nicht im Grundbuch auf.[31]

Diese Möglichkeit besteht zweifellos. Jedoch ist fraglich, worin der Vorteil einer Geheimhaltung liegen soll. Allenfalls kommt ein Vorteil für den Eigentümer in Betracht, zu dessen Gunsten das Grundbuch den Anschein erweckt, es sei kein Fremdgrundpfandrecht vorhanden, so daß ein potentieller weiterer Sicherungsnehmer den Sicherungswert einer nachrangigen Grundschuld womöglich falsch einschätzt. Wegen dieser Gefahr wird zumindest der rechtskundige Sicherungsnehmer aber für die Bonitätsprüfung davon ausgehen, daß bei einer eingetragenen Eigentümergrundschuld in Wahrheit eine Fremdgrundschuld besteht, selbst wenn das tatsächlich nicht der Fall ist – so daß sich die Eigentümergrundschuld unter dem Gesichtspunkt der „Geheimhaltung" letztlich als für den Eigentümer nachteilig darstellen kann.[32]

V. Keine Vorteile bei Sicherung feststehender Forderungen

Die Vorteile der Grundschuld gegenüber der Hypothek sind marginal, wenn nur eine einzelne, feststehende Forderung gesichert wird, zum Beispiel aus einem Baudarlehen an eine Privatperson, denn dann ste-

---

[28] Vgl. im einzelnen *Huber*, Sicherungsgrundschuld, 130f.

[29] Vgl. *Radloff*, DJZ 1929, 981, 982.

[30] Vgl. *Huber*, Sicherungsgrundschuld, 59f.; *Lamb*, JA 1987, 1, 2.

[31] So *Lamb*, JA 1987, 1, 2; wohl auch *Schütz*, JZ 1961, 105, 106 und *Polzin*, AcP 134 (1931), 219, 233.

[32] Vgl. *Felgentraeger*, FS *Gierke*, 140, 151f.

hen weder die erneute Verwendung des Grundschuld zur Sicherung einer neuen Forderung noch die Sicherung laufender Forderungen an.[33] Dennoch wird auch für die Sicherung solcher Darlehen die Grundschuld bevorzugt, weil zum Zeitpunkt des Vertragsschlusses nicht absehbar ist, ob zu einem späteren Zeitpunkt nicht doch noch der Bedarf nach Sicherung anderer Forderungen des Kreditinstitutes entsteht.[34]

VI. Zusammenfassung

Der entscheidende Vorteil der Sicherungsgrundschuld gegenüber der Hypothek liegt nach alledem nicht in ihrer höheren Verkehrsfähigkeit im Sinne einer größeren Umlauffähigkeit, denn ihre Übertragbarkeit ist gegenüber der Hypothek nicht erleichtert.[35] Ihr Vorteil liegt vielmehr gerade darin, daß die Grundschuld lange Zeit in der Hand desselben Gläubigers verbleiben und für vielfache Forderungen als Sicherungsmittel eingesetzt werden kann.[36]

Der Grund für die Bevorzugung der Sicherungsgrundschuld liegt also in ihrer leichten Wiederverwendbarkeit und der Befreiung des Gläubigers von der Beweislast für die Forderung, solange nicht der Eigentümer den Sicherungszweck bewiesen hat.

Soweit die Grundschuld als Sicherungsgrundschuld in der Hand des Gläubigers mehrfach und über einen längeren Zeitraum zur Forderungssicherung verwendet wird, treten allerdings auch kaum praktische und rechtliche Probleme auf. Schwierigkeiten bereiten fast ausschließlich die Rechtsfolgen der Übertragung der Sicherungsgrundschuld.[37] In Rechtsprechung und Literatur finden sich daher vorwiegend Aussagen zu solchen Konstellationen, in denen die Sicherungsgrundschuld dann doch übertragen worden ist. Die aus der Übertragung der Sicherungsgrundschuld resultierenden Probleme dürfen jedoch nicht verdecken, daß die Bestellung einer Sicherungsgrundschuld – jedenfalls für die Kreditinstitute – in aller Regel *nicht* zum Zwecke ihrer späteren Veräußerung durch das Kreditinstitut verlangt wird.

---

[33] Vgl. *Huber,* Sicherungsgrundschuld, 56.

[34] Vgl. *Huber,* Sicherungsgrundschuld, 56.

[35] Vgl. *Huber*, FS *Serick*, 195, 215; *Zenker*, 145.

[36] So auch *Huber,* Sicherungsgrundschuld, 60f.; *Reithmann*, WM 1985, 441, 442; *Brebeck*, 38.

[37] Vgl. *Buchholz*, AcP 187 (1987), 107, 110.

4. Kapitel: Der Sicherungsvertrag

Anders als bei der Hypothek ist der Sicherungszweck bei der Sicherungsgrundschuld nicht der Rechtsfigur immanent, sondern er wird durch eine Parteivereinbarung, den Sicherungsvertrag, herbeigeführt.[1] Der Sicherungsvertrag bildet das entscheidende Wesensmerkmal der Sicherungsgrundschuld. Er begründet die Verpflichtung zur Bestellung der Grundschuld, stellt die Verknüpfung zwischen Forderung und Grundschuld her und legt den Rahmen fest, in dem der Sicherungsnehmer von der Grundschuld Gebrauch machen darf.

Der Sicherungsvertrag ist ein schuldrechtlicher Vertrag, der im Gesetz nicht geregelt ist. Als Quelle der Rechte und Pflichten der Beteiligten an der Sicherungsgrundschuld ist er dennoch eine typische, den Interessen des Sicherungsgebers und des Sicherungsnehmers Rechnung tragende Vereinbarung, der einheitlich auch typische Regeln entnommen werden können.[2]

A. Parteien des Sicherungsvertrags

Der Sicherungsvertrag wird zwischen Sicherungsgeber und Sicherungsnehmer geschlossen. Auf der Sicherungsgeberseite kann er allerdings unterschiedliche Parteien aufweisen.

I. Sicherungsnehmerseite

Sicherungsnehmer ist stets der Gläubiger der zu sichernden Forderung. Die Erlangung der Grundschuld als Sicherheit für die Forderung liegt allein in seinem Interesse, so daß der Forderungsgläubiger immer auch Gläubiger der Grundschuld wird.[3]

---

1 Vgl. *Broihan*, 17; *Lamb*, JA 1987, 1, 2; *Serick*, Bd. 2, 44; *Clemente*, NJW 1983, 6.

2 Zur Notwendigkeit vereinheitlichender Aussagen siehe oben 2. Kapitel A.

3 Vgl. *Serick*, Bd. 2, 49; *Puplick*, 5f.; *Broihan*, 19; *Clemente*, Sicherungsgrundschuld, 57; *Rünger*, 9f.

II. Sicherungsgeberseite

Auf der anderen Seite des Vertrages sind grundsätzlich unterschiedliche Konstellationen möglich:

1. Identität von Eigentümer und Schuldner

Die einfachste – und wohl auch häufigste[4] – Situation ist die Identität von Schuldner der gesicherten Forderung und Eigentümer des belasteten Grundstücks.[5] Der Schuldner ist dann zugleich Sicherungsgeber, und zwar unabhängig von der Frage, ob er dem Gläubiger eine Grundschuld bestellt oder eine bereits existierende Eigentümergrundschuld auf ihn überträgt.[6]

2. Verschiedenheit von Eigentümer und Schuldner

Sind Forderungsschuldner und Grundstückseigentümer nicht identisch, ist neben der Übertragung der Grundschuld auf den Sicherungsnehmer durch den oder auf Veranlassung des Eigentümers auch die Übertragung einer Fremdgrundschuld zur Sicherung einer dem neuen Grundschuldgläubiger gegen den bisherigen Grundschuldgläubiger zustehenden Forderung denkbar, bei der der Eigentümer am Sicherungsvertrag nicht beteiligt wird. Aus diesem Grund wird vertreten, es könne bei der Sicherungsgrundschuld vorkommen, daß der Eigentümer nicht Sicherungsgeber ist.[7]

Clemente[8] will sogar zum Regelfall erheben, daß Sicherungsgeber nicht der Eigentümer, sondern der Darlehensnehmer sei. Letztlich habe der Darlehensnehmer dem Kreditgeber die Gestellung der Sicherheit versprochen. Die Übertragung der Grundschuld stelle sich als Erfüllung dieser Verpflichtung und deshalb als dem Darlehensnehmer zuzurechnende Rechtshandlung dar.

---

4 Vgl. *Broihan*, 19.

5 Vgl. *Serick*, Bd. 2, 49; *Reinicke/Tiedtke*, Kreditsicherung, 4. Auflage, Rn 976.

6 Vgl. *Clemente*, Sicherungsgrundschuld, 58; *Broihan*, 19.

7 Vgl. *Bülow*, Rn 116; *Räfle* in *Erman*, §1191 Rn 5 sowie *Reinicke/Tiedtke*, Kreditsicherung, 4. Auflage, Rn 976f. und *Gaberdiel*, Rn 631, die allerdings den Eigentümer zumindest im Regelfall als Sicherungsgeber ansehen.

8 Rechtsfragen der Kreditsicherung, 12; Sicherungsgrundschuld, 60 und ZIP 1990, 969, 970; einschränkend aber in ZIR 1997, 127, 130. *Clemente* stützt sich auf zwei Urteile des BGH vom 25. November 1968 (WM 1969, 209,210) und 08. Dezember 1988 (ZIP 1989, 157, 159).

a. Eigentümer als Sicherungsgeber

Diese Auffassungen gehen jedoch schon von einem zu weiten Begriff der Sicherungsgrundschuld aus. Wesensmerkmal der Sicherungsgrundschuld ist ihre Ähnlichkeit zur Hypothek; auch als Alternative zur Hypothek ist die Grundschuld vom Gesetzgeber geschaffen worden.[9] Eine Sicherungsgrundschuld liegt nur vor, wenn der Sicherungsvertrag mit dem Eigentümer geschlossen wurde.[10] Daraus folgt, daß der Eigentümer auch immer Sicherungsgeber ist.[11]

Auf die von *Clemente* für maßgeblich erachtete Frage, ob der vom Eigentümer verschiedene Schuldner sich gegenüber dem Gläubiger zur Gestellung einer Sicherheit verpflichtet hat, kommt es dabei nicht an.[12] Erheblich ist allein, ob es im Verhältnis zwischen Eigentümer und Sicherungsnehmer zur Vereinbarung eines Sicherungszwecks für die Grundschuld kommt, weil nur dann die für die Sicherungsgrundschuld typische Konfliktsituation zwischen dinglichem Recht einerseits und seiner schuldrechtlichen Beschränkung andererseits auftreten kann.[13]

Wird eine solche, den Eigentümer einbeziehende Vereinbarung über den Sicherungszweck der Grundschuld getroffen, so ist Sicherungsgeber der Eigentümer als derjenige, den die Grundschuld belastet und dem zugleich die Rechte zustehen, die sich aus der Beschränkung auf den Sicherungszweck ergeben. Es mag im Einzelfall sein, daß im Zuge einer solchen Vereinbarung zugleich eine Verpflichtung des Forderungsschuldners gegenüber dem Gläubiger zur Gewährung einer Sicherheit erfüllt wird. Für die Beurteilung der Frage, ob eine für die Entstehung einer Sicherungsgrundschuld konstitutive Sicherungsvereinbarung mit dem Eigentümer vorliegt, spielt das Verhältnis zwischen Sicherungsnehmer und Schuldner jedoch keine Rolle.[14]

---

9 Siehe oben 2. Kapitel B.II.3.b.; vgl. *Nußbaum*, 175.

10 Siehe oben 2. Kapitel B.II.3.

11 Vgl. *Huber*, Sicherungsgrundschuld, 24, 75; *Broihan*, 22.

12 So zutreffend auch *Reinicke/Tiedtke*, Kreditsicherung, 4. Auflage, Rn 981.

13 Siehe oben 2. Kapitel B.II.3.

14 Das verkennt auch der BGH in seinen beiden von *Clemente* zitierten Urteilen vom 25. November 1968 (WM 1969, 209, 210) und 08. Dezember 1988 (ZIP 1989, 157, 159), der allein darauf abstellt, daß der Darlehensnehmer die Grundschuld „verschafft“ habe. Die maßgebliche Frage, in welchem Verhältnis der Sicherungsvertrag abgeschlossen wurde, läßt der BGH zu Unrecht außer Acht. Richtig weist hingegen BGHZ 80, 228, 230 darauf hin, daß im Normalfall der Eigentümer Sicherungsgeber ist.

Die von *Clemente* erörterte Konstellation, in der allein der Schuldner den Sicherungsvertrag mit dem Sicherungsnehmer schließt und ihm dann die Grundschuld verschafft, sei es im Wege der Weiterübertragung als bisheriger Grundschuldgläubiger oder der Übertragung als Nichtberechtigter mit Zustimmung des Eigentümers, kann freilich ohne weiteres tatsächlich auftreten. Mangels Beteiligung des Eigentümers am Sicherungsvertrag liegt dann jedoch keine Sicherungsgrundschuld vor, sondern lediglich eine „gewöhnliche" Sicherungsübertragung.[15]

Die häufig anzutreffende Aussage, der Sicherungsvertrag müsse festlegen, wer Sicherungsgeber sein soll, [16] ist demnach unvollständig und um die Feststellung zu ergänzen, daß nur dann, wenn der Sicherungsvertrag mit dem Eigentümer geschlossen wurde und ihm folglich die Sicherungsgeberrolle zuweist, eine Sicherungsgrundschuld vorliegt.

b. Abgrenzug von Sicherungsgeber und Gläubiger des Rückgewähranspruchs

Von der Rechtsstellung als Sicherungsgeber streng zu trennen ist die Frage, wer Inhaber des Rückgewähranspruchs ist. Der Rückgewähranspruch ist – unabhängig davon, ob man ihn als zukünftigen oder mit Abschluß des Sicherungsvertrags bereits bestehenden, aber aufschiebend bedingten Anspruch ansieht – gemäß §398 BGB abtretbar,[17] unterliegt außerdem der Pfändung.[18] Demnach können die Parteien bereits bei Abschluß des Sicherungsvertrags festlegen, daß der Rückgewähranspruch jemand anderem als dem Sicherungsgeber zustehen soll.

Nichts anderes ist letztlich die Essenz der von *Clemente* zitierten BGH-Entscheidung vom 25. November 1968,[19] in der es um die Berechtigung zweier Eheleute, von denen nur einer Eigentümer des belasteten Grundstücks ist, zur gemeinschaftlichen Geltendmachung des Rückgewähranspruchs geht. Der BGH bejaht die Berechtigung mit der Begründung, beide Eheleute seien am Sicherungsvertrag beteiligt und deshalb beide Sicherungsgeber. Bei zutreffender Betrachtung liegen die Dinge

---

15 Siehe oben 2. Kapitel B.II.3.

16 Vgl. *Eickmann* im MüKo, 3. Auflage, §1191 Rn 27; *Wilhelm*, Sachenrecht, Rn 878; *Reinicke/Tiedtke*, WM 1987, 485, 487; *Tiedtke*, Jura 1980, 407, 413.

17 Vgl. *Huber,* Sicherungsgrundschuld, 190ff.; *Clemente*, Sicherungsgrundschuld, 134ff.; *Lamb*, JA 1987, 1, 8; *Baur/Stürner*, §45 Rn 29; *Serick*, Bd. 2, 437ff.; *Linde*, NJW 1957, 449.

18 Vgl. *Dempewolf*, NJW 1959, 556; *Pottschmidt/Rohr*, Rn 1006.

19 WM 1969, 209, 210.

anders: Mit der Beteiligung der Ehefrau am Sicherungsvertrag hatten die Parteien zum Ausdruck gebracht, daß beide Eheleute berechtigt sein sollten, die Rückgewähr der Grundschuld zu verlangen. Keinesfalls ging es hingegen um die Festschreibung der Tatsache, daß beide die Grundschuld hingegeben hatten. Sicherungsgeber war vielmehr allein der Ehemann als Eigentümer des Grundstücks. Er war Partei des Sicherungsvertrags, so daß eine Sicherungsgrundschuld vorliegt. Die Beteiligung der Ehefrau an dem Vertrag hat nur Bedeutung für den Rückgewähranspruch.

B. Der Inhalt des Sicherungsvertrags

Die prägende Besonderheit der Sicherungsgrundschuld liegt in der Verknüpfung von dinglichem Recht und Forderung durch den Sicherungsvertrag, der eine „schuldrechtliche Abhängigkeit der Grundschuld von der Forderung schafft." [20]

I. Vereinheitlichende Aussagen

Der Sicherungsvertrag unterliegt der Vertragsfreiheit, so daß seine Gestaltung grundsätzlich im Belieben der Parteien steht. Gleichwohl setzt die Einordnung als Sicherungsgrundschuld nach der oben gefundenen Definition zunächst voraus, daß die Parteien die Verknüpfung von dinglichem Recht und Forderung dergestalt gewählt haben, daß die Forderung gesichert wird.[21] Die Ausübung des aus der Grundschuld herrührenden Verwertungsrechts muß demnach beschränkt sein auf den Fall der Verwirklichung des Sicherungsinteresses des Gläubigers, in der Regel also auf den Fall der Nichtbeitreibbarkeit der Forderung.[22]

Die Klarstellung des Sicherungscharakters der Grundschuldübertragung auf den Sicherungsnehmer ist folglich Mindestanforderung an den Sicherungsvertrag. Damit wird die rechtliche Besonderheit der Sicherungsgrundschuld geschaffen, nämlich die schuldrechtliche Einschränkung des dinglich unbeschränkten Verwertungsrechts aus der Grundschuld. Der damit angelegte Konflikt zwischen sachenrechtlicher Befugnis des Sicherungsnehmers einerseits und seiner durch den Sicherungsvertrag festgelegten Rechtsmacht andererseits ist prägendes We-

---

20 *Clemente*, Sicherungsgrundschuld, 52; vgl. *Huber,* Sicherungsgrundschuld, 77; *Weber*, Kreditsicherheiten, 254; *Komanns*, 20.

21 Siehe oben 2. Kapitel B.; vgl. auch *Huber,* Sicherungsgrundschuld, 77.

22 Vgl. *Neuhof/Richrath*, NJW 1996, 2894.

sensmerkmal der Sicherungsgrundschuld. Insofern lassen sich auch hinsichtlich seines Inhalts einheitliche, typisierende Aussagen treffen.[23]

1. Festschreibung des Sicherungszwecks

Die wesentliche Funktion des Sicherungsvertrags liegt in der Herstellung der schuldrechtlichen Abhängigkeit von Grundschuld und Forderung, indem festgelegt wird, daß die Grundschuld dem Zwecke der Forderungssicherung dient.[24] Diese Festlegung allein reicht aus, um den Konflikt zwischen dinglichem Recht und schuldrechtlicher Beschränkung seiner Ausübung auszulösen.

Die Bestimmung des Sicherungszwecks der Grundschuld schließt im Verhältnis zwischen Sicherungsgeber und Sicherungsnehmer jedes Gebrauchmachen von der Grundschuld aus, das von dem Sicherungszweck nicht gedeckt wird. Mit der Vereinbarung des Sicherungszwecks ist also die entscheidende Weichenstellung zur schuldrechtlichen Beschränkung der dinglich unbeschränkten Grundschuld vorgenommen. Weiterer vertraglicher Abreden der Parteien bedarf es im Grunde genommen gar nicht, weil sich aus dem Sicherungszweck alle rechtlichen Konsequenzen herleiten lassen. Alle Handlungen zur Erreichung des Sicherungszwecks sind geboten und erlaubt, alles andere ist untersagt.[25]

2. Bestimmung der gesicherten Forderung

Die Festlegung des Sicherungszwecks erfordert die bestimmte Benennung der Forderung, die durch die Grundschuld gesichert werden soll. Damit wird zugleich festgelegt, wegen welcher Forderung überhaupt nur eine Verwertung der Grundschuld stattfinden darf.

Für den Umfang der Sicherung sind verschiedene Vertragsgestaltungen denkbar. So kann eine einzelne Forderung gesichert werden, es können aber durch „weite Sicherungsabreden" auch laufende und zukünftige

---

23 Vgl. *Huber,* Sicherungsgrundschuld, 84. Das gilt um so mehr wegen der Inhaltskontrolle durch die Rechtsprechung anhand des AGBG und des §138 BGB (vgl. *Neuhof/Richrath*, NJW 1996, 2894).

24 Vgl. *Huber*, Sicherungsgrundschuld, 77; *Lamb*, JA 1987, 1, 2; *Eickmann* in *Westermann*, 7. Auflage, 807.

25 Darauf weist zutreffend auch *Huber*, Sicherungsgrundschuld, 77, hin.

Forderungen gesichert werden.[26] Kreditinstitute verwenden häufig die Formulierung, es würden „alle Forderungen aus der bankmäßigen Geschäftsverbindung" gesichert.[27] Die Bestimmung der dadurch erfaßten Forderungen bereitet oft Schwierigkeiten.[28] Sie ist jedoch Frage der Vertragsauslegung im einzelnen und damit nicht Gegenstand vereinheitlichender Aussagen über die Sicherungsgrundschuld, so daß eine nähere Untersuchung hier nicht stattfinden soll.[29]

II. Die Beschränkung der Rechtsmacht des Sicherungsnehmers durch den Sicherungsvertrag

Die Bindung der Grundschuld an den Sicherungszweck führt dazu, daß der Sicherungsgeber die nach dem Gesetz nicht beschränkte Befugnis, aus dem Grundstück Befriedigung zu verlangen, nur in dem Rahmen geltend machen darf, den die Vereinbarkeit mit dem Sicherungszweck vorgibt. Die Beantwortung der Frage, was mit dem Sicherungszweck vereinbar ist, erfordert allerdings eine genauere Betrachtung der Hintergründe für die Gewährung von Sicherheiten.

1. Wirtschaftliche und rechtliche Bedeutung der Sicherheitengewährung

In wirtschaftlicher Hinsicht verfolgt die Bestellung von Sicherheiten das Ziel, dem Gläubiger für seine Forderung ein zusätzliches Haftungsobjekt zur Verfügung zu stellen. Der Gläubiger soll sich für den Fall, daß die Forderung nicht ausgeglichen wird, aus dem als Sicherheit gegebenen Gegenstand befriedigen können.

---

26 Vgl. *Broihan*, 18; *Clemente*, Sicherungsgrundschuld, 69ff.; *Reithmann*, WM 1985, 441, 445; *Gaberdiel*, 104ff.; *Wolfsteiner* in Staudinger, 13. Auflage, Vorbem. zu §§1191ff. Rn 26.

27 Vgl. *Broihan*, 23; *Clemente*, Sicherungsgrundschuld, 81. Zum Begriff der Geschäftsverbindung *Puplick*, 49ff. Die klauselmäßige weite Sicherungsabrede bei Abschluß eines Anschlußsicherungsvertrags ist nicht ohne weiteres überraschend i. S. d. §3 AGBG (vgl. BGH NJW 2001, 1416, BGH NJW 2001, 1417).

28 In Betracht kommen neben den üblichen Kontokorrentforderungen auch solche aus Bürgschaft und Wechseln sowie abgetretene Forderungen (vgl. *Broihan*, 31ff.).

29 Verwiesen sei auf die umfassende Untersuchung von *Broihan*, insbesondere 23-141; vgl. auch *Clemente*, NJW 1983, 6, 8ff.; *ders.*, ZIP 1985, 193, 196ff. sowie *Rehbein*, FS *Heinsius*, 659, 662ff.

a. Sicherheit als Zugriffsobjekt bei Störung des Kreditverhältnisses

Die Forderung stellt den Auslöser für die Sicherheitengewährung dar. Der Gläubiger soll bei ungestörtem Verlauf des Kreditverhältnisses die Tilgungsleistungen auf die Forderung erhalten und von seiner mit der Sicherheitenübertragung entstandenen Rechtsposition keinen Gebrauch machen. Nach der regelmäßigen Ausgangsplanung der Parteien wird die Sicherheit also gegeben, um im Verlauf der Forderungstilgung gerade nicht verwertet zu werden.[30] Die Sicherheit bildet vielmehr nur das Zugriffsobjekt für den Ausnahmefall einer Störung der Kreditabwicklung.[31]

In rechtlicher Hinsicht bedeutet die wirtschaftliche Zielsetzung zweierlei: Zum einen folgt aus der Bestimmung, daß ein Recht zur Sicherung einer Forderung übertragen wird, daß nur dann von ihm Gebrauch gemacht werden darf, wenn der „Störungsfall", der Sicherungsfall eingetreten ist - in der Regel bei Nichtbeitreibbarkeit der fälligen Forderung. Zum anderen beinhaltet die Vereinbarung des Sicherungszwecks eine Erfüllungsabrede. Kommt es zur Verwertung der Sicherheit, so dient das dem in der Forderung fixierten Kapitalinteresse des Gläubigers, und der Erlös ist als Erfüllungsleistung auf die gesicherte Forderung anzurechnen.[32] Die Verwertung der Grundschuld führt folglich – so der Erlös ausreicht – zum Erlöschen der Forderung.[33]

Die Festlegung des Sicherungszwecks beschränkt demnach den Sicherungsnehmer in doppelter Hinsicht. Zunächst darf er von seinem Recht überhaupt keinen Gebrauch machen, solange die gesicherte Forderung ordnungsgemäß bedient wird. Kommt es zur Verwertung, darf sie nur in der Weise erfolgen, daß die gesicherte Forderung getilgt wird.

b. Erfüllungswirkung der Sicherheitsleistung ?

Umstritten ist, ob die Sicherheitenbestellung wegen der bei Vereinbarung des Sicherungszwecks getroffenen Erfüllungsabrede bereits als Erfüllungshandlung in Bezug auf die gesicherte Forderung angesehen

---

30 Vgl. *Gernhuber*, Erfüllung, 164.

31 Vgl. *Huber*, Sicherungsgrundschuld, 79.

32 Vgl. *Huber*, Sicherungsgrundschuld, 83; *Serick*, Bd. 3, 506f.: *Weisbecker*, 15.

33 Zur Ausnahme im Drei-Personen-Verhältnis siehe unten 7. Kapitel C.II.5.

werden kann. Einige vertreten, daß die Sicherheitengewährung eine Leistung erfüllungshalber darstelle.[34]

aa. Leistung erfüllungshalber ?

Tatsächlich weist die Erfüllungsabrede Parallelen zu einer Vereinbarung über die Leistung erfüllungshalber auf. Der Gläubiger erhält neben der persönlichen Forderung ein Verwertungsobjekt, das er zur Befriedigung seines in der Forderung festgeschriebenen Kapitalinteresses einsetzen darf. Bei näherer Betrachtung gibt es jedoch erhebliche Unterschiede.

Der erste besteht darin, daß die Leistung erfüllungshalber stets mit dem Ziel erfolgt, das Verwertungsgut unbedingt zu liquidieren. Zur Leistung erfüllungshalber kommt es dadurch, daß die Parteien den bisherigen Leistungsinhalt dahingehend modifizieren, daß der Gläubiger zunächst das zusätzlich überlassene Gut verwerten soll. Die bisherige Forderung kann er erst (wieder) geltend machen, nachdem die Verwertung erfolgt ist; bis dahin ist sie gestundet.[35] Es besteht also ein Vorrang der Verwertung vor der Leistung auf die eigentliche Forderung und damit die gegenüber der Sicherheitenbestellung umgekehrte Rangfolge von Forderung und Verwertungsgut.[36]

Der zweite Unterschied hängt mit diesem Rangverhältnis zusammen. Läßt der Gläubiger sich auf die Verwertung eines Gegenstands zum Zwecke der Befriedigung ein, so ist ihm auch zuzumuten, daß er sich im Interesse des Schuldners um eine zügige und günstige Verwertung bemüht – es besteht mithin eine Pflicht des Gläubigers zur Verwertung.[37] Das ist bei der Sicherheitengewährung anders. Der Gläubiger hat zwar die Befugnis, bei Eintritt des Sicherungsfalls die Sicherheit zu verwerten. Eine Verpflichtung, von dieser Befugnis umgehend Gebrauch zu machen, besteht jedoch nicht.[38]

---

34 So *Huber*, Sicherungsgrundschuld, 82; *Matschl*, NJW 1962, 2132, 2133; ausführlich *Serick*, Bd. 3, 505ff., der im Ergebnis eine „Spielart" der Leistung erfüllungshalber konstatiert (508).

35 Vgl. BGH NJW 1992, 684; BGH NJW 1986, 426.

36 Vgl. *Gernhuber*, Erfüllung, 164. Auch *Huber*, Sicherungsgrundschuld, 83, weist auf diesen Unterschied zutreffend hin, ohne freilich sein Ergebnis in Frage zu stellen, es liege bei der Sicherheitenbestellung eine Leistung erfüllungshalber vor.

37 Vgl. RGZ 65, 79, 81; BGHZ 96, 182, 193; *Serick*, Bd. 3, 507.

38 Vgl. *Gernhuber*, Erfüllung, 164; *Serick*, Bd. 3, 507; *Weisbecker*, 16.

bb. Übereinstimmung im wirtschaftlichen Ergebnis

Eine Übereinstimmung zwischen der Leistung erfüllungshalber und sicherungshalber gibt es demnach nur, wenn der Gläubiger von seiner Verwertungsbefugnis Gebrauch macht. Dann wirkt die Leistung sicherungshalber im Ergebnis wie eine Leistung erfüllungshalber, weil der Gläubiger aus dem Verwertungsobjekt befriedigt wird. Das ändert freilich nichts an den Unterschieden zwischen den beiden Leistungszwecken.

Eine Erfüllungshandlung stellt die Sicherheitengewährung demnach allenfalls insoweit dar, als durch sie die Möglichkeit geschaffen wird, daß es im Endergebnis zu einer Befriedigung des Gläubigers auf dieselbe Weise wie bei einer Leistung erfüllungshalber kommen kann, nämlich durch Verwertung des überlassenen Gutes. Anders als bei der Leistung erfüllungshalber bietet die Sicherheitengewährung dem Gläubiger aber ausschließlich eine Erweiterung seiner Handlungsmöglichkeiten, ohne ihm eine Pflicht zur Mitwirkung bei der Verwertung aufzuerlegen.[39]

2. Der Sicherungsvertrag als Grundlage für Einreden gegen die Grundschuld

Die Beschränkungen, die der Sicherungszweck dem Sicherungsnehmer hinsichtlich seiner dinglichen Rechtsposition als Grundschuldgläubiger auferlegt, bedeuten für den Sicherungsgeber, daß er berechtigt ist, jedem Verhalten des Sicherungsnehmers zu widersprechen, daß mit dem Sicherungszweck nicht in Einklang steht.[40] Insbesondere darf der Sicherungsgeber einer Geltendmachung des Anspruchs auf Duldung der Zwangsvollstreckung gemäß §§1192, 1147 BGB widersprechen, solange die gesicherte Forderung ordnungsgemäß bedient wird oder wenn die gesicherte Forderung nicht existiert.

Ein Verstoß des Sicherungsnehmers gegen den vertraglich vereinbarten Sicherungszweck wirkt sich demnach direkt auf das dingliche Recht aus. Der Sicherungsgeber kann sich gegen den Anspruch aus der Grundschuld unter Hinweis auf die schuldrechtliche Vereinbarung mit dem Sicherungsnehmer wenden, dem aus dem dinglichen Recht herrührenden Anspruch schuldrechtlich begründete Einreden entgegensetzen. Damit gewinnt der Sicherungsvertrag auch über das Vertragsverhältnis der

---

39 *Weisbecker*, 11, macht in der Leistung sicherungshalber deshalb zutreffend ein „Plus“ im Hinblick auf die spätere Erfüllung der Forderung aus.

40 Vgl. *Huber*, Sicherungsgrundschuld, 78.

Parteien hinaus Bedeutung, und zwar wegen der durch §1157 BGB angeordneten Drittwirkung von Einreden gegen das Grundpfandrecht.[41]

3. Der Sicherungsvertrag als Grundlage des Rückgewähranspruchs

Bei Nichtexistenz der gesicherten Forderung gewinnt die Beschränkung auf den Sicherungszweck zusätzliche Bedeutung. Der Sicherungsnehmer ist dann Inhaber einer Grundschuld, obwohl ein zu sicherndes Kapitalinteresse gar nicht besteht. Aus der Tatsache, daß dem Sicherungsnehmer die Grundschuld nach dem Vertragsinhalt nur als Sicherungsmittel zur Verfügung gestellt wird, folgt zugleich, daß seine Rechtsstellung als Grundschuldgläubiger nach der vertraglichen Abrede von dem Bestand der Forderung abhängen soll. Demnach widerspricht bei Nichtexistenz der Forderung bereits die Rechtsinhaberschaft des Sicherungsnehmers dem Vertrag.[42]

Die Beachtung des Sicherungszwecks erfordert mithin bei Nichtexistenz der Forderung die Rückgabe der Grundschuld an den Sicherungsgeber. Bei Nichtexistenz der Forderung gewährt der Sicherungszweck dem Sicherungsgeber demnach nicht nur eine Einrede, die er dem Anspruch auf Duldung der Zwangsvollstreckung entgegenhalten kann, sondern darüber hinaus einen vertraglichen Rückgewähranspruch.[43]

III. Die Sicherungsgrundschuld als fiduziarische Treuhand

Weitgehend einheitlich wird die Sicherungsgrundschuld als ein Fall der fiduziarischen Treuhand angesehen.[44] Für den Inhalt des Sicherungsvertrags und die Beschränkung der Rechtsmacht des Sicherungsnehmers als Grundschuldgläubiger auf den Sicherungszweck hat diese Einordnung allerdings keine Bedeutung, sondern allenfalls für die Bemessung der rechtlichen Konsequenzen, die sich ergeben, wenn der Sicherungsnehmer über die Grundschuld verfügt. Bei Annahme eines Treu-

---

41 Siehe dazu im einzelnen das 8. Kapitel.

42 Vgl. für den Fall des Erlöschens der Forderung *Huber*, Sicherungsgrundschuld, 78.

43 Siehe im einzelnen das 5. Kapitel.

44 Vgl. nur BGH NJW 1996, 2092, 2093; 2786, 2788; *Seckelmann*, 41; *Coing*, 81; *Kramer*, 19; *Wolfsteiner* in *Staudinger*, 13. Auflage, Vorbem. zu §§1191ff. Rn 18; *Brebeck*, 26f.; *Pottschmidt/Rohr*, Rn 992. Differenzierend noch *Seggelke*, 32, der auch eine Sicherungsgrundschuld als nicht-fiduziarisches Geschäft zulassen will.

handverhältnisses stellte sich das zusätzlich als Verstoß gegen die Treuhänderpflichten dar.

Zur Begründung für die Einordnung der Sicherungsgrundschuld als Fall der fiduziarischen Treuhand wird angegeben, daß die nach der gesetzlichen Regelung eigentlich ohne Rücksicht auf eine Forderung verwertbare Grundschuld nur bei Eintritt des Sicherungsfalls, also des Ausfalls der gesicherten Forderung, geltend gemacht werden dürfe.[45]

Der Sicherungsnehmer erlangt zwar die Grundschuld als Vollrecht, das durch die vertragliche Bindung im Sicherungsvertrag nicht in seinem Bestand beeinträchtigt ist.[46] Dennoch ist der Sicherungsnehmer in der Benutzung seines Rechts schuldrechtlich beschränkt; er darf davon gegenüber dem Sicherungsgeber nicht im vollen Umfang Gebrauch machen.[47] Diese Beschränkung ergibt sich aus dem Sicherungsvertrag, so daß die Sicherungsgrundschuld deutliche treuhänderische Züge aufweist.[48] Die formelle Rechtsmacht des Grundschuldgläubigers geht weiter als die materielle. Das rechtliche Können übersteigt das rechtliche Dürfen, weil der Inhaber des dinglichen Vollrechts durch eine schuldrechtliche Vereinbarung in der Rechtsausübung beschränkt ist. [49]

Gegenüber dem angestrebten Zweck der Absicherung seines Risikos, mit der Forderung auszufallen, hat der Sicherungsnehmer mit der Vollrechtsinhaberschaft eine „überschießende Rechtsmacht".[50] Daraus wird die „gewohnheitsrechtliche Ausformung der fiduziarischen Kreditsicherheiten als Treuhandverhältnisse" [51] gefolgert.

---

45 Vgl. *Clemente*, Sicherungsgrundschuld, 54; *Serick*, Bd. 2, 411; *Coing*, 82.

46 Vgl. *Baur/Stürner*, §45 Rn 9; *Serick*, Bd. 2, 75; *Weber*, Kreditsicherheiten, 254.

47 Vgl. *Rehbein*, FS *Heinsius*, 659, 661; *Serick*, Bd. 2, 81; *Gernhuber*, JuS 1988, 355, 356; *Brebeck*, 26f.

48 Kritik an der Rechtsfigur der fiduziarischen Treuhand übt *Serick*, Bd. 2, 77ff.; vgl. auch *Becker-Eberhard*, 89. Zu der Rechtsfigur im übrigen *Coing*, Die Treuhand kraft privaten Rechtsgeschäfts und *Gernhuber*, JuS 1988, 355.

49 Vgl. *Seckelmann*, 41f.; *Clemente*, Sicherungsgrundschuld, 52; *Lamb*, JA 1987, 1, 2; *Derleder*, JuS 1971, 90, 93; *Baur/Stürner*, §45 Rn 10; *Felgentraeger*, FS *Gierke*, 140, 146; *Wilhelm*, Sachenrecht, Rn 710f.; *Kramer*, 19.

50 *Coing*, 100; vgl. *Scholz*, FS *Möhring*, 419, 421; *Herzfeld*, JR 1958, 453; *Jestaedt*, GS *Schulz*, 149.

51 BGH NJW 1996, 2786, 2788; vgl. *Serick*, Bd. 2, 71ff.

1. Ausschluß der treuhänderischen Bindung durch Einreden ?

Huber bestreitet den Treuhandcharakter mit der Begründung, anders als bei der Sicherungsübereignung – die eindeutig ein treuhänderisches Rechtsinstitut sei – gebe es bei der Sicherungsgrundschuld keinen überschießenden Rechtsinhalt. Wegen der Wirkung des §1157 BGB könne der Sicherungsnehmer von seiner überschießenden Rechtsmacht ohnehin keinen Gebrauch machen. Der Geltendmachung der Grundschuld stünde ständig die Einrede des Sicherungszwecks entgegen.[52]

Außerdem müsse die Sicherungsgrundschuld nach ihrem Verwendungszweck mit der Hypothek verglichen werden, der gegenüber sie keinen rechtlichen Vorteil biete, während die Sicherungsübereignung nach ihrem Zweck mit dem Pfandrecht zu vergleichen sei, das dem Rechtsinhaber sehr viel weniger Möglichkeiten einräume als das bei der Sicherungsübereignung verschaffte Vollrecht Eigentum.[53]

a. Maßgeblichkeit des Sicherungszwecks für nichtakzessorische Sicherheiten

Huber ist jedoch zweierlei entgegenzuhalten: Erstens steht auch der Geltendmachung der Eigentümerbefugnisse aus der Sicherungsübereignung ständig die „Einrede des Sicherungszwecks“ entgegen, also die durch den Sicherungsvertrag übernommene Verwertungsbeschränkung für den Sicherungseigentümer. Diese Beschränkung besteht unabhängig davon, ob sie als Einrede – wie durch §1157 BGB vorgesehen – auch einem Erwerber des Rechts entgegengehalten werden kann.

Die Frage nach dem Verhältnis von „äußerer“ zu „innerer“ Rechtsmacht ist also für Sicherungsübereignung und Sicherungsabtretung genauso zu beantworten wie für die Sicherungsgrundschuld. Die formelle Position des Rechtsinhabers wird durch den (schuldrechtlichen) Sicherungsvertrag eingegrenzt, so daß ständig die für die Rechtsfigur der fiduziarischen Treuhand charakteristische Beschränkung der formellen Rechtsposition besteht.

Zwar ist *Huber* zuzugeben, daß es an einer über die nach dem Sicherungsvertrag eingeräumten Befugnisse hinausgehenden Rechtsmacht tatsächlich fehlte, wenn die Vorschrift des §1157 BGB die Beschränkungen des Sicherungsvertrags auch einem Erwerber gegenüber verbindlich machte. Das ist jedoch nicht der Fall, weil die Möglichkeit des gut-

---

52 Vgl. *Huber*, Sicherungsgrundschuld, 257ff. und auch *Gernhuber*, JuS 1988, 355, 356.

53 *Huber*, Sicherungsgrundschuld, 260.

gläubig einredefreien Erwerbs gemäß §1157 S.2 BGB besteht. Unabhängig von der Frage, welche Reichweite der durch §1157 angeordnete Einredeerhalt für die Grundschuld überhaupt hat,[54] ist die vollständige Sicherstellung der Überleitung der Beschränkungen auf den Erwerber durch §1157 S.2 BGB ausgeschlossen.

Aber selbst wenn die vollständige Überleitung der Beschränkungen aus dem Sicherungsvertrag gewährleistet wäre, könnte weder dem ursprünglichen Gläubiger noch dem Erwerber die formale, aus dem Grundbuch ersichtliche Rechtsposition des Grundschuldinhabers genommen werden. Gerade der Unterschied zwischen der sich nach allgemeinen Grundsätzen aus der formellen Rechtsposition ergebenden Befugnisse und den Handlungsmöglichkeiten des Rechtsinhabers gegenüber dem Belasteten im Einzelfall charakterisiert ein fiduziarisches Treuhandverhältnis, so daß die Sicherungsgrundschuld als ein solches auch angesichts der Existenz des §1157 BGB einzustufen ist.

b. Besserstellung des Grundschuldgläubigers gegenüber dem Hypothekar

Zweitens überzeugt *Hubers* Vergleich nichtakzessorischer Sicherungsrechte mit den im Gesetz vorgesehenen Rechtsinstituten nicht. Auch die Sicherungsgrundschuld verleiht dem Gläubiger ein Mehr an Rechten gegenüber dem Hypothekar, wenn man die im Sicherungsvertrag – und damit zunächst nur im Innenverhältnis – übernommene Verwertungsbeschränkung außer Acht läßt. Das ergibt sich schon daraus, daß er die Grundschuld unabhängig von der Höhe der Forderung grundsätzlich immer in der vollen eingetragenen Höhe geltend gemacht werden kann, während der Hypothekar kraft Gesetzes auf die Höhe der Forderung beschränkt ist (§1153 BGB).[55]

Sowohl Sicherungsübereignung und -abtretung als auch die Sicherungsgrundschuld zeichnen sich durch eine weitreichende Rechtsinhaberschaft des Sicherungsnehmers aus, die durch den Sicherungsvertrag gegenüber dem Sicherungsgeber beschränkt ist. Das rechtliche Können übersteigt bei den drei Rechtsinstituten das durch den Sicherungsvertrag begrenzte rechtliche Dürfen, so daß man sie als Fälle der fiduziarischen Treuhand wird einstufen müssen.[56]

---

54 Siehe unten das 8. Kapitel.

55 Vgl. *Serick*, Bd. 2, 413.

56 *Becker-Eberhard*, 89, hält die Frage für unerheblich, weil sich aus dem Sicherungsvertrag als typisiertem Vertrag alle Rechte und Pflichten selbst ergäben.

2. *Ergebnis*

Die Sicherungsgrundschuld in ihrer typischen Ausgestaltung als durch den Sicherungsvertrag beschränkte Grundschuld ist ein Fall der fiduziarischen Treuhand.

IV. Keine Akzessorietät durch Sicherungsvertrag

Nicht durchgesetzt hat sich die Auffassung, der Sicherungsvertrag begründe die Akzessorietät von Forderung und Sicherungsrecht.[57] Im Zweifel sei das dem Sicherungsvertrag im Wege der ergänzenden Vertragsauslegung zu entnehmen.[58]

Die Auffassung ist unzutreffend, weil sie die Trennung von dinglichem Recht und schuldrechtlich vereinbartem Zweck der Rechtsverschaffung ignoriert. [59] Sie würde außerdem zur Beseitigung der gesetzlich angeordneten Trennung der Grundpfandrechte in ein akzessorisches und ein nichtakzessorisches Recht führen. Sobald die Grundschuld eine Forderung sichert, wäre sie eine Hypothek. Die Vorzüge der Vertragsfreiheit für die den Sicherungsvertrag schließenden Parteien gingen verloren.[60]

Er verkennt dabei, daß die Typisierung aus einer Rechtsentwicklung und schließlich einer Rechtsverfestigung außerhalb des BGB herrührt, die wesentlich von dem Gedanken des fiduziarischen Treuhandverhältnisses getragen wird. Die Typisierung des Sicherungsvertrags beinhaltet daher gerade die Einstufung des Sicherungsvertrags als fiduziarisches Treuhandverhältnis unter Berücksichtigung der sich aus einem solchen ergebenden Interessenlage. Wenn *Becker-Eberhard* also versucht, den Inhalt des Sicherungsvertrags selbständig zu beschreiben, dann greift er zwangsläufig auf die Gedanken der fiduziarischen Treuhand zurück.

57 Vgl. *Thoma*, NJW 1984, 1162, 1163 unter Bezug auf BGH NJW 1982, 275; mißverständlich auch *Riecke*, 47. Die genannte BGH-Entscheidung hat jedoch zu Unrecht diese Diskussion ausgelöst. Die Heranziehung des Akzessorietätsgedankens diente dem BGH nur dazu, die durch den Sicherungsvertrag hergestellte Beziehung von Forderung und Grundschuld mit einem gesetzlich geregelten Mechanismus beschreiben zu können (vgl. *Becker-Eberhard*, 71ff.). Der BGH hat die mißverständliche Rechtsprechung nicht fortgeführt (vgl. BGH NJW 1991, 353 und 1996, 2786).

58 Vgl. *G. Bähr*, NJW 1983, 1473, 1474f.

59 Das wird besonders deutlich bei *G. Bähr*, NJW 1983, 1473, 1474, der ausdrücklich meint, daß abhängig vom Kausalgeschäft „Übereignung nicht gleich Übereignung" sei. Dagegen zu Recht *Jauernig*, NJW 1982, 268, 270; *Richrath*, 12f.

60 Vgl. *Richrath*, 12; *Jauernig*, NJW 1982, 268, 270.

V. Inhaltskontrolle: AGBG, HWG, VerbrKrG

Als problematisch hat sich die Verwendung von allgemeinen Geschäftsbedingungen und Formularverträgen für Sicherungsverträge bei Sicherungsgrundschulden erwiesen. Dazu gibt es eine große Zahl von Veröffentlichungen und Gerichtsentscheidungen.[61] Gleichwohl bietet die Frage der Geltung von AGB und formularmäßigen Sicherungsverträgen für die Lösung der grundsätzlichen Probleme der Sicherungsgrundschuld keinen Erkenntniswert, so daß auf die existierenden Untersuchungen zu diesem Thema verwiesen sei.[62]

Ein weiterer – durch die Gesetzesänderung (§361a BGB) allerdings nur noch eingeschränkt akuter – Problembereich ist die Geltung von Haustürwiderrufs- und Verbraucherkreditgesetz für den Sicherungsvertrag. Auch dazu sei auf andere Untersuchungen verwiesen.[63]

---

61 Vgl. nur BGH NJW 2001, 1416; BGH NJW 2001, 1417; BGH NJW 1997, 2677; *Broihan*, 143ff.

62 Aus neuerer Zeit seien insbesondere die Arbeiten von *Schnell* und *Fullenkamp* genannt; vgl. auch *Puplick*, 10ff.; *Eickmann*, ZIP 1989, 137; *Neuhof*, NJW 1994, 1763; v. *Westphalen*, ZIP 1984, 1. Zur Rechtsprechung zu Freigabeklauseln und Deckungsgrenzen siehe unten 5. Kapitel C. II. 4.

63 Aus neuerer Zeit *Bülow*, NJW 1996, 2889; zu den Bedenken aus Praktikersicht auch *Schoppmann*, Der langfristige Kredit 1991, 142.

5. Kapitel: Der Rückgewähranspruch

Aus der durch den Sicherungsvertrag begründeten Beschränkung auf den Sicherungszweck ergibt sich, daß der Sicherungsgeber die Grundschuld zurückgeben muß, wenn der Sicherungszweck nicht (mehr) besteht.[1] Das ist regelmäßig der Fall, wenn die zu sichernde Forderung nicht existiert und damit die nach dem Vertrag gewollte Verknüpfung von Forderung und Grundpfandrecht unmöglich ist.[2] Darüber, daß aus dem Sicherungszweck jedenfalls bei Erlöschen der Forderung ein Anspruch des Sicherungsgebers auf Rückgewähr der Grundschuld folgt, besteht dem Grunde nach Einigkeit.[3]

In der Praxis wird der Rückgewähranspruch häufig als weiteres Kreditsicherungsmittel genutzt, indem er zur Sicherung von Forderungen oder zur Sicherung des Nachrückens nachrangiger Grundschuldgläubiger[4] abgetreten wird.[5] Zudem kann er Gegenstand der Pfändung in der Zwangsvollstreckung sein.[6]

Der Rückgewähranspruch stellt ein wichtiges Schutzinstrument des Sicherungsgebers unberechtigter (doppelter) Inanspruchnahme aus der

---

1 Siehe oben 4. Kapitel B.II.3.

2 Siehe oben 4. Kapitel B.II.3.; vgl. *Huber*, Sicherungsgrundschuld, 176.

3 Vgl. BGH NJW-RR 1991, 305 und 1994, 847; *Seggelke*, 32f.; *Clemente*, Sicherungsgrundschuld, 105; *Dempewolf*, Bedeutung des Rückübertragungsanspruches, 6; *Scholz*, FS *Möhring*, 419, 426ff; *Baur/Stürner*, §45 Rn 26; *Komanns*, 21; *Quentin*, 17; *Eickmann* im MüKo, 3. Auflage, §1191 Rn 17; *Wolfsteiner* in *Staudinger*, 13. Auflage, Vorbem. zu §§1191ff. Rn 79; *Gernhuber*, JuS 1988, 355, 356f.; *Brebeck*, 29.

4 Vgl. *Lwowski*, Rn 920; *Kollhosser*, JA 1979, 61, 65; *Jestaedt*, GS *Schulz*, 149, 150; *Reithmann*, NJW 1977, 661, 665; *Pottschmidt/Rohr*, Rn 1006.

5 Vgl. *Huber*, Sicherungsgrundschuld, 100ff.; *Clemente*, Sicherungsgrundschuld, 134ff.; *Lamb*, JA 1987, 1, 8; *Baur/Stürner*, §45 Rn 29; *Serick*, Bd. 2, 437ff.; *Linde*, NJW 1957, 449. Diese Praxis macht die Frage, ob der Rückgewähranspruch neben der Rückübertragung der Grundschuld auch durch Verzicht oder Aufhebung der Grundschuld erfüllt werden kann (vgl. *Seckelmann*, 125ff.), obsolet, da die letzten beiden Möglichkeiten nur dem Eigentümer zugute kommen können und daher jedenfalls bei abgetretenem Rückgewähranspruch die Erfüllung in diesem Wege ausgeschlossen sein muß.

6 Vgl. *Dempewolf*, NJW 1959, 556; *Pottschmidt/Rohr*, Rn 1006.

Forderung einerseits und der Grundschuld andererseits dar. Der Sicherungsnehmer ist aufgrund des Sicherungsvertrags daran gehindert, sein Kapitalinteresse gegen den Sicherungsgeber zweimal geltend zu machen. Wird die Forderung getilgt, so steht der Sicherungszweck dem anschließenden Gebrauchmachen von der Grundschuld entgegen. Bei Verwertung der Grundschuld führt die im Sicherungsvertrag vereinbarte Erfüllungsabrede zum Erlöschen der Forderung, soweit der Sicherungsnehmer durch die Verwertung befriedigt wurde.

Wegen der Unabhängigkeit der Grundschuld von der Forderung bleibt der Sicherungsnehmer bei Erfüllung der Forderung gleichwohl Gläubiger der Grundschuld und damit nach außen grundsätzlich unbeschränkter Rechtsinhaber. Damit hat er als dinglich Berechtigter auch die Möglichkeit, die Grundschuld auf einen Dritten zu übertragen. Diese Gefahr kann der Sicherungsgeber mit dem Rückgewähranspruch vermindern, aufgrund dessen dem Sicherungsnehmer die Grundschuld im Ergebnis entzogen wird.

A. Rückgewähranspruch bei Nichtexistenz der gesicherten Forderung

Die Beschränkung der Rechte aus der Grundschuld auf den Zweck der Forderungssicherung führt dazu, daß dem Sicherungsnehmer die Inhaberschaft an der Grundschuld nicht gebührt, wenn keine zu sichernde Forderung existiert. Wenngleich grundsätzlich Einigkeit über das Bestehen des Rückgewähranspruchs des Sicherungsgebers herrscht, bestehen wegen der Einzelheiten erhebliche Unklarheiten, insbesondere bei der Abgrenzung zwischen vertraglichem und bereicherungsrechtlichem Rückgewähranspruch.

I. Vertraglicher Anspruch

Die fehlende Befugnis des Sicherungsnehmers, die Grundschuld bei Nichtexistenz der Forderung zu behalten, folgt aus dem Sicherungszweck, den die Parteien vertraglich festgelegt haben.[7] Überdies wird die Verpflichtung zur Rückgewähr der Grundschuld heutzutage in der Regel zumindest für den Fall der Forderungstilgung ausdrücklich im Sicherungsvertrag vereinbart.[8] Fehlt es an einer solchen Vereinbarung, ergibt

---

[7] Siehe oben 4. Kapitel B.I.1.

[8] Vgl. *Puplick*, 188.

sie sich aus einer ergänzenden Auslegung des typischen Sicherungsvertrags.[9]

1. Herleitung aus dem Sicherungszweck

Nach dem Sicherungsvertrag darf der Sicherungsnehmer sein aus der Grundschuld herrührendes Recht, die Zwangsvollstreckung in das Grundstück zu betreiben, nur ausüben, wenn damit sein durch die Forderung begründetes Vermögensinteresse (erstmals) befriedigt wird.

Ist hingegen die Befriedigung bereits durch Tilgung der Forderung eingetreten oder ein Befriedigungsinteresse mangels Valutierung der Forderung gar nicht erst entstanden, so folgt daraus, daß die Geltendmachung der Grundschuld nach dem Sicherungsvertrag ausgeschlossen ist; der Sicherungsvertrag legt fest, daß der Sicherungsnehmer sein Kapitalinteresse nur einmal fordern kann.[10] Der Sicherungszweck ist erledigt bzw. gar nicht eingetreten.

a. Konflikt zwischen schuldrechtlicher Vereinbarung und dinglichem Recht

Aus dem Sicherungszweck der Grundschuld ergibt sich also, daß dem Sicherungsnehmer die Grundschuld nur zeitlich begrenzt zustehen soll - nämlich solange der Sicherungszweck wegen Existenz der gesicherten Forderung besteht.[11] Wegen der gesetzlichen Ausgestaltung der Grundschuld als forderungsunabhängiges Recht bleibt sie aber auch bei Nichtbestehen des Sicherungszwecks in der Hand des Gläubigers.[12] Seine Eintragung als Gläubiger im Grundbuch wird nicht falsch, und er

---

9 Vgl. BGH NJW-RR 1991, 305; *Huber,* Sicherungsgrundschuld, 77; *Pfeiffer,* WM 1995, 1565, 1570; *Kramer*, 35; *Dempewolf*, NJW 1957, 1258; *Lwowski*, Rn 221. Dagegen sieht *Jäckle*, JZ 1982, 50, 54 für eine ergänzende Vertragsauslegung keinen Raum, da diese eine Vertragslücke voraussetze. Eine solche läge nicht vor, da die Parteien über Störfälle bei Vertragsschluß nicht nachdächten. *Jäckle* will daher den Rückgewähranspruch aus den Grundsätzen des Zweckfortfalls und der Zweckverfehlung herleiten (JZ 1982, 50, 56). Für die Ermittlung des Zwecks der Grundschuldhingabe zieht aber auch er wiederum den Sicherungsvertrag heran.

10 Siehe oben 4. Kapitel B.II.

11 Vgl. *Rünger*, 77f.; *Serick*, FS *Trinkner*, 407, 423.

12 Vgl. *Weisbecker*, 27; *Strecker* in *Planck*, §1192 Anm. 6a; *Reinicke/Tiedtke*, WM 1987, 485.

hat weiterhin die Möglichkeit, die Zwangsvollstreckung aus der Grundschuld zu betreiben.[13]

Bei Nichtexistenz der Forderung stellt sich die Situation demnach wie folgt dar: Der Gläubiger darf einerseits nach dem Sicherungsvertrag sein aus der Grundschuld herrührendes Verwertungsrecht nicht (mehr) geltend machen. Andererseits besteht (abstrakt) die Möglichkeit des Betreibens der Zwangsvollstreckung aus der Grundschuld fort.

b. Vorrang des Sicherungsvertrags

Diese Situation ist mit der vertraglichen Beschränkung auf den Sicherungszweck nicht vereinbar, nach der dem Sicherungsnehmer die Grundschuld mit dem daraus resultierenden Recht zum Betreiben der Zwangsvollstreckung in das Grundstück nur so lange zustehen soll, wie die Möglichkeit besteht, daß er von der Verwertungsmöglichkeit im Einklang mit dem Sicherungszweck Gebrauch macht, wenn also der Eintritt des Sicherungsfalls – der Nichtbeitreibbarkeit der fälligen Forderung – (noch) denkbar ist. Bei Nichtexistenz der Forderung fehlt es an dieser Möglichkeit. Daß der Sicherungsnehmer von seinem Recht aus der Grundschuld in einer Weise Gebrauch macht, die sich mit dem Sicherungszweck vereinbaren läßt, ist ausgeschlossen. Damit wird auch seine Rechtsstellung als Grundschuldgläubiger vertragswidrig.[14]

Der Rückgewähranspruch bildet damit die Konsequenz aus dem vertraglich vereinbarten Sicherungszweck. Er folgt aus dem Umstand, daß der Sicherungsnehmer aufgrund der vertraglichen Vereinbarung an der Ausübung seines der Grundschuld selbst uneingeschränkt innewohnenden Verwertungsrechts gehindert wird.[15]

---

13 Wird das Grundstück tatsächlich zwangsversteigert, so setzt sich der Rückgewähranspruch als Herausgabeanspruch auf den Versteigerungserlös fort (vgl. BGHZ 98, 256, 261; BGH NJW 1992, 1620). Daraus will *Jestaedt*, GS *Schulz*, 149, 150ff. einen pfandrechtlichen Charakter des Rückgewähranspruchs folgern.

14 So auch *Huber*, Sicherungsgrundschuld, 78 für den Fall des Erlöschens der Forderung.

15 Einen anderen Ansatz vertritt *Scholz*, FS *Möhring*, 419, 422, der das Treuhandverhältnis als Auftrag einstuft und die Grundschuld als etwas aus der Geschäftsführung Erlangtes, so daß sich der Rückgewähranspruch aus §667 BGB ergebe.
Becker-Eberhard 223ff. folgert den Rückgewähranspruch aus dem Fortfall des gemeinsamen Zwecks von Forderung und Grundschuld, der sich vorrangig nach dem Inhalt der Forderung bestimme. Sei diese nicht mehr realisierbar, dürfe auch das Sicherungsrecht nicht mehr in Anspruch genommen werden.

2. Zurückbehaltungsrecht des Sicherungsgebers

Der Rückgewähranspruch ermöglicht es dem Sicherungsgeber, dem Sicherungsnehmer bei Nichtbestehen des Sicherungszwecks die Grundschuld zu entziehen. Damit schützt der Rückgewähranspruch den Sicherungsgeber vor der doppelten Inanspruchnahme aus Forderung und Grundschuld. Dem Sicherungsnehmer wird die Möglichkeit genommen, die Grundschuld – vertragswidrig – zu verwerten.

Der Schutz wird noch dadurch verstärkt, daß der Sicherungsgeber dem Sicherungsnehmer bei Geltendmachung der Forderung ein Zurückbehaltungsrecht wegen des Rückgewähranspruchs entgegenhalten kann, also zur Bezahlung der Forderung nur Zug um Zug gegen Rückgabe der Grundschuld verpflichtet ist.[16]

Auch das Zurückbehaltungsrecht folgt aus dem Sicherungszweck. Mit Tilgung der Forderung fällt der Sicherungszweck und damit zugleich die Berechtigung des Sicherungsnehmers weg, Inhaber der Grundschuld zu sein. Eine Vorleistung des Sicherungsgebers würde dazu führen, daß der Sicherungszweck entfiele, der Sicherungsnehmer aber dennoch Grundschuldgläubiger bliebe.

Es entstünde also eine mit dem Sicherungsvertrag nicht zu vereinbarende Situation, die sich nur verhindern läßt, indem Forderungstilgung und Rückgewähr der Grundschuld gleichzeitig vonstatten gehen. Auf die Herbeiführung der nicht dem Vertrag entsprechenden Rechtslage muß sich der Sicherungsgeber nicht einlassen, so daß er berechtigt ist, die Bezahlung der Forderung von der Rückgabe der Grundschuld abhängig zu machen.

3. Bedingter oder zukünftiger Anspruch ?

Umstritten ist, ob der vertragliche Rückgewähranspruch von vornherein entsteht,[17] dabei aufschiebend bedingt ist durch den Wegfall des Sicherungszwecks[18] oder ob er erst bei Wegfall des Zwecks zur Entstehung gelangt.[19]

---

16 Vgl. BGH ZIP 1982, 1051, 1053; *Huber*, Sicherungsgrundschuld, 110; *ders.*, FS *Serick*, 195, 208; *Clemente*, Sicherungsgrundschuld, 67; *Komanns*, 11; *Weirich*, JuS 1980, 188,191; *Pottschmidt/Rohr*, Rn 1002. Anderer Ansicht ist *Lopau*, NJW 1972, 2253, 2254 und JuS 1976, 353, 357, der eine Vorleistungspflicht des Sicherungsgebers annimmt.

17 So *Huber*, Sicherungsgrundschuld, 185.

18 So *Clemente*, Sicherungsgrundschuld, 105; *Dempewolf*, Bedeutung des Rückübertragungsanspruches, 18; *ders.*, NJW 1957, 1257, 1258; *Seckel-*

a. Kein zukünftiger Anspruch aus dem Sicherungsvertrag

Die Auffassung, es handele sich um einen zukünftigen Anspruch, geht dabei allerdings von der unzutreffenden[20] Annahme aus, der Rückgewähranspruch sei bereicherungsrechtlichen Ursprungs, weshalb seine Tatbestandsvoraussetzungen erst mit Wegfall des Sicherungszwecks einträten.[21]

Bei zutreffender Einordnung des Rückgewähranspruchs als vertraglicher Anspruch scheidet hingegen die Annahme eines zukünftigen Anspruchs aus. Der Rückgewähranspruch ist mit Vertragsschluß jedenfalls angelegt, zumal sie Parteien von der ordnungsgemäßen Abwicklung der Forderungstilgung und damit der späteren Rückgabe der Grundschuld ausgehen.[22]

b. Widerspruch zwischen bedingtem Anspruch und Zurückbehaltungsrecht

In der Tilgung der Forderung wird überwiegend eine aufschiebende Bedingung für den Rückgewähranspruch erblickt.[23] Das verträgt sich allerdings kaum mit der – wohl ebenfalls herrschenden – Auffassung, dem Sicherungsgeber stehe wegen seines Rückgewähranspruchs ein Zurückbehaltungsrecht gegen die Forderung zu.[24] Wollte man eine aufschiebende Bedingung annehmen, so gelangte der Rückgewähranspruch erst zur Wirksamkeit mit vollständiger Tilgung der Forderung (§158 Abs.1 BGB).

Das wäre im Ergebnis gleichbedeutend mit einer Vorleistungspflicht des Sicherungsgebers. Ein (noch) nicht wirksamer Gegenanspruch könnte

mann, 147f.; *Stöcker*, 34; wohl auch RGZ 143, 113, 116 sowie BGH NJW 1985, 800, 802 und NJW-RR 1994, 847.

19 So *Hoche*, DNotZ 1958, 386, 387; *Wörbelauer*, NJW 1958, 1705, 1706.

20 Siehe im einzelnen unten III.

21 Vgl. *Hoche*, DNotZ 1958, 386, 387; *Wörbelauer*, NJW 1958, 1705, 1706.

22 Vgl. *Huber*, Sicherungsgrundschuld, 182; *Seckelmann*, 146.

23 Vgl. *Baur/Stürner*, §45 Rn 28; *Clemente*, Sicherungsgrundschuld, 105; *Dempewolf*, Bedeutung des Rückübertragungsanspruches, 18; *ders.*, NJW 1957, 1257, 1258; *Seckelmann*, 147; *Stöcker*, 34; siehe auch RGZ 143, 113, 116 sowie BGH NJW 1985, 800, 802 und NJW-RR 1994, 847.

24 *Huber*, Sicherungsgrundschuld, 184f., weist auf diesen Widerspruch zutreffend hin.

dem Zahlungsanspruch nicht entgegengehalten werden.[25] Die Annahme eines Zurückbehaltungsrechts des Sicherungsgebers und einer aufschiebenden Bedingung für den Rückgewähranspruch schließen einander mithin aus.

c. Unbedingter Anspruch

Zu beachten ist, daß der Sicherungsvertrag auf ordnungsgemäße Tilgung der Forderung ausgerichtet ist. Die spätere Rückgabe der Grundschuld und auch der Anspruch des Sicherungsgebers auf die Rückgabe nach Erfüllung der Forderung gehören damit von Anfang an zu den wesentlichen Vorstellungen der Parteien von der Durchführung des Vertrags. Der Sicherungsnehmer ist deshalb von vornherein gehalten, sich auf die Rückgabe der Grundschuld nach regulärer Erledigung der Forderung einzustellen.[26] Daraus folgt, daß der Rückgewähranspruch sogleich mit Vertragsschluß als unbedingter Anspruch entsteht.

aa. Nichtdurchsetzbarkeit des Rückgewähranspruchs mangels Fälligkeit

Das alles ändert freilich nichts daran, daß der Rückgewähranspruch nur bei Nichtexistenz der Forderung durchgesetzt werden kann. Der Sicherungszweck führt zwar einerseits zum Rückgewähranspruch bei Nichtbestehen der gesicherten Forderung. Andererseits folgt aus dem Sicherungszweck aber auch, daß der Sicherungsnehmer die Grundschuld zu Recht innehat, solange die Forderung existiert.

Zum Wesen des Sicherungsvertrags gehört, daß die Rückgewähr der Grundschuld erst geltend gemacht werden kann, wenn sie als Sicherungsmittel nicht mehr benötigt wird. Es unterliegt deshalb keinem Zweifel, daß der Rückgewähranspruch nicht fällig ist, wenn die Grundschuld noch zur Sicherung der Forderung zur Verfügung stehen muß. Die Durchsetzung des Rückgewähranspruchs bei (noch) bestehender Forderung scheitert demnach zwar nicht an der fehlenden Wirksamkeit des Anspruchs, jedoch an der fehlenden Fälligkeit.[27]

---

[25] So richtig auch *Huber*, Sicherungsgrundschuld, 185.

[26] Vgl. *Huber*, Sicherungsgrundschuld, 184.

[27] So auch *Huber*, Sicherungsgrundschuld, 185; *Scholz*, FS *Möhring*, 419, 423f.; *Wolfsteiner* in *Staudinger*, 13. Auflage, Vorbem. zu §§1191ff. Rn 81.

bb. Fälligkeitszeitpunkt

Wann genau der Rückgewähranspruch fällig wird, ist freilich problematisch. Spätester Zeitpunkt ist derjenige, in dem die gesicherte Forderung erfüllt wird. Mit der Erfüllung fällt der Sicherungszweck weg. Ginge man von diesem Fälligkeitszeitpunkt aus, stünde das freilich abermals im Widerspruch zur Annahme eines Zurückbehaltungsrechts des Sicherungsgebers. Bei Tilgung der Forderung wäre der Rückgewähranspruch noch nicht fällig, sondern erst direkt nach der Tilgung.

Bei zutreffender Betrachtung liegt der Fälligkeitszeitpunkt für den Rückgewähranspruch freilich früher, nämlich bei dem Zeitpunkt, in dem die Forderung erfüllbar wird.[28] Das folgt abermals aus dem Sicherungsvertrag: Rückgewähranspruch und Forderung stehen in einem Zug-um-Zug-Verhältnis, weil nur damit eine vertragswidrige Grundschuldgläubigerstellung des Sicherungsnehmers vermieden wird.[29] *Huber*[30] begründet die Fälligkeit des Rückgewähranspruchs bei Erfüllbarkeit der Forderung damit, daß der Rückgewähranspruch einen „Abwicklungsanspruch" darstelle, der im Rahmen der Endabwicklung des gesamten Kreditverhältnisses zu berücksichtigen sei. Dabei handelt es sich jedoch auch nur um die Beschreibung der Folgen, eines Symptoms des maßgeblichen Umstands, aus dem die Fälligkeit des Rückgewähranspruchs vor Tilgung der Forderung folgt.

Der Grund für die „Vorverlagerung" der Fälligkeit liegt darin, daß die Gegenseitigkeit von Forderung und Rückgewähranspruch im Sicherungsvertrag festgeschrieben wird. Sie folgt aus dem Sicherungszweck, weil eine Vorleistungspflicht des Sicherungsgebers zu einer mit dem Sicherungszweck nicht zu vereinbarenden Situation führen würde, in der der Sicherungsnehmer Grundschuldgläubiger ist, obwohl die zu sichernde Forderung nicht mehr existiert.

Mit dem Sicherungszweck legen die Parteien demnach auch fest, daß am Ende des Vertragsverhältnisses die Bezahlung der Forderung Zug um Zug gegen Rückgabe der Grundschuld zu erfolgen hat. Daraus folgt, daß auch die Fälligkeit des Rückgewähranspruchs vertraglich „vorverlegt" ist auf den Zeitpunkt der Erfüllbarkeit der Forderung, ab dem der Sicherungsgeber die vertraglich vorgesehene Abwicklung verlangen kann.

---

28 So im Ergebnis auch *Huber*, Sicherungsgrundschuld, 185.

29 Siehe oben 2.

30 Sicherungsgrundschuld, 185.

4. Endgültigkeit als Fälligkeitsvoraussetzung für den Rückgewähranspruch

Die Feststellung des Vorliegens eines Rückgewähranspruchs kann im Einzelfall schwierig sein. Das gilt insbesondere, wenn die Forderung noch nicht valutiert, die Valutierung aber noch zu erwarten ist. Bei der Sicherung von Kontokorrenten ist außerdem fraglich, ob die Fälligkeit des Rückgewähranspruchs bereits eintritt, wenn der Saldo ausgeglichen wird, eine spätere Entstehung neuer Kontokorrentforderungen aber sicher erscheint.[31] Dazu wird überwiegend die „Endgültigkeit" des Wegfalls des Sicherungszwecks als Voraussetzung der Durchsetzbarkeit des Rückgewähranspruchs gefordert.[32] Der Sicherungsgeber soll also die Grundschuld erst zurückverlangen können, wenn vollständig ausgeschlossen ist, daß ein Sicherungszweck (neu) entsteht oder fortbesteht.[33]

a. Endgültigkeit nicht feststellbar ?

Gegen das Endgültigkeitserfordernis wird angeführt, daß die Endgültigkeit des Wegfalls des Sicherungszwecks kaum meßbar sei. Eine Grundlage für die Beantwortung der Frage, unter welchen Umständen angenommen werden kann, daß eine (Re-) Valutierung noch zu erwarten sei, lasse sich nicht ermitteln.[34] Selbst wenn eine neue Valutierung konkret in Aussicht stünde, könne sie dennoch ausbleiben, und es stelle sich die Frage, nach welchem Zeitablauf denn die „Endgültigkeit" doch feststehen solle. Auch dafür sei kein Kriterium ersichtlich.

b. Maßgeblichkeit des Sicherungsvertrags für den Fälligkeitszeitpunkt

Bei zutreffender Betrachtung bestehen die eingewandten praktischen Schwierigkeiten jedoch nicht. Vielmehr läßt sich anhand des Sicherungsvertrags die Fälligkeit des Rückgewähranspruchs immer bestimmen. Regelmäßig tritt die Fälligkeit ein bei Erfüllbarkeit der Forderung, also bei Beendigungsreife des Sicherungsvertrags und damit durchaus

---

31 Vgl. *Capeller*, MDR 1953, 153; *Scherübl* in *Staudinger*, 12. Auflage, §1191 Rn 53.

32 Vgl. *Capeller*, MDR 1953, 153; *Tiedtke*, Jura 1980, 407, 410; *Petri*, 190ff.; *Zenker*, 128; *Räfle* in *Erman*, §1191 Rn 20.

33 Vgl. *Räfle* in *Erman*, §1191 Rn 20; *Jahr*, JuS 1964, 218, 219f.

34 Vgl. *Haas*, 87.

zu einem Zeitpunkt, zu dem die endgültige – relative – Nichtberechtigung des Sicherungsnehmers an der Grundschuld vorliegt.

Für den hinsichtlich der „Endgültigkeit" besonders problematischen Fall der Sicherung einer Kontokorrentforderung ergibt die interessengerechte Vertragsauslegung, daß der Sicherungszweck so lange bestehen soll, wie nicht das Kontokorrentverhältnis beendet ist. Bis zur Abrechnung des Kontokorrents hat der Schuldner die Möglichkeit, neue Verbindlichkeiten gegenüber dem Gläubiger zu begründen, zu deren Sicherung die Grundschuld nach dem Sicherungszweck dienen soll. Solange diese Möglichkeit besteht, gelangt demnach auch der Sicherungsvertrag nicht in das Stadium der Beendigungsreife, weil die vollständige Erledigung des Kreditverhältnisses unmöglich ist.

Wollte man etwas anderes annehmen, etwa die Fälligkeit des Rückgewähranspruchs bereits bei einem Saldoanerkenntnis des Schuldners, bestünde die Möglichkeit, daß nach Rückgewähr der Grundschuld neue Kontokorrentforderungen begründet würden, die dann jedoch nicht mehr durch die Grundschuld gesichert würden. Das entspräche nicht dem Sicherungsvertrag, der gerade die Sicherung des Kontokorrents durch die Grundschuld vorsieht.

Bei der Sicherung von Kontokorrentforderungen besteht der Sicherungszweck mithin so lange, wie der Schuldner die Möglichkeit zur Begründung neuer Kontokorrentverbindlichkeiten hat, also bis zur Endabrechnung.[35] Erst zu diesem Zeitpunkt tritt auch die Fälligkeit des Rückgewähranspruchs ein.

II. Anspruch aus §1169 BGB

Als Grundlage für den Rückgewähranspruch bei Nichtexistenz der Forderung steht dem Sicherungsgeber zusätzlich zum vertraglichen Anspruch §1169 BGB zur Verfügung. Nach dieser Vorschrift kann der Eigentümer vom Hypothekar den Verzicht auf das Grundpfandrecht verlangen, wenn ihm eine dauernde Einrede entgegensteht. Der Verzicht führt gemäß §1168 BGB zum Rückerwerb der Hypothek durch den Eigentümer als Eigentümergrundschuld.

---

35 So auch Huber, Sicherungsgrundschuld, 185; *Serick*, Bd. 3, 251; *Gaberdiel*, 135; *Capeller*, MDR 1953, 153.

1. Anwendbarkeit des §1169 BGB auf die Grundschuld

An der Anwendbarkeit des §1169 BGB auf die Grundschuld gemäß §1192 BGB besteht kein Zweifel. Die Vorschrift behandelt Einreden des Eigentümers gegen das Grundpfandrecht, ohne daß die Forderung eine Rolle spielte. Es handelt sich demnach nicht um eine akzessorietätsbedingte Norm.

2. Erfüllung des Tatbestands des §1169 BGB bei Nichtexistenz der Forderung

Ebenso unzweifelhaft ist die Erfüllung des Tatbestands des §1169 BGB im Falle der Nichtexistenz der gesicherten Forderung. Der Sicherungszweck ist dann weggefallen, so daß es dem Sicherungsnehmer endgültig unmöglich ist, von der Grundschuld in vertragsgemäßer Weise Gebrauch zu machen; der Sicherungsgeber kann der Inanspruchnahme aus der Grundschuld unter Hinweis auf die fehlende Forderung dauerhaft widersprechen. Die Nichtexistenz der Forderung führt demnach zu einer dauernden Einrede des Sicherungsgebers, der gemäß §1169 BGB den Verzicht auf die Grundschuld verlangen kann.[36]

Dem Sicherungsgeber stehen demnach für den Rückgewähranspruch bei Nichtexistenz der Forderung zwei Anspruchsgrundlagen zur Verfügung: Zum einen der Sicherungsvertrag und zum anderen §1169 BGB. Die beiden Ansprüche stehen zueinander im Verhältnis der Anspruchskonkurrenz.[37]

III. Bereicherungsrechtlicher Rückgewähranspruch bei Nichtexistenz der Forderung ?

Die Begründung des vertraglichen Rückgewähranspruchs wird nicht von allen geteilt. Eine Meinung geht dahin, der Rückgewähranspruch ergebe sich im Falle des Wegfalls und der Nichtvalutierung der Forderung aus §812 Abs.1 S.1 1. Alt. bzw. (bei späterem Wegfall der Forderung) Abs.1 S.2 2.Alt. BGB, weil die Existenz der Forderung Rechtsgrund für die Bestellung der Grundschuld sei.[38] Die Nichtexistenz der Forderung führe

---

36 Vgl. *Huber*, Sicherungsgrundschuld, 166ff.; *Gaberdiel*, 126f.

37 Vgl. schon RGZ 78, 60, 67; ferner *Huber*, Sicherungsgrundschuld, 166ff.

38 Grundlegend *Krawielicki*, 33, 167ff., 186ff.; vgl. *Nußbaum*, 177; *Seggelke*, 50; *Weisbecker*, 9; *Eccius*, Gruchot 51, 162; *Landsberg*, PosMSchr 1905, 78, 79; *Nissen*, JW 1906, 803, 804; offengelassen in RGZ 78, 60, 67.

demnach zur Rechtsgrundlosigkeit der Hingabe der Grundschuld als Leistung.

Auf den ersten Blick könnte man diesen Überlegungen mit *Buchholz*[39] entgegenhalten, daß die auf eine Geldzahlung gerichtete Forderung nicht die Verpflichtung zur Hingabe einer Sicherheit begründen könne. Diese Feststellung wäre zwar für sich genommen richtig. Zur Beantwortung der Frage, ob es einen bereicherungsrechtlichen Anspruch auf Rückgewähr der Grundschuld bei Nichtexistenz der Forderung gibt, gibt sie jedoch letztlich keinen Aufschluß.

Die bloße Feststellung, daß die gesicherte Forderung ihrem Inhalt nach keine Verpflichtung zu ihrer Sicherung begründet, schließt nämlich keinesfalls aus, daß die Forderung gleichwohl Rechtsgrund der Forderungssicherung ist. *Buchholz* übersieht, daß sich die Bestimmung des Rechtsgrundes einer Leistung nicht nach dem Bestand der objektiven Verpflichtung, sondern maßgeblich nach dem vom Leistenden verfolgten Zweck richtet, der zwar meistens in der Tilgung einer Verbindlichkeit besteht, jedoch darin nicht zwingend bestehen muß.[40]

Die Frage des Bestehens eines bereicherungsrechtlichen Anspruchs auf Rückgewähr der Grundschuld hängt demnach untrennbar mit der Frage zusammen, inwieweit der Sicherungsgeber mit der Sicherung der Forderung bereits eine Erfüllungshandlung hinsichtlich der Forderung vornimmt.[41]

1. Sicherungsbestellung als Erfüllungshandlung ?

Die Grundüberlegung, die zur Einstufung der Sicherheitenhingabe als Erfüllungshandlung führt, besteht in der Annahme, die Hingabe sicherungshalber bilde einen Sonderfall der Hingabe erfüllungshalber.[42] In der Sicherungshingabe wird der „erste Schritt" auf dem Wege zur Erfüllung der Forderung erblickt;[43] die Hingabe der Sicherheit müsse deshalb denselben Rechtsgrund haben wie die Tilgung der Forderung.[44]

---

39 ZIP 1987, 891, 895.

40 Vgl. *Reuter/Martinek*, 87, 89ff.; *Wieling*, Bereicherungsrecht, 15ff.; *Koppensteiner/Kramer*, 11.

41 Siehe oben 4. Kapitel B.II.1.b..

42 Siehe oben 4. Kapitel B.II.1.b.; vgl. *Krawielicki*, 167ff.

43 Vgl. *Münstermann*, 24; *Weisbecker*, 11; *Seggelke*, 50; *Landsberg*, PosMSchr 1905, 78, 79; *Nissen*, JW 1906, 803, 804.

44 Vgl. *Krawielicki*, 186ff.

Diese Betrachtung ist allerdings nicht richtig. Die Sicherung der Forderung steht zu ihrer Erfüllung nur in der Weise in einer Beziehung, als der Sicherungsvertrag eine Erfüllungsabrede für den Fall der Verwertung der Grundschuld enthält.[45] Darin liegt allerdings keine Vereinbarung einer Leistung erfüllungshalber,[46] schon gar nicht einer auf Erfüllung, also Tilgung der Forderung gerichteten Leistung. Mit der Annahme einer Erfüllungshandlung wird der Sicherheitenhingabe mithin eine größere Bedeutung beigemessen als ihr zukommt.

Tatsächlich trägt die Sicherheitenhingabe zur vom Schuldner geforderten Leistungsbewirkung im Sinne des §362 BGB nichts bei. Ihre Bedeutung beschränkt sich vielmehr auf die Verbesserung der Aussichten des Sicherungsnehmers, Befriedigung seines in der Forderung verkörperten Kapitalinteresses zu erhalten. Mehr als diese Verbesserung bezweckt der Sicherungsgeber mit der Hingabe der Sicherheit nicht, verfolgt demnach auch nicht den Zweck der Leistung auf die Forderung.[47]

Einen Leistungszweck verfolgt der Sicherungsgeber mit der Hingabe der Sicherheit nur insoweit, als die vertraglich vereinbarte Sicherung der Forderung hergestellt werden soll.[48] Der maßgebliche Zweck liegt also nicht in der Tilgung der Forderung, sondern in ihrer Sicherung, die wiederum erst durch den Sicherungsvertrag ermöglicht wird. Der Rechtsgrund für die Hingabe der Grundschuld liegt demnach nicht in der Forderung, sondern im Sicherungsvertrag, der die Eigenschaft der Grundschuld als Sicherungsmittel erst herstellt.[49]

2. Bereicherungsrechtlicher Rückgewähranspruch bei anfänglicher Nichtexistenz der Forderung ?

Teilweise wird vertreten, ein bereicherungsrechtlicher Rückgewähranspruch bestehe zwar nicht bei späterem Erlöschen der gesicherten Forderung, wohl aber, wenn die Forderung von vornherein nicht zur Entste-

---

45 Siehe oben 4. Kapitel B.II.1.a.

46 Siehe oben 4. Kapitel B.II.1.b.

47 So zutreffend auch *Zeiss*, AcP 164 (1964), 50, 70f.; vgl. *Gernhuber*, Erfüllung, 164.

48 Siehe unten B.III.; vgl. *Huber*, Sicherungsgrundschuld, 90.

49 Siehe im einzelnen unten B.III.

hung gelange.[50] Die Begründungen für diese Auffassung sind unterschiedlich.

a. Erfüllung der Forderung als Zweck des Sicherungsvertrags ?

Huber[51] nimmt an, der Sicherungsvertrag werde zum Zwecke der Erfüllung der gesicherten Forderung geschlossen, so daß bei anfänglicher Nichtvalutierung der Forderung der Sicherungsvertrag insgesamt unwirksam und die Grundschuld deshalb kondizierbar sei. Das überzeugt jedoch letztlich nicht.

aa. Verbesserung der Aussichten auf Kapitalbefriedigung

Richtig ist zwar, daß den Hintergrund des Sicherungsvertrags die Zielsetzung bildet, im Ergebnis – notfalls unter Verwertung der Grundschuld – die Forderung zu erfüllen. Das bedeutet jedoch nicht, daß der Sicherungsvertrag zum Zwecke der Erfüllung der Forderung geschlossen wird. Zweck des Vertrags ist vielmehr die Verbesserung der Aussichten des Sicherungsnehmers auf Befriedigung seines Kapitalinteresses. Eine Leistungshandlung hinsichtlich der Tilgung der Forderung stellt demnach der Abschluß des Sicherungsvertrags ebensowenig dar wie die Hingabe der Grundschuld in Vollziehung des Sicherungsvertrags.

Zutreffend ist an *Hubers* Überlegung freilich, daß es zwischen Nichtvalutierung der Forderung einerseits und mangelnder Berechtigung des Sicherungsnehmers an der Grundschuld andererseits einen Zusammenhang gibt. Dieser Zusammenhang folgt jedoch nicht aus einer Unwirksamkeit des Sicherungsvertrags, sondern gerade aus seiner Wirksamkeit.

Der vertraglich vereinbarte Sicherungszweck erlaubt dem Sicherungsnehmer seine Stellung als Grundschuldgläubiger nur insoweit, als sie der Sicherung der Forderung dient. Die Existenz der Forderung ist also vertragliche Voraussetzung für das Recht des Sicherungsnehmers auf die Grundschuld. Ist der Sicherungsnehmer Grundschuldgläubiger, obwohl keine Forderung besteht, so fehlt es am Sicherungszweck. Seine Rechtsposition ist vertragswidrig und deshalb nach Maßgabe des Sicherungsvertrags, also aufgrund des vertraglichen Rückgewähranspruchs,

---

[50] Vgl. *Huber*, Sicherungsgrundschuld, 81, 92f.; *Weimar*, 54; *Rünger*, 30; *Kramer*, 37.

[51] Sicherungsgrundschuld, 92f.

zu korrigieren.[52] Für den vertraglichen Rückgewähranspruch kommt es also nicht darauf an, ob die Nichtexistenz der Forderung von Anfang an feststeht oder die Forderung nachträglich weggefallen ist.[53]

bb. Ungeplante Vertragsstörung ?

Dem wird noch entgegengehalten, ein vertraglicher Anspruch scheide aus, weil die Folgen der Nichtvalutierung der Forderung als einer ungeplanten Vertragsstörung von den Parteien bei Vertragsschluß nicht bedacht worden und demnach für die ergänzende Vertragsauslegung kein Raum sei. Eine für dieses Problem zu findende hypothetische Lösung nach dem Parteiwillen gebe es nur, wenn die Parteien über den Störungsfall auch nachgedacht hätten.[54] Das ist jedoch nicht richtig.

Zwar mag man die anfängliche Nichtvalutierung der Forderung noch als „Vertragsstörung" einordnen können, noch dazu eine solche, die von den Parteien regelmäßig nicht bedacht und eingeplant werden wird. Der vertraglich vereinbarte Sicherungszweck beinhaltet jedoch auch eine Lösung für diese „Störung": Die am Sicherungszweck orientierte Auslegung des Vertrags führt zum Rückgewähranspruch des Sicherungsgebers.

b. Zweckverfehlung bei anfänglichem Nichteintritt des Sicherungszwecks ?

Von einigen wird der bereicherungsrechtliche Anspruch bei Nichtvalutierung aus der Zweckverfehlungskondiktion (§812 Abs.1 S.2 2.Alt. BGB) hergeleitet. Nach dem Sicherungsvertrag sei der Zweck der Grundschuld-Verschaffung die Sicherung der Forderung. Entstehe diese nicht, so sei der Zweck der Übertragung der Grundschuld verfehlt.[55]

---

52 Siehe oben I.1.

53 Vgl. *Räfle*, WM 1983, 806 und *Petri*, 114, der im Falle der Nichtvalutierung die Hingabe der Grundschuld als „Vorleistung" des Sicherungsgebers ansieht.

54 Vgl. *Rünger*, 80 und auch den ähnlichen Ansatz bei *Jäckle*, JZ 1982, 50, 54.

55 Vgl. *Weber*, AcP 169 (1969), 237, 243ff.; *Eickmann* im MüKo, 3. Auflage, §1191 Rn 16; *Jäckle*, JZ 1982, 50, 56. *Küchler*, 27 will aus diesem Gedanken die Nichtigkeit des Sicherungsvertrags gemäß §306 BGB herleiten. Ohne Entstehung der Forderung sei der Sicherungsvertrag, der die Sicherung der Forderung zum Inhalt habe, auf eine unmögliche Leistung gerichtet. Das ist jedoch unzutreffend: Die Leistung ist jedenfalls bei Vertragsschluß möglich, weil der Gläubiger die Forderung durch Auszahlung des Darlehens ohne weiteres valutieren kann.

Diese Auffassung übersieht freilich, daß es sich bei dem Zweck, die Sicherung der Forderung herzustellen, um den vertraglich vereinbarten Zweck handelt. Die Verfehlung des Sicherungszwecks ist deshalb in erster Linie anhand der vertraglichen Vereinbarungen zu behandeln, aus denen sich der vertragliche Rückgewähranspruch ergibt. Des Rückgriffs auf den gesetzlichen Anspruch aus §812 Abs.1 S.2 2. Alt. BGB bedarf es nicht.

IV. Zusammenfassung

Bei Nichtexistenz der Forderung besteht immer ein aus dem Sicherungsvertrag und außerdem aus §1169 BGB herzuleitender Rückgewähranspruch des Sicherungsgebers. Ein bereicherungsrechtlicher Anspruch besteht daneben nicht, weil der Sicherungsvertrag die Folgen der Nichtexistenz der Forderung umfassend und abschließend regelt.

B. Rückgewähranspruch bei nichtigem Sicherungsvertrag

Für einen aus dem Sicherungsvertrag herzuleitenden Rückgewähranspruch ist kein Raum, wenn der Sicherungsvertrag selbst nichtig ist. Er kann dann nicht mehr Grundlage eines vertraglichen Anspruchs sein.

I. Fälle der Nichtigkeit

Ein Problem ergibt sich bei einem nichtigen Sicherungsvertrag indessen nur, wenn die Bestellung der Grundschuld trotzdem wirksam war, und das ist nur in Ausnahmefällen denkbar, wenn zum Beispiel der Sicherungsgeber bei Bestellung der Grundschuld geschäftsfähig war, den Sicherungsvertrag aber in geschäftsunfähigem Zustand geschlossen hat.

Die Sittenwidrigkeit des Sicherungsvertrags im Sinne des §138 BGB ergibt sich meist nur im Zusammenhang mit dem Kreditvertrag, vor allem wenn dieser wucherisch ist. Dann schlägt die Nichtigkeit des Darlehens auf den Sicherungsvertrag durch,[56] zumeist wird darüber hinaus auch das dingliche Geschäft der Grundschuldbestellung von der Nichtigkeit erfaßt werden.

---

[56] Vgl. BGH NJW 1982, 2767; *Müller*, Rn 2072ff.; *Räfle* in *Erman*, §1191 Rn 19.

II. Bereicherungsrechtlicher Rückgewähranspruch

In dem (seltenen) Fall der Nichtigkeit des Sicherungsvertrags ist der Sicherungszweck der Grundschuld nicht wirksam vereinbart, so daß sich auch weder aus seiner anfänglichen Verfehlung noch seinem späteren Wegfall eine vertragliche Rückgewährpflicht ergeben kann. Im allgemeinen wird in diesem Fall daher ein Rückgewähranspruch aus §812 Abs.1 S.1 1.Alt BGB (Leistungskondiktion) angenommen.[57] Rechtsgrund für die Überlassung der Grundschuld sei der Sicherungsvertrag. Die Grundschuld werde als Sicherheit gegeben, und ohne wirksam vereinbarten Sicherungszweck sei dieser Leistungszweck verfehlt, so daß kein Rechtsgrund vorliege.[58]

Folgt man dieser Argumentation, so handelt es sich um einen „klassischen" Fall der Leistungskondiktion, zumal der Sicherungsvertrag eine objektive Verpflichtung zur Gewährung der Sicherheit enthält. Der Sicherungsgeber muß die Inhaberschaft des Sicherungsnehmers so lange hinnehmen, wie dessen Sicherungsinteresse besteht.[59] Der Sicherungszweck der Grundschuld begründet also nicht nur die Beschränkung des Sicherungsnehmers in der Verwertung der Grundschuld, sondern gewährt dem Sicherungsnehmer auch ein Recht zum Innehaben der Grundschuld, solange sein Sicherungsinteresse besteht, das heißt sein Kapitalinteresse nicht befriedigt ist.[60]

Existiert keine Verpflichtung zur Sicherheitenhingabe, so liegt der rechtliche Grund für die Rechtsinhaberschaft des Sicherungsnehmers nicht vor, und es besteht ein Anspruch aus Leistungskondiktion.

III. Der Sicherungsvertrag als Rechtsgrund für die Verschaffung der Grundschuld

Bei näherer Betrachtung ist die Einordnung des Sicherungsvertrags als Rechtsgrund für die Grundschuldverschaffung indessen mit erheblichen Problemen verbunden. Schwierigkeiten bereitet vor allem der Umstand, daß die Verpflichtung zur Sicherheitengestellung in der Praxis meistens schon im Kreditvertrag begründet wird, also in einem Regelwerk, das zeitlich vor dem Sicherungsvertrag vereinbart werden kann. Daraus wird teilweise gefolgert, Rechtsgrund für die Bereitstellung der Sicherheit sei

---

57 Vgl. BGH NJW-RR 1991, 305; *Baur/Stürner*, §45 Rn 25.

58 Vgl. BGHZ 114, 57, 61; *Lamb*, JA 1987, 1, 7; *Dempewolf*, Bedeutung des Rückübertragungsanspruches, 6; *Kramer*, 37.

59 Vgl. *Huber*, Sicherungsgrundschuld, 88; *Weber*, AcP 169 (1969), 237, 240.

60 Siehe oben I.3.c.aa.; vgl. *Neuhof/Richrath*, NJW 1996, 2894; *Kramer*, 37.

gar nicht der Sicherungsvertrag, sondern die ihm „vorgeschaltete" Verpflichtung im Kreditvertrag, die auch bei nichtigem Sicherungsvertrag bestehen bleibe.[61]

1. Die „Lehre von der Doppelcausa"

Aus dem Fortbestand der Bestellungsverpflichtung im Kreditvertrag wird sogar hergeleitet, daß einem Herausgabeverlangen des Sicherungsgebers die fortbestehende Verpflichtung zur Gewährung einer Sicherheit entgegengehalten werden könne.[62] Daraus entwickeln *Neuhof/Richrath*[63] ihre sogenannte „Lehre von der Doppelcausa", nach der der Sicherungsnehmer im Ergebnis auch bei nichtigem Sicherungsvertrag berechtigt sein soll, die Grundschuld zu behalten.[64]

a. Differenzierung in „Leistungs- und Sicherungscausa"

Der Sicherungsvertrag selbst liefere nur den rechtlichen Grund für das *Behaltendürfen* des Sicherungsnehmers. Der Rechtsgrund für die *Hingabe* der Sicherheit liege jedoch ausschließlich in der vom Sicherungsvertrag unabhängigen Verpflichtung zur Sicherheitengestellung.[65] Demnach existiere hinsichtlich der Sicherheitengestellung eine „Leistungscausa", hinsichtlich des Behaltendürfens eine „Sicherungscausa".[66]

Die Differenzierung ergebe sich zum einen daraus, daß bei den Verhandlungen über die Kreditgewährung regelmäßig eine Verpflichtung des Sicherungsgebers zur Sicherheitengestellung als Gegenleistung für die Auszahlung des Darlehens[67] vereinbart werde.[68] Zum anderen sei

---

61 Vgl. *Buchholz*, ZIP 1987, 891, 895; *Neuhof/Richrath*, NJW 1996, 2894.

62 Vgl. *Neuhof/Richrath*, NJW 1996, 2894, 2897; *Richrath*, 68ff.

63 NJW 1996, 2894.

64 Vgl. *Neuhof/Richrath*, NJW 1996, 2894, 2897; *Richrath*, 59.

65 *Neuhof/Richrath*, NJW 1996, 2894, 2896; *Richrath*, 37.

66 Diese Terminologie findet sich bereits bei *Zeiss*, AcP 164 (1964), 50, 66 und bei *Buchholz*, ZIP 1987, 891, 896.

67 Mißverständlich ist die Begrifflichkeit bei *Richrath*, 43 und bei *Neuhof/ Richrath*, NJW 1996, 2894, 2896f., die von einer synallagmatischen Leistungspflicht im Rahmen des Darlehensvertrags ausgehen. Der Darlehensvertrag begründet jedoch keine synallagmatischen Pflichten. Die Rückzahlungsverpflichtung ist gemäß §607 BGB Realverbindlichkeit und entsteht erst mit der

sie damit zu begründen, daß im Anschluß an die Hingabe der Sicherheit zur Sicherung einer bestimmten Forderung noch nachträglich der Sicherungszweck auf alle laufenden und künftigen Forderungen erstreckt werden könne. Der Grund für die Hingabe der Sicherheit müsse demnach nicht mit dem Grund für das Behaltendürfen übereinstimmen.[69]

Als Konsequenz aus der „Doppelcausa" wird gefolgert, daß bei nichtigem Sicherungsvertrag und damit Nichtexistenz der Sicherungscausa die Verpflichtung zur Sicherheitengestellung bestehen bleibe und demnach der Sicherungsgeber weiterhin zur Hergabe einer Sicherheit verpflichtet sei.[70] Dem Rückgewährverlangen des Sicherungsgebers könne der Sicherungsnehmer die Einrede *dolo facit, qui petit, quod statim redditurus est* entgegenhalten.[71] Im Ergebnis könne daher bei nichtigem Sicherungsvertrag der Sicherungsnehmer die Sicherheit behalten, solange die Verpflichtung zur Sicherheitengestellung wirksam sei.

b. Notwendige Ausfüllung der Leistungspflicht durch den Sicherungsvertrag

Daß die These von der Verpflichtung zur Sicherheitenbestellung als Rechtsgrund für die Übertragung der Grundschuld im Ergebnis falsch ist, belegt freilich schon eine ganz einfache Überlegung. Der Sicherungsnehmer wird durch die Verschaffung der Grundschuld zum Inhaber einer in seinem dinglichen, gesetzlich vorgeschriebenen Inhalt nach außen nicht beschränkten Rechts. Die Verpflichtung des Sicherungsgebers im Kreditvertrag könnte das nur rechtfertigen, wenn sie auf diesen Erfolg

---

Auszahlung der Valuta. Die Sicherheitsgestellung kann demnach nur Gegenleistung für die Verpflichtung zur Gewährung eines Darlehens sein.
Aber auch dann läge kein Synallagma zwischen diesen beiden Pflichten vor, denn das Synallagma setzt voraus, daß beidseitig eine Zweckverknüpfung von Leistung und Gegenleistung vorliegt, daß also für beide Vertragsparteien die eigene Leistung erbracht wird, um dadurch die Gegenleistung zu erhalten. Aus Sicht des Darlehensnehmers mag das noch zutreffen, da er die Sicherheit gibt, um die Darlehensvaluta ausgezahlt zu bekommen. Aus Sicht des Darlehensgebers jedoch liegt keine Zweckverknüpfung vor. Er gibt das Darlehen, um Zinszahlungen zu erhalten, nicht aber, um eine Sicherheit zu erlangen (vgl. *Lamb*, JA 1987, 1, 2; *Rünger*, 79; *Buchholz*, ZIP 1987, 891, 893; *Wilhelm*, Sachenrecht, Rn 859; *Gerth*, BB 1990, 78, 79; *Jäckle*, JZ 1982, 50, 52).

68 Vgl. *Neuhof/Richrath*, NJW 1996, 2894, 2896; *Zeiss*, AcP 164 (1964), 50, 67.

69 Vgl. *Neuhof/Richrath*, NJW 1996, 2894, 2896f.; *Buchholz*, ZIP 1987, 891, 895.

70 Vgl. *Neuhof/Richrath*, NJW 1996, 2894, 2897; *Richrath*, 59.

71 Vgl. *Neuhof/Richrath*, NJW 1996, 2894, 2897; *Richrath*, 68ff.

gerichtet wäre. Das ist jedoch nicht der Fall. Aufgrund der Verpflichtung im Kreditvertrag kann der Sicherungsnehmer nur eine Grundschuld beanspruchen, die als Sicherheit für die Forderung eingesetzt wird, also eine Grundschuld, die den Restriktionen des Sicherungsvertrags unterliegt. [72]

Die Verpflichtung im Kreditvertrag, eine Grundschuld als Sicherheit zu bestellen, bedarf demnach immer der Ausfüllung durch den Sicherungsvertrag,[73] und zwar unabhängig davon, wie dieser Vorgang rechtlich im einzelnen einzuordnen ist. Bestellungsverpflichtung und Sicherungsvertrag sind demnach miteinander verknüpft, so daß die von *Neuhof/Richrath* favorisierte vollständige Trennung die rechtlichen und tatsächlichen Gegebenheiten bei der Bestellung einer Grundschuld als Kreditsicherheit schon im Ausgangspunkt nicht zutreffend wiedergibt.

Die Verpflichtung zur Beibringung einer Sicherheit bildet demnach nicht den rechtlichen Grund für die Übertragung der Grundschuld, schon gar nicht für das Behaltendürfen einer unbeschränkten Grundschuld.[74]

c. Keine „Doppelcausa" bei Drittsicherung

Die Überlegungen zur „Doppelcausa" versagen vollständig, wenn Sicherungsgeber und Schuldner verschiedene Personen sind.[75] Die im Kreditvertrag enthaltene Verpflichtung, eine Sicherheit bereitzustellen, trifft den Schuldner als Partei dieses Vertrags. Mit dem Sicherungsgeber wird hingegen nur der Sicherungsvertrag geschlossen, der demnach im Verhältnis zwischen Sicherungsnehmer und Sicherungsgeber zwingend den alleinigen Rechtsgrund für die Übertragung der Grundschuld bildet. Eine

---

72 Vgl. *Huber,* Sicherungsgrundschuld, 90f.; *Serick*, Bd. 1, 57; *Petri*, 109; *Jäckle*, JZ 1982, 50, 55.

73 Vgl. *Huber,* Sicherungsgrundschuld, 91; *Weitnauer*, FS *Serick*, 389, 402f.; *Räbel*, NJW 1953, 1247.

74 *Bülow*, NJW 1997, 641, 642f. hält der „Doppelcausa"-These entgegen, daß eine Verpflichtung zur Sicherheitengestellung eine Gattungsschuld bilde und sich deshalb nicht auf das konkrete, schon übertragene Sicherungsmittel beziehe mit der Folge, daß die Rückgabe nicht unter Hinweis auf die allgemeine Gattungsverpflichtung verweigert werden dürfe. Das überzeugt jedoch nicht: Wenn man schon den Rechtsgedanken des §243 BGB für die Sicherheit fruchtbar machen wollte, so führte doch nichts an der Feststellung vorbei, daß mit der Übertragung eines konkreten, als Sicherheit im Sinne des Kreditvertrags vorgesehenen Rechts auch Konkretisierung eingetreten wäre.

75 Darauf weist zutreffend auch *Bülow*, NJW 1997, 641, 643 hin.

separate Gestellungsverpflichtung besteht zwischen den Parteien des Sicherungsvertrags in einem solchen Fall nicht.

d. Keine praktische Brauchbarkeit

Der „Doppelcausa"-Lehre ist schließlich entgegenzuhalten, daß ihre praktische Brauchbarkeit gering ist. Der Fall, in dem die Bestellungsverpflichtung bei unwirksamem Sicherungsvertrag bestehen bleibt, schwerlich vorstellbar. Ist der Sicherungsvertrag wegen Übervorteilung nichtig, wird das in der Regel bereits in der Bestellungsverpflichtung angelegt sein und diese folglich von dem Nichtigkeitsgrund erfaßt werden.[76]

2. Leistungszweck als Rechtsgrund

Die „Doppelcausa"-These beruht möglicherweise auf einem bereits im Denkansatz vorhandenen Fehler, nämlich dem Bestreben, auf der Suche nach dem Rechtsgrund für eine Leistung das Augenmerk auf eine kausale Verpflichtung zu richten, deren Erfüllung der Leistende erstrebt.[77] Die Beschränkung des Rechtsgrundes auf kausale Verknüpfungen ist jedoch nicht sachgerecht, vermag die Vielgestaltigkeit der Zweckbildungen bei Leistungen nicht zu erfassen.[78] Das gilt im besonderen Maße für die Leistungszwecke bei der Gestellung nichtakzessorischer Kreditsicherheiten.

a. Vielgestaltigkeit der Leistungszwecke

Die Beantwortung der Frage nach dem rechtlichen Grund für die Übertragung der Grundschuld muß ausgehen von dem Leistungszweck, den der Sicherungsgeber mit der Übertragung verfolgt. Ob eine Leistung gerechtfertigt ist, entscheidet sich daran, ob der Leistende den gewollten – rechtlich beachtlichen – Erfolg herbeiführt, die Leistung also ihren Zweck erreicht.[79] Die maßgebliche Aussage darüber, aus welchem Grund ge-

---

76 Vgl. *Buchholz*, ZIP 1987, 891, 897.

77 Dieses Problem sehen auch *Huber*, JuS 1972, 57, 58; speziell für den Sicherungsvertrag *Weber*, AcP 169 (1969), 237, 240.

78 Ausführlich *Reuter/Martinek*, 108.

79 Vgl. *Reuter/Martinek*, 109; *Zeiss*, AcP 164 (1964), 50, 54; *Enneccerus/Lehmann*, 887.

leistet wird, ist in der Zweckbestimmung des Leistenden enthalten.[80] Mit der Festlegung des Leistungszwecks trifft der Leistende also auch die Bestimmung des rechtlichen Grundes für seine Leistung.[81]

Der Zweck kann dabei zwar in der Tilgung einer Verbindlichkeit bestehen. Den einzig denkbaren Zweck stellt das jedoch nicht dar. Vielmehr ist die Festlegung des Leistungszwecks – unabhängig von der Frage, ob sie eine übereinstimmende Erklärung von Leistendem und Empfänger erfordert oder die einseitige Bestimmung durch den Leistenden ausreicht – ebenso freigestellt wie die Bestimmung von Vertragsinhalten gemäß §305 BGB.[82]

Allenfalls ist deshalb eine Typisierung von Leistungszwecken möglich. Nach *Reuter/Martinek* lassen sich drei Kategorien von Leistungszwecken unterscheiden: Erstens die Leistung zum Zwecke der Erfüllung einer Verbindlichkeit (*solvendi causa*), zweitens die Schenkung (*donandi causa*) und drittens die Leistung zur Erreichung eines bestimmten Verhaltens des Empfängers (*datio ob rem*).[83]

b. Leistungszweck bei der Übertragung der Grundschuld

Auch für die Bestimmung des Rechtsgrunds der Grundschuldübertragung kommt es demnach darauf an, welchen Zweck der Sicherungsgeber mit der Übertragung verfolgt. Die Besonderheiten der durch den Sicherungszweck beschränkten Grundschuld erschweren die Beantwortung dieser Frage erheblich.

Das Ergebnis einer ordnungsgemäß abgewickelten Grundschuldübertragung durch den Sicherungsgeber besteht zum einen darin, daß die von den Parteien übereinstimmend gewollte Sicherheit für die Forderung entsteht, zum anderen aber auch darin, daß die Verpflichtung zu ihrer Bereitstellung erfüllt wurde. Das legt die Annahme nahe, daß mit der Übertragung der Grundschuld zwei Zwecke verfolgt werden, nämlich zum einen die Herbeiführung der Forderungssicherung und zum anderen die Erfüllung der darauf gerichteten Verpflichtung.

---

80 Vgl. *Reuter/Martinek*, 100; *Koppensteiner/Kramer*, 15; *Wieling*, Bereicherungsrecht, 22; anderer Auffassung *Larenz/Canaris*, 137.

81 Vgl. *Reuter/Martinek*, 107; *Lieb* im MüKo, 3. Auflage, §812 Rn 23.

82 Vgl. *Wunner*, NJW 1966, 2285, 2287; *Reuter/Martinek*, 87.

83 *Reuter/Martinek*, 90f. Gegen die Dreiteilung plädieren *Krawielicki*, 159ff., und *Zeiss*, AcP 164 (1964), 50, 56f., der der Auffassung ist, es würden nicht alle denkbaren Leistungszwecke erfaßt. *Wieling*, Bereicherungsrecht, 15f., sieht die *datio donandi causa* als Unterfall der *datio solvendi causa* an.

aa. Zweckstaffelung

Von dem Bestehen dieser beiden Leistungszwecke geht die „Zweckstaffelungslehre“ aus. Dem Zweck, die Verpflichtung zur Sicherheitengestellung zu erfüllen, werde der weitere Zweck der Herbeiführung der Sicherung „angestaffelt“.[84] Verfolge eine Leistung einen Erfüllungszweck und gleichzeitig einen weiteren, darüber hinausgehenden Zweck, der nicht in der Erfüllung einer Verbindlichkeit bestehe, so stehe die *condictio ob rem* offen.[85]

Die Zweckstaffelungslehre erfaßt damit zutreffend den Umstand, daß sich bei der Sicherheitenbestellung mehr ereignet als die bloße Erfüllung einer Verpflichtung, indem nicht schlicht der als Sicherheit dienende Gegenstand übertragen wird, sondern gleichzeitig die für nichtakzessorische Sicherheiten typischen, aus dem Sicherungszweck herrührenden Beschränkungen der rechtlichen Befugnisse des Sicherungsnehmers in Kraft gesetzt werden.

(1) Bloße Erfüllung der Gestellungsverpflichtung ?

Der Zweckstaffelungslehre hält *Zeiss*[86] entgegen, es könne keine verschiedenen Zwecke für eine Leistung geben. Der Sicherungszweck sei niemals Leistungszweck, weil die Zuwendung nicht wegen des Sicherungszwecks erfolge, sondern wegen des wirtschaftlichen Gesamtzwecks.[87] Es bestehe ein einheitlicher Leistungszweck in der Erscheinungsform der *causa solvendi,* weil der Sicherungsgeber leiste, um seine im Sicherungsvertrag enthaltene Verpflichtung zur Beibringung einer Sicherheit zu erfüllen.[88]

Diese Überlegungen überzeugen jedoch aus zwei Gründen nicht: Zum einen ist schon die Erwägung nicht richtig, niemand leiste allein zum Zwecke der Herstellung der Forderungssicherung. Die *datio ob rem* um-

84 Vgl. RGZ 66, 132, 133f.; RGZ 129, 307, 308f.; BGH MDR 1952, 33, 34; BGHZ 44, 321, 323; BGH NJW 1972, 888, 889 (anders aber BGH DB 1972, 1621; BGH NJW 1975, 776); *Liebs*, JZ 1978, 697, 699f. und bereits *Wunner*, NJW 1966, 2285, 2287; *Weber*, AcP 169 (1969), 237, 243 sowie für den speziellen Fall der Sicherheitenbestellung auch *Lieb* im MüKo, 2. Auflage, §812 Rn 179, anders aber jetzt *ders.* in der 3. Auflage, §812 Rn 179.

85 *Liebs*, JZ 1978, 697, 699f.; *Wunner*, NJW 1966, 2285, 2287; *Weber*, AcP 169 (1969), 237, 243

86 AcP 164 (1964), 50, 61ff.

87 *Zeiss*, AcP 164 (1964), 50, 67.

88 *Zeiss*, AcP 164 (1964), 50, 69.

faßt eine Vielzahl von einzelnen möglichen Leistungszwecken, und es besteht kein Zweifel daran, daß auch dann eine wirksame Leistung im Sinne einer zweckgerichteten Vermögensmehrung vorliegt, wenn ein Sicherungsobjekt einzig und allein zum Zwecke der Herstellung der Sicherung für eine Forderung gegeben wird, wie es insbesondere der Fall ist, wenn keine Verpflichtung des Sicherungsgebers zur Bereitstellung einer Sicherheit existiert. Die Frage, ob eine solche Zuwendung ohne Verpflichtung wirtschaftlich sinnvoll ist, spielt für ihre rechtliche Einordnung keine Rolle.

Hinzu kommt, daß mit dem Hinweis, niemand leiste allein wegen des Sicherungszwecks, gar kein Gegenargument gegen die Zweckstaffelung gewonnen ist, die ja gerade davon ausgeht, daß die Sicherung nicht den alleinigen, sondern nur einen von zwei gleichzeitig verfolgten Leistungszwecken darstellt.

Zum anderen überzeugt aber auch die von *Zeiss* präsentierte eigene Lösung nicht. Seine Auffassung, der rechtliche Grund für die Übertragung des als Sicherheit dienenden Gegenstands sei in einer Verpflichtung aus dem Sicherungsvertrag zu suchen, vermag die von der „Doppelcausa“-Lehre[89] aufgegriffene, in der Praxis häufig vorkommende Situation nicht zu erklären, in der eine Verpflichtung zur Bereitstellung der Sicherheit bereits im Kreditvertrag enthalten ist, während der später geschlossene Sicherungsvertrag unwirksam ist.

Nach der Lösung von *Zeiss* läßt sich nicht überzeugend beantworten, wie sich die Unwirksamkeit des Sicherungsvertrags bei bestehender Gestellungsverpflichtung auswirkt. Ein allein im Sicherungsvertrag enthaltener Rechtsgrund müßte bedeuten, daß die fortbestehende Gestellungsverpflichtung insgesamt unbeachtlich ist. Dafür bedürfte es einer nachvollziehbaren Begründung, wie sie von der Zweckstaffelungslehre geliefert wird: Der Erfüllungszweck wird erreicht, so daß die Gestellungsverpflichtung nicht unbeachtet bleibt, wegen des angestaffelten Zwecks der Forderungssicherung, der verfehlt wird, ist der als Sicherheit dienende Gegenstand gleichwohl mit der *condictio ob rem* zurückzufordern.

(2) Vorrang des Wegfalls der Geschäftsgrundlage ?

Weitere Kritik an der Zweckstaffelungslehre stützt sich auf die Erwägung, daß der „überschießende“, über die Erfüllung der Gestellungsverpflichtung hinausgehende Zweck nach den Grundsätzen vom Wegfall

---

89 Siehe oben 1.

der Geschäftsgrundlage behandelt werden müsse.[90] Es bestehe immer ein primärer Leistungszweck, der allein den maßgeblichen Zweck darstelle. Darüber hinausgehene Zwecke seien dem Bereich der Motivation der Parteien zuzuordnen.[91] Soweit die Tilgung einer Verbindlichkeit angestrebt werde, bilde das stets den maßgeblichen Leistungszweck. Bei der Sicherung von Forderungen werde die Erfüllung der Verpflichtung aus der Sicherungsabrede bezweckt.[92]

Ob diese Überlegungen allgemein für „überschießende Zwecke" zutreffen, soll an dieser Stelle nicht untersucht werden. Für die Bereitstellung einer nichtakzessorischen Sicherheit gilt freilich, daß die Reduzierung des Zwecks, die Sicherung der Forderung durch den als Sicherheit dienenden Gegenstand – die Grundschuld – herzustellen, auf ein bloßes Motiv nicht sachgerecht ist. Die Verpflichtung des Sicherungsgebers richtet sich von vornherein nur auf die Hergabe der Grundschuld *als Sicherheit*. Die Übertragung der Grundschuld ohne gleichzeitige wirksame Vereinbarung des Sicherungszwecks ist demnach gar keine geeignete Erfüllungshandlung hinsichtlich der übernommenen Verpflichtung.

Daß außerdem die Frage nach dem Rechtsgrund für die Grundschuldübertragung mit dem Hinweis auf die Erfüllung einer Pflicht aus der Sicherungsabrede jedenfalls bei Auseinanderfallen von Gestellungsverpflichtung und Sicherungsvertrag nicht beantwortet werden kann, gilt hier ebenso wie für den Lösungsvorschlag von *Zeiss*.

bb. Einheitlicher Zweck der Erfüllung des Sicherungsvertrags

Huber[93] umgeht die Probleme der Zuordnung von Leistungs- und Sicherungszweck, indem er Erfüllung der Verpflichtung zur Sicherheitengestellung und Herstellung des Sicherungszwecks zu dem einheitlichen Zweck zusammenfaßt, die Sicherungsvereinbarung zu erfüllen.[94] Dabei bilde die Gestellungsverpflichtung die objektive, der Sicherungszweck die subjektive *causa*.

---

90 Grundlegend *v. Caemmerer*, FS *Rabel*, 333, 344ff., vgl. BGH DB 1972, 1621; BGH NJW 1975, 776; *Reuter/Martinek*, 166; *Koppensteiner/Kramer*, 58; *Wieling*, Bereicherungsrecht, 31.

91 Vgl. *Reuter/Martinek*, 164.

92 Vgl. *Reuter/Martinek*, 167.

93 Sicherungsgrundschuld, 87ff.

94 Sicherungsgrundschuld, 91.

Hubers Auffassung liegt die Erkenntnis zugrunde, daß zwischen Gestellungsverpflichtung und Sicherungszweck eine elementare Verbindung besteht. Das ist ganz richtig: Eine Verpflichtung zur Bereitstellung einer Grundschuld als Sicherheit kann nur erfüllt werden, wenn die Sicherung der Forderung hergestellt, der Sicherungszweck erreicht wird. Der Zusammenhang von Gestellungsverpflichtung und Sicherungszweck zwingt auch zu der von *Huber* gezogenen Schlußfolgerung, daß der rechtliche Grund für die Grundschuldübertragung in der Kombination von Gestellungsverpflichtung und Sicherungszweck zu suchen ist.[95]

Bei zutreffender Betrachtung scheitert die Zweckstaffelungslehre dann auch daran, daß sie überhaupt den Versuch unternimmt, für die Bereitstellung der Sicherheit zwei verschiedene Zwecke zu ermitteln. Den tatsächlichen Vorgängen bei der Sicherungsgrundschuld wird das nicht gerecht. Vielmehr handelt es sich bei der Sicherheitengestellung um einen einheitlichen Vorgang, der von den Parteien auch nicht als mehrstufig angesehen wird.[96] Diesen einheitlichen Vorgang mit verschiedenen Zwecken zu erklären, wirkt konstruiert.

Der Kritik an der Zweckstaffelungslehre ist demnach insoweit recht zu geben, als entgegen der Zweckstaffelungslehre von einem einheitlichen Leistungszweck ausgegangen wird. Dieser Zweck besteht jedoch nicht in der „Erfüllung der Sicherungsabrede“, sondern in der Erfüllung der Verpflichtung, eine Sicherheit zu bestellen. Der Zweck kann bei nichtakzessorischen Sicherheiten nur durch ein zweiaktiges Geschäft erreicht werden, nämlich zum einen durch die Übertragung des als Sicherheit dienenden Gegenstands und zum anderen durch die gleichzeitige wirksame Vereinbarung des Sicherungszwecks, ohne die die Erfüllung der Verpflichtung nicht erreicht werden kann.

c. Gestellungsverpflichtung und Sicherungsvertrag als einheitlicher Rechtsgrund für die Übertragung der Grundschuld

Die Bedeutung des Sicherungszwecks für den Leistungszweck läßt sich demnach wie folgt erfassen: Der Sicherungszweck ist weder ein separater, vom Leistungszweck zu differenzierender, womöglich „überschießender“ Zweck, noch stellt er einerseits den Leistungszweck selbst dar oder andererseits ein bloßes Motiv. Der Sicherungszweck ist vielmehr zwingendes „Nebenprodukt“ für die Erreichung des Leistungszwecks,

---

95 Sicherungsgrundschuld, 91. Insofern greift die von *Buchholz*, ZIP 1987, 891, 896 geübte Kritik, es müsse zwischen Erfüllung einer Verbindlichkeit und Sicherung einer Forderung unterschieden werden, zu kurz.

96 Darauf weist *Zeiss*, AcP 164 (1964), 50, 65, im Ausgangspunkt zutreffend hin.

der darin besteht, dem Sicherungsnehmer in Erfüllung der entsprechenden Verpflichtung eine Grundschuld als Sicherheit zuzuwenden.[97]

Aus der Erkenntnis, daß die wirksame Vereinbarung des Sicherungszwecks Voraussetzung für die Erreichung des Leistungszwecks ist, läßt sich auch die Frage nach dem Rechtsgrund für die Bestellung der Grundschuld beantworten. Er liegt in der Gestellungsverpflichtung in Verbindung mit dem Sicherungsvertrag, und zwar genau in der durch wirksamen Abschluß des Sicherungsvertrags ihrerseits erst umsetzbar werdenden Gestellungsverpflichtung.

Die Tatsache, daß sich die Parteien auf die Bereitstellung einer Sicherheit einigen, bedeutet, daß der Sicherungsgeber die Grundschuld nur in der Weise verschaffen muß, daß sie dem Sicherungszweck dient. Das setzt wiederum die Wirksamkeit des Sicherungsvertrags voraus. Solange kein wirksamer Sicherungsvertrag besteht, könnte der Sicherungsgeber allenfalls eine auch im Innenverhältnis unbeschränkte Grundschuld übertragen, die er aber nicht leisten muß.

Mehr noch: Besteht kein wirksamer Sicherungsvertrag, so ist es dem Sicherungsgeber sogar unmöglich, seine Gestellungsverpflichtung zu erfüllen, weil ohne Sicherungsvertrag auch keine Sicherungsgrundschuld entstehen kann. Auch aus dem Grundsatz, daß eine unmögliche Leistung nicht verlangt werden kann, folgt demnach, daß der Sicherungsgeber die Grundschuld nicht übertragen muß.

aa. Sicherungsvertrag als Bedingung für die Gestellungsverpflichtung ?

Canaris[98] erblickt darin eine – im Wege der ergänzenden Vertragsauslegung zu ermittelnde – Bedingung für die Gestellungsverpflichtung. Auch damit werden jedoch die tatsächlichen Vorgänge bei der Sicherheitengewährung nicht zutreffend erfaßt.

Ein Aufschub der Wirksamkeit im Sinne des §158 Abs.1 BGB für die Gestellungsverpflichtung ist nicht gewollt und wird auch nicht erreicht. Vielmehr unterliegt es keinem Zweifel, daß der Sicherungsnehmer bei Nichterfüllung der Gestellungsverpflichtung aus ihr klagen kann. Die Besonderheit besteht dann aber darin, daß einer entsprechenden Verurteilung nur durch Übertragung der Grundschuld unter – mindestens –

---

97 Im Ergebnis so auch *Serick*, Bd. 1, 57f.; *Ganter*, ZIP 1994, 257, 259; *Eickmann* in *Westermann*, 327 und im MüKo, 3. Auflage, §1191 Rn 21; *Petri*, 108; *Räfle* in *Erman*, §1191 Rn 5; *Räbel*, NJW 1953, 1247; *Weitnauer*, FS *Serick*, 389, 402f.

98 In *Larenz/Canaris*, 153f.

gleichzeitigem Abschluß des Sicherungsvertrags nachgekommen werden könnte.

bb. Anspruch aus condictio indebiti

Ohne wirksamen Sicherungsvertrag bedeutet die Übertragung der Grundschuld die Leistung eines nicht geschuldeten Gegenstands, weil der Sicherungsnehmer eine unbeschränkte Grundschuld erhält, aber nur eine durch den Sicherungsvertrag beschränkte Grundschuld beanspruchen kann. Wirksamkeitsmängel sowohl im Bereich der Gestellungsverpflichtung als auch des Sicherungsvertrags führen demnach regelmäßig zur *condictio indebiti*, ohne daß es darauf ankommt, ob nur der Sicherungsvertrag unwirksam ist oder bereits die grundlegende Gestellungsverpflichtung eigene Wirksamkeitsmängel aufweist. In beiden Fällen stellt sich die Übertragung der Grundschuld als Leistung einer Nichtschuld dar.

Auch im Falle der Sicherheitengestellung durch einen Dritten läßt sich anhand dieser Überlegungen die Frage nach dem Rechtsgrund unproblematisch beantworten: Die Verpflichtung des Schuldners, eine Sicherheit bereitzustellen, kann nur erfüllt werden, wenn mit dem Sicherungsgeber ein wirksamer Sicherungsvertrag zustande kommt. Der Sicherungsgeber leistet auf diese Pflicht als Dritter (§267 BGB) zu dem Zweck, die Verpflichtung des Schuldners zu erfüllen.

3. Zusammenfassung

Dem Sicherungsgeber steht bei unwirksamem Sicherungsvertrag ein bereicherungsrechtlicher Rückgewähranspruch aus §812 Abs.1 S.1 1. Alt zu (*condictio indebiti*), und zwar unabhängig vom Bestehen einer Verpflichtung zur Bereitstellung einer Sicherheit.

C. Freigabeanspruch bei Übersicherung des Sicherungsnehmers

Problematisch ist das Schicksal der Grundschuld, wenn die Forderung teilweise getilgt ist, der Sicherungsnehmer gleichwohl noch die ganze Grundschuld in Händen hält. Als Korrekturinstrument für dabei auftretende, unbillig erscheinende Vorteile des Sicherungsnehmers wird bei Kreditsicherheiten allgemein die unter den Gesichtspunkten der sittenwidrigen Übervorteilung gemäß §138 Abs.1 BGB und – bei Formularverträgen – der unangemessenen Benachteiligung im Sinne des §9 Abs.1 AGBG entwickelte Rechtsfigur der „Übersicherung" herangezogen.

Übersteigt der Wert der Kreditsicherheit die gesicherte Forderung erheblich, so ist die in der Hand des Gläubigers befindliche Sicherheit durch sein Sicherungsinteresse nicht mehr gedeckt und der Gläubiger demnach „übersichert".[99] Die Übersicherung gebührt dem Sicherungsnehmer nicht, weil er den Sicherungsgeber in seiner wirtschaftlichen Bewegungsfreiheit über das Maß seines anerkannten Sicherungsinteresses hinaus beeinträchtigt und die Haftungsmasse für den Zugriff anderer Gläubiger verringert wird.[100]

I. Übersicherung bei der Sicherungsgrundschuld

Eine Übersicherung ist auch bei der Sicherungsgrundschuld denkbar, wenn die (Rest-) Forderung durch eine zu hohe Grundschuld gesichert wird. Allerdings ist im Einzelfall fraglich, wie das Betragsverhältnis aussehen muß, um zu einer Übersicherung zu gelangen. Es bietet sich an, diese Frage anhand eines Vergleichs des Nennwerts der Grundschuld und des Betrages der gesicherten Forderung vorzunehmen.[101]

Einige sehen das als problematisch an, weil der Nennwert der Grundschuld nicht notwendigerweise auch den in der Verwertung tatsächlich erzielbaren Geldbetrag wiedergebe.[102] Das spricht jedoch nicht gegen die Heranziehung des Nennwerts als Vergleichsgröße.

Das Verwertungsrisiko ist typischerweise das Risiko des Rechtsinhabers. Auch der Grundstückseigentümer trägt schließlich ständig die Gefahr des Wertverlustes seines Grundstücks. Der Sicherungsnehmer hat die Grundschuld außerdem zu dem eingetragenen Nennwert als Sicherheit akzeptiert. Ihm kann zugemutet werden, daß er bei der Berechnung des notwendigen Nennwertes sein Ausfallrisiko angemessen berücksichtigt.[103] Ihm steht frei, den Kredit unter Gestellung der

---

99 Vgl. BGH NJW 1996, 2092; *Trapp*, NJW 1996, 2914; *Richrath*, 121f. *M. Wolf*, FS *Baur*, 147, 163 erwägt, die Übersicherung dadurch auszuschließen, daß er aus Sicherungsverträgen grundsätzlich die auflösende Bedingung der Forderungstilgung entnimmt. Durch den hiermit erreichten automatischen Rückfall des Sicherungsmittels bei Erlöschen der gesicherten Forderung sei dann eine Freigabe unnötig. Diese Lösung schließt er aber richtigerweise sogleich wieder aus. Bei einer Sicherheitenbestellung unter auflösender Bedingung der Forderungstilgung kann es dennoch zur Übersicherung kommen, solange nicht die gesamte Forderung getilgt und damit die Bedingung nicht eingetreten ist.

100 Vgl. *Göbel*, 26f.

101 Vgl. *Räfle*, WM 1983, 806, 808.

102 Vgl. *Weber*, WM 1994, 1549, 1556.

sichtigt.[103] Ihm steht frei, den Kredit unter Gestellung der Sicherheit zu gewähren oder auch von einer solchen Vereinbarung Abstand zu nehmen.

Zur Bemessung seines Risikos kann er sich zudem über den Wert des Grundstücks vergewissern.[104] Für die Bemessung der Übersicherung ist daher von dem Nennwert der Grundschuld auszugehen.[105]

II. Freigabeanspruch

Aus der Übersicherung wird als Rechtsfolge ein Freigabeanspruch des Sicherungsgebers gefolgert. Ist der Sicherungsnehmer übersichert, weil der Nennwert der Grundschuld den gesicherten Forderungsbetrag übersteigt, so hält er über sein in Höhe der gesicherten Forderung anerkanntes Sicherungsinteresse hinaus eine Sicherheit in der Hand. Aus dem Sicherungsvertrag ergibt sich jedoch, daß er nicht berechtigt ist, über sein Sicherungsinteresse hinaus gesichert zu sein.

1. Parallele von Rückgewähr- und Freigabeanspruch

Ist das Sicherungsinteresse und damit der Sicherungszweck des Vertrags vollständig weggefallen, ergibt sich daraus ein Anspruch auf Rückgewähr der Sicherheit. Die fortbestehende Rechtsposition des Sicherungsnehmers als Grundschuldgläubiger widerspricht dem Vertrag.[106]

Diese Überlegung trifft jedoch nicht nur auf den Fall des vollständigen Wegfalls des Sicherungsinteresses zu. Sie ist entsprechend anwendbar auf den Fall des teilweisen Wegfalls des Sicherungsinteresses.[107] Auch in einem solchen Fall hält der Sicherungsnehmer mit einer betragsmäßig die gesicherte Forderung übersteigenden Grundschuld ein Sicherungsmittel in der Hand, das durch sein Sicherungsinteresse und damit dem Sicherungszweck nicht gedeckt ist.[108] Zugleich wird dem Eigentü-

---

103 Vgl. *Göbel*, 43f.

104 Vgl. *Göbel*, 44.

105 Vgl. *Räfle*, WM 1983, 806, 808.

106 Siehe oben A.I.1.

107 Vgl. *Huber*, Sicherungsgrundschuld, 180; *Baur/Stürner*, §45 Rn 27; *Seckelmann*, 53; *Becker-Eberhard*, 454f.

108 Gegen diese Betrachtung wendet *Komanns*, 29 ein, daß eine Übersicherung bei Pfandrechten grundsätzlich erlaubt sei. Das ergebe sich aus §§1210, 1222 BGB. Diese Erwägung ist jedoch unzutreffend, da das Pfandrecht an einer beweglichen Sache zwangsläufig die ganze Sache erfassen muß und – an-

mer die anderweitige Kapitalisierung seines Grundstückswertes verwehrt.[109]

Der Sicherungszweck ist damit so weit weggefallen, wie das Sicherungsinteresse den Grundschuld-Nennwert nicht mehr deckt.[110] Ergibt sich demnach bei vollständigem Wegfall des Sicherungsinteresses eine Rückgewährpflicht des Gläubigers, so muß bei teilweisem Wegfall auch eine Pflicht zur teilweisen Freigabe bestehen.[111]

2. Vollständiger Wegfall des Sicherungszwecks ?

Eine Auffassung meint, bei anfänglicher Übersicherung durch nur teilweise Valutierung der Forderung entfalle der gesamte Sicherungszweck, und daher sei die Grundschuld insgesamt zurückzugeben.[112] Die von den Parteien zur Sicherung bestimmte Forderung sei nicht entstanden, sondern eine andere, niedrigere Forderung, zu der der Sicherungsvertrag keine Verknüpfung herstelle.[113]

Diese Auffassung überzeugt nicht, denn sie legt die sicherungsvertragliche Vereinbarung nicht interessengerecht aus. Wenn die Parteien schon die Sicherung einer höheren, auf dem Kreditvertrag beruhenden Forderung durch die Grundschuld vereinbart haben, so wird eine interessengerechte Auslegung des Vertrages auch einen Sicherungszweck für eine niedrigere Darlehensvalutierung ergeben. Allerdings ist dann von vornherein der nicht benötigte Teil der Grundschuld freizugeben.

---

ders als bei den Grundpfandrechten – eine betragsmäßige Reduzierung ausgeschlossen ist. Die Vorschrift des §1222 BGB ordnet zudem nicht die Zulässigkeit der Übersicherung an. Sie soll nur gewährleisten, daß sich der Gläubiger aus dem vollen Erlös jeder Sache befriedigen kann. Wird ein Pfand zur Sicherung der Forderung wertmäßig nicht mehr benötigt, so hat es der Gläubiger gleichwohl freizugeben.

109 Vgl. *Seckelmann*, 134; *Rutke*, WM 1987, 193; *Puplick*, 191.

110 Vgl. *Serick*, WM 1996, 2017, 2020; *Huber*, FS *Serick*, 195, 224f. für den teilweise valutierten Kontokorrentkredit; vgl. auch *Baur/Stürner*, §45 Rn 27.

111 So im Ergebnis auch BGHZ 109, 240, 247; BGH NJW 1994, 1796, 1797; BGH NJW 1996, 253, 255; OLG Hamm, NJW 1994, 2623, 2624; *Clemente*, ZIR 1997, 127, 128; *Puplick*, 189f.; *Dempewolf*, Bedeutung des Rückübertragungsanspruches, 42; *ders.*, NJW 1959, 2148.

112 Vgl. *Rünger*, 85.

113 Vgl. *Rünger*, 85.

3. Endgültigkeitserfordernis

Ähnlich wie für den (Voll-)Rückgewähranspruch wird für den Freigabeanspruch ein endgültiges Feststehen des teilweisen Wegfalls des Sicherungsinteresses gefordert, nur bei „dauerhafter" Übersicherung soll der Freigabeanspruch bestehen.[114]

Diesen Überlegungen ist insoweit recht zu geben, als eine teilweise Freigabe der Grundschuld jedenfalls dort ausscheiden muß, wo der erneute Einsatz der Grundschuld als Sicherungsmittel noch in Aussicht steht, neue Forderung besichert werden sollen. Bei teilweiser Freigabe stünde dem Sicherungsnehmer dann die vertraglich vereinbarte Sicherheit nicht mehr zur Verfügung. Demnach bedarf es einer Endgültigkeit der Übersicherung, um den Freigabeanspruch auszulösen. Wie für den (Voll-) Rückgewähranspruch gilt, daß für die Frage, wann von einer endgültigen Übersicherung auszugehen ist, allein der Sicherungsvertrag maßgeblich ist, der festlegt, ob die erneute Besicherung von Forderungen durch die Grundschuld möglich und vorgesehen ist.[115]

4. Exkurs: Der Wandel der Rechtsprechung zu Deckungsgrenzen und Freigabeklauseln bei Globalsicherheiten

Während der vertragsimmanente Freigabeanspruch bei der Sicherungsgrundschuld allgemein anerkannt ist und auch als zur Absicherung des Sicherungsgebers vor Übervorteilung ausreichend angesehen wird,[116] war diese Frage für die Globalsicherheiten[117] lange Zeit umstritten.

a. Ältere Rechtsprechung

Vor allem von der Rechtsprechung wurde für Globalsicherheiten lange Zeit eine unangemessene Benachteiligung des Sicherungsgebers, die zur Unwirksamkeit des Sicherungsvertrags entwedergemäß §9 AGBG

---

114 Vgl. KG JW 1932, 1759, 1760; *Serick*, BB 1995, 2013, 2018.

115 Siehe oben A.I.4.b.

116 Vgl. BGHZ 124, 371, 376; BGH NJW 1995, 1085, 1086; 1994, 1796; 1981, 571; *Clemente*, Sicherungsgrundschuld, 119. Anderer Ansicht ist *Göbel*, 220, der auch für die Wirksamkeit eines vorformulierten Sicherungsvertrags für die Grundschuld eine Freigabeklausel fordert.

117 Zu den Besonderheiten der Übersicherung bei revolvierenden Sicherheiten im einzelnen siehe *Ganter*, ZIP 1994, 257.

oder gemäß §138 BGB führte,[118] nur angenommen, wenn nicht eine Deckungsgrenze und eine qualifizierte Freigabeklausel vereinbart waren.[119]

Im Sicherungsvertrag mußte festgelegt werden, bis zu welchem Forderungsbetrag der Sicherungsnehmer die Sicherheit behalten durfte. Darüber hinaus mußte eine Verpflichtung des Sicherungsnehmers bestehen, bei Unterschreitung dieses Betrages einen Teil der Sicherheit dem Sicherungsgeber zur anderweitigen Verfügung freizugeben.[120]

b. Die neue Rechtsprechung

Diese Rechtsprechung hat der BGH durch den Beschluß des Großen Senats für Zivilsachen vom 27. November 1997[121] sowohl hinsichtlich der Freigabeklauseln als auch der Deckungsgrenze aufgegeben.[122] Er vertritt nunmehr die Auffassung, daß sich die Freigabepflicht des Sicherungsnehmers bei nachträglicher Übersicherung - wie bei den Einzelsi-

---

[118] So jedenfalls die Rechtsprechung des VII. und des IX. Zivilsenats, vgl. BGHZ 109, 240, 245ff.; 117, 374, 377ff.; 124, 371, 374ff.; BGH NJW 1996, 253 mwN. Anderer Ansicht war hinsichtlich der Deckungsgrenzen stets der XI. Zivilsenat, der Deckungsgrenzen für entbehrlich hält, vgl. BGHZ 130, 115; BGH WM 1994, 1283. Zum Streit zwischen den Zivilsenaten vgl. *Neuhof*, NJW 1993, 2840; *ders.*, NJW 1995, 937; *ders.*, NJW 1995, 1068; *Nobbe*, ZIP 1996, 657. Heftig kritisiert wird die Rechtsprechung des IX. Senats von *Serick*, FS *Trinkner*, 407, 408ff.; *ders.*, ZIP 1995, 792ff; *ders.*, BB 1995, 2013, 2017ff.; *ders.*, WM 1995, 2017ff. und zuletzt NJW 1997, 1529, 1532; vgl. auch *Weber*, WM 1994, 1549, 1557.

[119] Vgl. BGH NJW 1996, 2092; 2786, 2787 mwN.

[120] Vgl. *Trapp*, NJW 1996, 2914. Fraglich war allerdings die Rechtsfolge der Nichtexistenz einer solchen Klausel: Aus §9 AGBG kann eigentlich nur gefolgert werden, daß eine unzureichende Freigabeklausel selbst unwirksam ist, nicht aber die Unwirksamkeit des ganzen Vertrages (vgl. *Nobbe*, ZIP 1996, 657, 662).

[121] NJW 1998, 671.

[122] Die bisherige Rechtsprechung zu den Freigabeklauseln hatten die damit befaßten Senate breits zuvor übereinstimmend aufgegeben: Siehe das Urteil des XI. Zivilsenats vom 14. Mai 1996 (NJW 1996, 2092), den Anfragebeschluß des IX. Zivilsenats vom 11. Juli 1996 (NJW 1996, 2786 und den Beschluß des VII. Zivilsenats vom 10. Oktober 1996 (NJW 1997, 651). Gegen die Notwendigkeit von Freigabeklauseln war stets das OLG Hamm, vgl. die Entscheidungen ZIP 1995, 50, 53 und NJW 1994, 2623, 2624. Zur Vorgeschichte des Beschlusses des Großen Senats für Zivilsachen siehe *Serick*, NJW 1997, 1529.

cherheiten[123] - unmittelbar aus dem Sicherungsvertrag (als Treuhandvertrag) ergebe. Der Sicherungsnehmer sei wegen der treuhänderischen Bindung auch ohne ausdrückliche Vereinbarung einer Freigabepflicht im Vertrag zur Herausgabe der nicht mehr benötigten Sicherheit verpflichtet.[124] Eine Deckungsgrenze sei ebensowenig erforderlich, weil eine Deckung von mehr als 110% der gesicherten Forderung stets unangemessen sei.[125]

Bei anfänglicher Übersicherung gelten für den Sicherungsnehmer noch strengere Maßstäbe. Bereits das Mißverhältnis von gesicherter Forderung und Bestand an überlassenen Sicherheiten sei Indiz für die Rücksichtslosigkeit des Sicherungsnehmers gegenüber den Interessen des Sicherungsgebers und begründe die Sittenwidrigkeit des Sicherungsvertrags im Sinne des §138 Abs.1 BGB.[126]

c. Parallele von Rückgewähr- und Freigabeanspruch

Der Änderung der Rechtsprechung ist zuzustimmen. Der Freigabeanspruch des Sicherungsgebers muß sich genauso aus dem Sicherungsvertrag ergeben wie der Rückgewähranspruch.[127] Dieser begründet sich aus der Überlegung, daß mit Wegfall der gesicherten Forderung auch das Sicherungsinteresse des Sicherungsnehmers wegfällt, das nach dem Sicherungsvertrag der Grund für seine Inhaberschaft an dem Sicherungsmittel ist.

Der Freigabeanspruch erwächst somit aus der typischen Interessenlage bei Sicherungsgeschäften,[128] bei denen das Recht des Sicherungsnehmers auf Verwertung der Sicherheiten durch den Sicherungsvertrag begrenzt ist, ohne daß es dafür auf den Charakter der Sicherheiten als Einzel- oder Globalsicherheiten ankäme.[129] Der Freigabeanspruch ist

---

123 BGH NJW 1996, 2786, 2788.

124 BGH NJW 1998, 671, 673; vgl. bereits BGH NJW 1996, 2093, 2093.

125 BGH NJW 1998, 671, 674.

126 BGH NJW 1998, 2047.

127 Vgl. *Puplick*, 189f.; *Rünger*, 87ff.; *Clemente*, Sicherungsgrundschuld, 119.

128 Diese typische Interessenlage wird als „Gewohnheitsrecht" angesehen, vgl. *Serick*, FS *Trinkner*, 407, 424f.; *ders.*, WM 1995, 2017, 2021; *ders.*, BB 1995, 2013, 2020; *ders.*, ZIP 1995, 789, 792.

129 Vgl. *Nobbe*, ZIP 1996, 657, 661; *Ganter*, ZIP 1994, 257, 259.

also vertragsimmanent und bedarf keiner ausdrücklichen Regelung im Sicherungsvertrag.[130]

5. Durchführung der Freigabe bei der Sicherungsgrundschuld

Die praktische Durchführung der Freigabe ist bei der Sicherungsgrundschuld in der Regel noch schwieriger zu bewerkstelligen als bei revolvierenden Sicherheiten, bei denen zumindest eine Mehrheit von Forderungen oder Sachen als Sicherheit eingesetzt wird, von der ein Bruchteil abgegrenzt werden kann, der nunmehr freizugeben ist. Aus dem Gesamtbestand können also einzelne Forderungen oder Sachen freigegeben werden, wenngleich auch das auf praktische Schwierigkeiten bei der Abgrenzung der vom Sicherungsvertrag erfaßten Waren oder Forderungen stößt.

a. Teilung der Grundschuld

Anders als bei den revolvierenden Sicherheiten besteht bei der Sicherungsgrundschuld nur ein einziges Recht, nämlich die Grundschuld, die nur als Ganzes Objekt einer Übertragung sein kann.

Gleichwohl muß es dem Sicherungsnehmer möglich sein, nur einen Teil der Grundschuld zurückzugewähren, damit der Sicherungsgeber den zur Sicherung nicht mehr benötigten Teil der Grundschuld anderweitig als Sicherungsmittel verwenden kann.[131] Sonst könnte der Sicherungsnehmer, der eine Grundschuld mit hohem Nennwert erhalten hat, die Freigabe selbst bei Verbleib einer minimalen Rest-Forderung verweigern, was dem Grundsatz zuwiderliefe, daß der Sicherungsnehmer nur bis zur Grenze seines anerkannten Interesses gesichert sein soll.

---

[130] Vgl. OLG Hamm, ZIP 1995, 50; *Serick*, WM 1995, 2017, 2021; *Canaris*, ZIP 1996, 1109, 1114. *Weber*, WM 1994, 1558ff. hält eine Freigabe und damit eine Rückgabe der Sicherheiten für entbehrlich. Weil dem Sicherungsnehmer die Sicherheiten nur insoweit zustünden, wie er sie tatsächlich benötige, könne sie der Sicherungsgeber auch ohne Freigabe anderweitig benutzen. Bei mehrfacher Hingabe eines Sicherungsmittels durch den Sicherungsgeber müsse dann ein Rangverhältnis wie bei der mehrfachen Pfändung entstehen (so im Ansatz auch *M. Wolf*, FS *Baur*, 147, 163). Diese Lösung ist jedoch abzulehnen, weil sie zu unkalkulierbaren Risiken für den Sicherungsnehmer und zu verworrenen rechtlichen Situationen führt. Außerdem würde dem Mißbrauch durch den Sicherungsgeber Tür und Tor geöffnet.

[131] Vgl. BGH NJW 1984, 169, 171; *Clemente*, Sicherungsgrundschuld, 117f.; *Lwowski*, Rn 926f.; *Kowalski*, Grundschuld, 26; *Seckelmann*, 134. Zu den daraus wiederum herrührenden Problemen vgl. *Rutke*, WM 1987, 93, 94ff.

Die teilweise Rückgabe der Grundschuld läßt sich praktisch durchführen, indem in der zurückzugebenden Höhe der Nennbetrag der Grundschuld abgeschrieben wird. In Höhe der Abschreibung entsteht entweder eine neue Grundschuld für den Sicherungsgeber, oder die Grundschuld erlischt in der abgeschriebenen Höhe gemäß §875 BGB, wenn der Sicherungsgeber der Eigentümer ist und sich die Parteien dementsprechend einigen.[132]

b. Rang der neuen Grundschuld

Entsteht eine neue Grundschuld, so ist deren Rangstelle problematisch. Man könnte erwägen, daß sie als Abspaltung der ursprünglichen Grundschuld mit dieser gleichrangig sein müßte. Die Interessen nachrangiger Gläubiger würden hierdurch nicht berührt, weil der Gesamtnennwert nicht den der ursprünglichen Grundschuld übersteigt.[133]

Eine Gleichrangigkeit muß aber im Interesse des Sicherungsnehmers ausscheiden. Erbringt die Verwertung einen Erlös unterhalb des Nennwertes der ursprünglichen Grundschuld, müßte bei Gleichrangigkeit eine Verteilung des Erlöses auf den Sicherungsnehmer und den Sicherungsgeber zu gleichen Teilen erfolgen, so daß die Gefahr bestünde, daß der Sicherungsnehmer nicht voll befriedigt wird.[134]

Damit würde aber seine Freigabepflicht in Frage gestellt, weil sie nur bestünde, wenn er kein weitergehendes Sicherungsinteresse mehr hätte. An dieser Voraussetzung könnte es aber grundsätzlich mangeln, wenn der Sicherungsnehmer durch Gleichrangigkeit der abzuteilenden und zurückzugebenden Grundschuld doch wieder der Gefahr ausgesetzt wäre, nicht sein volles Sicherungsinteresse befriedigen zu können.

---

132 Vgl. *Huber,* Sicherungsgrundschuld, 181; *Clemente*, ZIR 1997, 127, 128; *Seckelmann*, 92. Anderer Ansicht ist *Weber*, WM 1994, 1549, 1560: Auch ohne Briefübergabe könne der Eigentümer über den freizugebenden Teil der Grundschuld zunächst als Nichtberechtigter verfügen, und der Sicherungsnehmer sei dann zur Genehmigung im Sinne des §185 Abs.2 BGB verpflichtet.

133 Vgl. *Dempewolf*, NJW 1959, 2148, 2149.

134 Vgl. *Huber,* Sicherungsgrundschuld, 181; *Lwowski*, Rn 926. Anderer Ansicht ist *Dempewolf*, NJW 1959, 2148f., der den Sicherungsnehmer nicht für schutzwürdig hält, da dieser den Rang der neuen Grundschuld mit dem Sicherungsgeber vereinbaren könne.

Eine solche Beeinträchtigung des Verwertungsrechts widerspräche außerdem §1176 BGB. Nach dieser Vorschrift kann der gemäß §1163 Abs.1 S.2 BGB zur Eigentümergrundschuld gewordene Teil einer Hypothek nicht zum Nachteil des Gläubigers geltend gemacht werden. Dieser Teil muß also nachrangig sein.[135]

Demnach erfolgt die Freigabe durch Teilung der Grundschuld und Übertragung der neuen (Teil-)Grundschuld auf den Sicherungsgeber. Die Teilgrundschuld geht der ursprünglichen Grundschuld im Range nach.[136]

---

135 Vgl. *Huber*, Sicherungsgrundschuld, 179ff.; *Gaberdiel*, 134; *Clemente*, Sicherungsgrundschuld, 117 und auch *Dempewolf*, NJW 1959, 2148.

136 Eine Letztrangigkeit kann nicht verlangt werden (so aber *Clemente*, Sicherungsgrundschuld, 117), weil dann auch die nachrangigen Gläubiger – ungerechterweise – von der Freigabe profitieren würden.

Teil II: Das Gerechtigkeitsproblem bei der Sicherungsgrundschuld

6. Kapitel: Das Doppelrecht aus Forderung und Grundpfandrecht

Mit Forderung und sie sichernder Grundschuld stehen dem Gläubiger zwei Rechte wegen des gleichen Kapitalinteresses zu, dessen Befriedigung ihm nur einmal gebührt. Weil er zwei Rechte hat, besteht die Gefahr, daß er sein Interesse doppelt einfordert. Bei der Sicherungsgrundschuld bringt deren Unabhängigkeit von der gesicherten Forderung für den Sicherungsgeber demnach die Gefahr der unberechtigten – doppelten – Inanspruchnahme aus der Forderung einerseits und aus der Grundschuld andererseits mit sich.[1]

Darin besteht der wesentliche Unterschied zur Verkehrshypothek, bei der Forderung und Grundpfandrecht akzessorisch miteinander verknüpft sind mit der Folge, daß sie auch nur gemeinsam übertragen werden können (§1153 Abs.2 BGB), die Tilgung der Forderung für den Gläubiger außerdem automatisch den Verlust des Grundpfandrechts bedeutet (§1163 Abs.1 S.2 BGB).

A. Forderung und Grundschuld bei bestehender sicherungsvertraglicher Bindung

Die Gefahr der unberechtigten Inanspruchnahme besteht bei der Sicherungsgrundschuld so lange nicht, wie der (erste) Gläubiger Forderung und Grundschuld innehat.

---

1 Vgl. *Seggelke*, 16; *Nußbaum*, 50f.; *Baur/Stürner*, §45 Rn 58f. *Werneburg*, MHB 1918, 99 bezeichnet das als „Übelstand".

I. Beschränkung der Rechte des Sicherungsnehmers

Wegen der sicherungsvertraglichen Verknüpfung kann der Sicherungsnehmer immer nur eines der Rechte mit Aussicht auf Erfolg geltend machen. Ist die Forderung bereits getilgt, kann der Sicherungsgeber einer Inanspruchnahme aus der Grundschuld als Einrede die im Sicherungsvertrag getroffene Vereinbarung entgegenhalten, daß der Sicherungsnehmer die Grundschuld nur im Einklang mit dem Sicherungszweck, in der Regel also im Falle der Nichtbeitreibbarkeit der Forderung verwerten darf.[2]

II. Übertragung von Grundschuld und Forderung

Problematischer wird die Sachlage erst bei Übertragung der Rechte an verschiedene Erwerber durch den Sicherungsnehmer.[3] Eine solche Übertragung ist dem Sicherungsnehmer zwar nach dem Sicherungsvertrag untersagt und stellte einen Verstoß gegen seine vertraglichen Pflichten dar.[4] Im Unterschied zum Hypothekar, der – als Ausfluß der Akzessorietät – Forderung und Hypothek nur gemeinsam übertragen kann (§1153 Abs. 2 BGB), ist dem Sicherungsnehmer die Übertragung von Forderung und sie sichernder Grundschuld auf verschiedene Erwerber jedoch rechtlich möglich, und zwar wegen der Rechtsinhaberschaft an der nach außen unbeschränkten Grundschuld.[5]

Auch in diesem Fall droht jedoch die doppelte Inanspruchnahme noch nicht unmittelbar. Der Geltendmachung der Forderung kann der Sicherungsgeber gemäß §273 BGB entgegenhalten, daß er sie wegen des Sicherungsvertrags nur gegen Rückgabe der Grundschuld bezahlen muß.[6] Diese Einrede behält er gemäß §404 BGB auch gegenüber einem

---

2 Siehe oben 4. Kapitel B.II.3.; vgl. *Huber*, Sicherungsgrundschuld, 110.

3 Darauf weisen auch *Baur/Stürner*, §36 Rn 79 zutreffend hin.

4 Vgl. BGH NJW-RR 1987, 139, 141; *Baur/Stürner*, §45 Rn 58. Zum Schadensersatzanspruch des Sicherungsgebers wegen doppelter Inanspruchnahme nach unberechtigter Übertragung der Grundschuld siehe BGH NJW 1982, 2768, 2769; BGH NJW-RR 1987, 139, 141.

5 Vgl. *Baur/Stürner*, §45 Rn 58; *Scherübl* in *Staudinger*, 12. Auflage, §1191 Rn 38; *Herzfeld*, JR 1958, 453, 454; *Brebeck*, 39; *Pottschmidt/Rohr*, Rn 991. Systemwidrig ist die Entscheidung RGZ 89, 95, die wegen des „Rechtsgedankens des §401 BGB" eine Verpflichtung des Gläubigers zur gemeinschaftlichen Übertragung von Forderung und Grundschuld konstruiert und so faktisch die Unabhängigkeit von Forderung und Grundschuld beseitigt sehen will (vgl. dazu *Herzfeld*, JR 1958, 453, 454).

6 Siehe oben 5. Kapitel A.I.2.

Zessionar.[7] Eine erfolgreiche Inanspruchnahme ist also ausschließlich aus der Grundschuld möglich, vor allem wenn der Erwerber die Grundschuld gutgläubig einredefrei erworben hat im Sinne des §1157 S.2 BGB[8] und der Sicherungsgeber deshalb auf die Beschränkungen des Sicherungsvertrags nicht berufen, insbesondere nicht geltend machen kann, daß der Sicherungsnehmer die Grundschuld nur im Einklang mit dem Sicherungszweck geltend machen darf, in der Regel also bei Nichtbeitreibbarkeit der Forderung.

Auch eine solche erfolgreiche Inanspruchnahme aus der Grundschuld führt jedoch – solange die Forderung noch nicht getilgt wurde – im Ergebnis nicht zur Doppelbelastung des Schuldners / Eigentümers. Der Sicherungsvertrag mit dem Sicherungsnehmer und Forderungsgläubiger besteht fort. Auf seiner Grundlage wird die Forderung durch Verwertung der Grundschuld endgültig mit einer Einrede behaftet: Der Sicherungsnehmer kann dauerhaft seiner Verpflichtung aus dem Sicherungsvertrag nicht mehr nachkommen, gegen Bezahlung der Forderung die Grundschuld zurückzugeben. Hat der Sicherungsgeber an den Dritterwerber auf die Grundschuld gezahlt, ist demnach eine erfolgreiche Inanspruchnahme aus der Forderung nicht mehr möglich. Das gilt auch für einen eventuellen Zessionar der Forderung, der die dauerhafte Einrede gemäß §404 BGB gegen sich gelten lassen muß.

Die Übertragung von Forderung und Grundschuld auf verschiedene Erwerber durch den Sicherungsnehmer kann demnach zwar zu einer verfrühten Inanspruchnahme aus der Grundschuld führen. Solange die Forderung noch nicht bezahlt ist, kann es jedoch zu einer Doppelzahlung nicht kommen. Ein erheblicher Nachteil besteht für den Sicherungsgeber freilich darin, daß er die Zwangsvollstreckung aus der Grundschuld, womöglich unter Eingehung kostenträchtiger Kreditverbindlichkeiten, abwenden oder sogar die Zwangsversteigerung seines Grundstücks hinnehmen muß. Insbesondere für den Sicherungsgeber, der nicht mit dem Schuldner der Forderung identisch ist, wird dieser Nachteil nicht dadurch ausgeglichen, daß nun nicht auch noch auf die Forderung gezahlt werden muß.

---

7 Vgl. *Baur/Stürner*, §45 Rn 68; *Weirich*, JuS 1980, 188, 191; *Pottschmidt/Rohr*, Rn 1002; *Huber*, FS *Serick*, 195, 208. Anderer Ansicht ist *Lopau*, NJW 1972, 2253, 2254 und JuS 1976, 353, 357, der eine Vorleistungspflicht des Sicherungsgebers annimmt.

8 Zur Erhaltung von Einreden gegen die Grundschuld bei ihrer Übertragung siehe unten das 8. Kapitel.

B. Gefährdung bei Nichtexistenz der Forderung

Die Gefahr der doppelten Inanspruchnahme droht in Fällen, in denen die Forderung gar nicht valutiert oder bereits getilgt wurde und der Gläubiger nunmehr die Grundschuld veräußert.

I. Kein Ausgleich für Verwertung der Grundschuld

Der neue Gläubiger, der an die Beschränkungen des Sicherungsvertrags nicht gebunden ist, hat die Möglichkeit, aus der Grundschuld vorzugehen. Während seine Befriedigung aus dem Grundstück bei Bestehen der Forderung durch die damit einhergehende dauernde Einrede gegen die Forderung ausgeglichen wird, kommt es bei Nichtexistenz der Forderung zu keinem Ausgleich, sondern im Ergebnis zu einer wirtschaftlich unberechtigten Inanspruchnahme, entweder weil das bereits durch Forderungstilgung befriedigte Kapitalinteresse ein zweites Mal oder weil ein mangels Valutierung der Forderung gar nicht erst entstandenes Kapitalinteresse bedient wird. [9]

II. Vergleich mit der Situation bei der Verkehrshypothek

Die Gefahr der unberechtigten Inanspruchnahme ist Folge des Umstands, daß dem Gläubiger mit Forderung und Grundpfandrecht zwei Rechte wegen eines einzigen Kapitalinteresses an die Hand gegeben werden. Insoweit ist die Ausgangssituation bei der Sicherungsgrundschuld allerdings identisch mit derjenigen bei der Hypothek.

Während das Gesetz für die Hypothek der Gefahr der unberechtigten Verfügung über das Grundpfandrecht jedoch mit der akzessorischen Verknüpfung von Forderung und Hypothek begegnet, indem angeordnet wird, daß die Hypothek nach Befriedigung nicht mehr dem Gläubiger zusteht (§1163 Abs.1 S.2 BGB),[10] ist dieser Weg für die Sicherungsgrundschuld versperrt, weil die Grundschuld kein akzessorisches Recht ist und gemäß §1192 BGB die akzessorietätsbedingten Hypothekenvorschriften auf sie keine Anwendung finden.[11]

Während die Hypothek ohne Entstehung der Forderung gemäß §1163 Abs.1 S.1 BGB gar nicht auf den Gläubiger übergeht, steht die Grund-

---

9 Vgl. *Riecke*, 86f.; *Pottschmidt/Rohr*, Rn 1002; *Weimar*, 51f. sieht diese Gefahr beschränkt auf betrügerische private Kreditgeber; bei den Kreditinstituten sei sie nicht gegeben. Vgl. auch *Huber*, FS *Serick*, 195, 215f.

10 Siehe oben 1. Kapitel B.I.; vgl. *Füchtenbusch*, 11.

11 Siehe oben 1. Kapitel B.I.

schuld mit ihrer Bestellung bzw. Übertragung dem Gläubiger zu, und zwar unabhängig vom Schicksal einer zu sichernden Forderung. Mit dem Erlöschen der Forderung geht die Hypothek auf den Eigentümer über gemäß §1163 Abs.1 S.2 BGB, die Grundschuld jedoch verbleibt beim Gläubiger.

Die besondere „Gefährlichkeit" der Grundschuld gegenüber der Hypothek wird auch kaum dadurch relativiert, daß eine unberechtigte Inanspruchnahme wegen der Vorschriften der §§892, 1138 BGB auch bei der Hypothek denkbar ist, wenn die „forderungsentkleidete" Hypothek gutgläubig erworben wird.[12] Wenngleich die Konstellation, in der es zur unberechtigten Inanspruchnahme kommen kann, vergleichbar ist – jeweils existiert die Forderung nicht (mehr), und der Sicherungsnehmer / Hypothekar überträgt dennoch das Grundpfandrecht – besteht doch ein maßgeblicher Unterschied zwischen der Situation bei der Sicherungsgrundschuld und derjenigen bei der (Verkehrs-) Hypothek.

Die Gefahr der Inanspruchnahme aus dem nicht (mehr) valutierten Grundpfandrecht stellt für die Hypothek einen Sonderfall dar, eine Durchbrechung der grundsätzlich angeordneten Akzessorietät, die zur Verwirklichung des in §§891 ff. BGB angelegten, auf die Verläßlichkeit des Grundbuchs gestützten Verkehrsschutzes geschaffen wurde.[13] Bei der Sicherungsgrundschuld besteht demgegenüber wegen der gesetzlichen Forderungsunabhängigkeit der Grundschuld eine immanente Gefahr der doppelten Inanspruchnahme.

Die praktischen Konsequenzen sind für den Schuldner einer durch Grundschuld gesicherten Forderung freilich im wesentlichen dieselben wie für den Schuldner einer hypothekarisch gesicherten Forderung: Die Gefahr, durch gutgläubigen Dritterwerb doppelt in Anspruch genommen zu werden, kann er nur ausschließen, wenn er sich bei Bezahlung der Forderung den Brief zurückgeben läßt.[14] Beim Buchgrundpfandrecht läßt sich der Schutz nur erreichen durch die Aushändigung der Löschungs- oder Umschreibungsbewilligung und die sofortige Antragstellung beim Grundbuchamt.

---

12 Siehe oben 1. Kapitel C.III.1.a.; vgl. auch *Huber*, FS *Serick*, 195, 213; *Weimar*, 52; *Nußbaum*, 49.

13 Vgl. *Baur/Stürner*, §36 Rn 80, 85.

14 Vgl. *Huber*, FS *Serick*, 195, 213.

C. Lösungsansätze für die Sicherungsgrundschuld

Die Gefahr der unberechtigten Inanspruchnahme aus der Sicherungsgrundschuld wurde bereits bei den Beratungen des BGB erkannt, wenngleich nicht als nachteilig empfunden. Die nichtakzessorische Ausgestaltung der Grundschuld könne bewirken, daß der Eigentümer sein Grundstück belaste, obwohl keine Schuld bestehe. Damit seinen jedoch keine „Unzuträglichkeiten" verbunden.[15]

Eine Lösungsmöglichkeit zur konkreten Vermeidung von „Unzuträglichkeiten" wurde nicht in das Gesetz aufgenommen, so daß sich bis heute viele verschiedene Ansätze zur Beseitigung der Ungerechtigkeit finden, die dem Sicherungsgeber droht. Die Lösungsansätze lassen sich unterteilen einerseits in solche, die sich an der Hypothek orientieren und automatische Zusammenhänge zwischen Forderung und Grundschuld befürworten, und andererseits solche Überlegungen, die den Schutz des Eigentümers über Einreden gegen die Inanspruchnahme aus der Grundschuld sicherstellen wollen.

---

15 Motive, Bd. 3, 610.

7. Kapitel: Lösungsansätze über automatisch wirkende Verknüpfungen von Forderung und Grundschuld

Einige wollen zur Vermeidung der Gefahr der doppelten Inanspruchnahme akzessorietätsbedingte Vorschriften des Hypothekenrechts auf die Grundschuld entsprechend anwenden, andere sehen die Möglichkeit einer zwar nicht akzessorischen, aber mit ähnlich wirkenden Automatismen arbeitenden Verknüpfung von Forderung und Grundschuld. Gemeinsam ist allen Erwägungen das Ziel, einen Zusammenhang von Forderung und Grundschuld zu erreichen, der im Endeffekt ähnliche Wirkungen entfaltet wie die Akzessorietät der Hypothek.

Die akzessorische Ausgestaltung der Hypothek wirkt sich vor allem bei Nichtvalutierung (§1163 Abs.1 S.1 BGB) und Erlöschen der Forderung (§1163 Abs.1 S.2 BGB) aus. Dementsprechend lassen sich die Überlegungen, die dem Sicherungsgeber bei der Sicherungsgrundschuld mit „Automatismen" helfen wollen, unterteilen in Ansätze bei Nichtvalutierung und bei Erlöschen der Forderung.

A. Lösungsansätze bei Nichtvalutierung der Forderung

Für die Nichtvalutierung der Forderung ergeben sich für Hypothek und Sicherungsgrundschuld unterschiedliche Rechtsfolgen. Bei der Hypothek bedeutet die Nichtvalutierung gemäß §1163 Abs.1 S.1 BGB, daß der Gläubiger das Grundpfandrecht gar nicht erlangt, und zwar auch dann nicht, wenn es für ihn bestellt worden und sogar im Grundbuch eingetragen ist.

Bei der Sicherungsgrundschuld mangelt es an einer solchen Regelung. Der in §1163 Abs.1 S.1 BGB festgelegte Einfluß der Forderung und damit des sie begründenden Kausalgeschäfts auf das dingliche Recht ist Ausfluß der Akzessorietät,[1] so daß diese Vorschrift gemäß §1192 BGB

---

1 Vgl. *Brebeck*, 18; *Neumann*, JW 1906, 153, 154; *Münstermann*, 19; *Ritter*, 17; *Kowalski*, Grundschuld, 21f. Dagegen wendet *Güthe*, DJZ 1908, 929, 932 ein, daß eine Abhängigkeit von Forderung und Hypothek nicht Voraussetzung des §1163 Abs.1 S.1 BGB sei, weil entgegen dieser Vorschrift gemäß §1138 BGB die Hypothek auch ohne die Forderung erworben werden könne. *Güthe* verkennt jedoch das Regel-Ausnahme-Prinzip der §§1163 und 1138 BGB: Grundsätzlich soll bei Nichtexistenz der Forderung das dingliche Recht dem

für die Grundschuld ausdrücklich keine Anwendung finden kann.[2] Bei der Sicherungsgrundschuld berührt demnach die Nichtvalutierung der Forderung nicht den Bestand der dinglichen Belastung, die unabhängig von dem mit ihr verfolgten Zweck entsteht.[3] Die Bestellung der Grundschuld führt unabhängig von der Valutierung der Forderung zum Erwerb beim Gläubiger.[4]

I. Anwendung des §1163 Abs.1 S.1 BGB auf die Sicherungsgrundschuld wegen fehlender Gegenleistung ?

Die Nichtanwendbarkeit des §1163 BGB auf die Sicherungsgrundschuld wird von einigen mit der Begründung bestritten, §1163 Abs.1 S.1 BGB enthalte den allgemeinen Rechtsgedanken, daß dem Gläubiger ohne Erbringung der „Gegenleistung" nicht die Zuweisung des in dem Grundpfandrecht verkörperten Wertes zustehe.[5] Der Umstand, daß die Hypothek ohne Valutierung der Forderung gemäß §1163 Abs.1 S.1 BGB nicht in die Hand des Gläubigers gelange, belege, daß die Auszahlung des Forderungsbetrags „Gegenzug" für den Erhalt der Hypothek sei.[6]

Folgte man dieser Auffassung, würde der Sicherungsnehmer bei Nichtvalutierung der Forderung die Grundschuld auch bei Vorliegen des vollständigen dinglichen Übertragungstatbestands nicht erwerben.

1. Gegenseitigkeitsverhältnis von Forderungsvalutierung und Hypothekenerwerb ?

Die Auffassung, nach der §1163 Abs.1 S.1 BGB einen allgemeinen Rechtsgedanken enthalte, verkennt jedoch den abstrakten Charakter der Grundpfandrechte. Sie sind zunächst dingliche Belastungen des Grund-

---

Eigentümer zustehen, nur ausnahmsweise wird dem Verkehrsschutz der Vorrang vor diesem Prinzip eingeräumt und der gutgläubige Erwerb der Hypothek ermöglicht.

2 So schon *Neumann*, JW 1906, 153, 154; vgl. *Pottschmidt/Rohr*, Rn 985; *Weisbecker*, 19; *Münstermann*, 19; *Ritter*, 17; *Kowalski*, Grundschuld, 21f.; anders noch *Landsberg*, PosMSchr 1905, 78, 79, der §1163 BGB für anwendbar auf die Grundschuld hält, aber das Entstehen einer Eigentümergrundschuld durch §1164 BGB ausgeschlossen sehen möchte.

3 Siehe oben 1. Kapitel B.II.1.; vgl. *Kramer*, 29f.; *Lohmann*, 32; *Weisbecker*, 19.

4 Siehe oben 1. Kapitel B.II.1.

5 So *Kober* in *Staudinger*, 10.Aufl., §1192 Rn 9 (am Anfang); *Güthe*, DJZ 1908, 929, 932; wohl auch *Hachenburg*, DJZ 1906, 297 und neuerdings *Riecke*, 43ff.

6 Vgl. *Kober* in *Staudinger*, 10.Aufl., §1192 Rn 9.

stücks, die dem Inhaber das Recht zur Verwertung des Grundstücks gewähren, und sie entstehen durch ein dingliches Bestellungsgeschäft. Der (schuldrechtliche) Ursprung des Verwertungsrechts spielt für die Existenz der dinglichen Belastung – sofern nur der Erwerb wirksam war – keine Rolle.[7] Auf eine „Gegenleistung" kann es demnach für den Rechtserwerb nicht ankommen.

Aber auch unabhängig von dieser systematischen Überlegung ist die Konstruktion einer Gegenseitigkeit von Forderungsvalutierung und Hypothekenerwerb nicht begründbar. Die Valutierung der Forderung ist nicht „Gegenleistung" für den Erhalt des Grundpfandrechts, sondern Tatbestandsvoraussetzung für den Erwerb. Die Verknüpfung von Erwerbstatbestand und Valutierung der Forderung in §1163 Abs.1 S.1 BGB dokumentiert kein Gegenseitigkeitsverhältnis, stellt vielmehr die Akzessorietät der Hypothek sicher, die der Forderung folgen soll.[8] Wäre beim Erwerb der Hypothek als Fremdrecht nicht gewährleistet, daß die gesicherte Forderung auch existiert, könnte die Hypothek nicht als „Anhängsel" der Forderung fungieren.

Schließlich stellt die Valutierung der Forderung auch bei wirtschaftlicher Betrachtung keine Gegenleistung für die Hypothek dar, sondern allenfalls für das Entstehen des Rückforderungs- und des Zinsanspruchs aus dem Darlehensvertrag.

2. Widersprüchlichkeit der Begründung

Auf den Fall des Erlöschens der Forderung soll dann auch nach der „Gegenseitigkeits"-Auffassung §1163 (Abs.1 S.2) BGB nicht mehr angewandt werden. Das sei eine Folge der „abstrakten Ausgestaltung" der Grundschuld.[9] Beim Erlöschen der Forderung soll sich also der Gedanke der mangelnden (jetzt weggefallenen) Gegenleistung nicht auswirken. Damit wird diese Auffassung jedoch inkonsequent. Wenn dem Gläubiger die dingliche Sicherung nur bei Erbringung der Gegenleistung zustehen soll, dann müßte seine rechtliche Befugnis zum Innehaben der Sicherung wohl bei Wegfall der „Gegenleistung" auch enden.[10]

---

7 Vgl. *Baur/Stürner*, §44 Rn 8; *Kramer*, 26.

8 Vgl. *Baur/Stürner*, §36 Rn 75.

9 Vgl. *Kober* in *Staudinger*, 10.Aufl., §1192, Rn 9 (Anm 5b).

10 Darauf weist *Ritter*, 17 zutreffend hin.

II. Anwendung des §1163 BGB wegen „materiellen Zustehens" der Grundschuld ?

Auch der Ansatz, das Ergebnis der Anwendung des §1163 Abs.1 S.1 BGB auf die Grundschuld mit dem Gedanken zu erzielen, daß dem Eigentümer im Falle der Nichtvalutierung ein Anspruch aus *condictio indebiti* und damit materiell die Grundschuld zustehe,[11] ist verfehlt. Mit dieser Argumentation würden der Anspruch auf Rückgewähr der Grundschuld – welche Grundlage er auch im einzelnen haben mag[12] – und das Ergebnis seiner Erfüllung, nämlich die Rechtsinhaberschaft, gleichgesetzt.

III. Grundschuld unter der aufschiebenden Bedingung der Valutierung der Forderung

Darüber hinaus wird die Konstruktion einer Bestellung oder Übertragung der Grundschuld unter der aufschiebenden Bedingung der Valutierung der Forderung erwogen.[13] Problematisch ist dabei, daß die Bedingung als Inhaltsbestandteil der Einigung der Parteien gemäß §873 Abs.1 BGB zwingend in das Grundbuch eingetragen werden müßte[14] mit der Folge, daß sich aus dem Grundbuch die Verknüpfung von Grundschuld und Forderung ersehen ließe.

1. Zulässigkeit einer bedingten Grundschuld

Teilweise wird schon die Zulässigkeit der Vereinbarung einer durch die Existenz der Forderung bedingten Grundschuld bestritten.[15] Als Begründung wird angeführt, daß eine Eintragung der Bedingung in das Grundbuch eine unzulässige dinglich wirkende Abhängigkeit von Grundschuld und Forderung auslöse.[16] Damit würde die Forderungsunabhängigkeit der Grundschuld beseitigt, die gemäß §1192 BGB für die Grundschuld

---

11 So *Nissen*, JW 1905, 803; vgl. auch *Werneburg*, MHB 1918, 99, 106.

12 Siehe oben das 5. Kapitel.

13 Vgl. RG HRR 1930, Nr. 21; *Huber,* Sicherungsgrundschuld, 44.

14 Vgl. *Huber*, Sicherungsgrundschuld, 44f.; *Wacke* im MüKo, 3. Auflage, §873 Rn 47; *Reithmann*, NJW 1977, 661, 663.

15 Vgl. *Baur/Stürner*, §45 Rn 40; *Pottschmidt/Rohr*, Rn 988; *Rheinstein*, JW 1932, 1759. *Friedrich*, NJW 1968, 1655, 1656 lehnt sie mit dem wenig stichhaltigen Argument ab, die Grundschuld werde durch die Bedingung „verkompliziert".

16 Vgl. *Baur*/Stürner, §45 Rn 40.

konstitutiv sei. Eine so elementare Verbindung von Forderung und Grundschuld sei demnach unzulässig.[17]

a. *Ausschlußwirkung des §1192 BGB ?*

Die Bedenken gegen die Zulässigkeit einer bedingten Grundschuld tragen nicht. Weder wird die durch §1192 BGB aufgestellte Maßgabe der Forderungsunabhängigkeit der Grundschuld in Frage gestellt noch eine der Akzessorietät wesensgleiche Verbindung von Forderung und Grundschuld bewirkt.

aa. Gesetzlich zugelassene Modifizierung der Verfügung

Zunächst handelt es sich bei der bedingten Verfügung um eine durch §158 BGB ausdrücklich zugelassene Modifizierung der Verfügung.[18] Das gilt jedenfalls, soweit es sich nicht um ein bedingungsfeindliches Rechtsgeschäft handelt, wofür es wegen des Ausnahmecharakters der Bedingungsfeindlichkeit freilich einer entsprechenden Regelung bedürfte. Eine solche Regelung gibt es für die Bestellung oder Übertragung einer Grundschuld nicht, so daß es sich um ein bedingungsfreundliches Rechtsgeschäft handelt und es den Parteien freisteht, die Wirksamkeit der Verfügung über die Grundschuld von jedweder in ihrem Ermessen stehenden Bedingung abhängig zu machen.[19]

Die Rechtsnatur der Grundschuld als forderungsunabhängiges Grundpfandrecht wird dadurch nicht in Frage gestellt. Es liegt im Wesen der bedingten Verfügung, daß sie ein Rechtsgeschäft über ein dingliches Recht vom Eintritt anderer Umstände abhängig macht, die mit dem dinglichen Recht nach seinem gesetzlichen Inhalt nichts zu tun haben. So setzt der Erwerb des Eigentums an beweglichen Sachen nach dem Gesetz gemäß §929 S.1 BGB nichts weiter voraus als die Erfüllung des gesetzlichen Tatbestands. Dennoch besteht kein Zweifel daran, daß die Parteien den Erwerb von weiteren Voraussetzungen abhängig machen können, insbesondere – beim Eigentumsvorbehalt – von der Bezahlung des Kaufpreises.

---

17 Vgl. *Pottschmidt/Rohr*, Rn 988; *Münstermann*, 36.

18 Vgl. *Huber*, Sicherungsgrundschuld, 44; *Bülow*, Rn 74; *Lwowski*, Rn 938; *Reithmann*, NJW 1977, 661, 663.

19 Vgl. *Huber*, Sicherungsgrundschuld, 45.

bb. Keine Akzessorietät durch konditionale Verknüpfung

Durch die Bestellung oder Übertragung der Grundschuld unter der aufschiebenden Bedingung der Valutierung der Forderung wird auch keine Akzessorietät oder eine wesensgleiche Verknüpfung hergestellt. Die Auswirkungen der bedingten Verfügung über die Grundschuld und der Akzessorietät der Hypothek sind unterschiedlich.

Die konditionale Verknüpfung bewirkt eine Abhängigkeit von Grundschuld und Forderung in der Weise, daß die Grundschuld bis zur Valutierung der Forderung nicht besteht. Die Abhängigkeit wirkt sich nur in einem einzigen Zeitpunkt aus, demjenigen des Eintritts der Bedingung, mit der das Abhängigkeitsverhältnis zugleich beendet wird. Die Akzessorietät führt hingegen zu einer ganz andersartigen, dauerhaften Verknüpfung von Forderung und Grundpfandrecht. Die Forderung ist Hauptrecht, die Hypothek ihr angehängt, die Rechte nur gemeinsam übertragbar (§1153 BGB).

Konditionale und akzessorische Verknüpfung von Forderung und Grundpfandrecht berühren einander demnach nicht, sind im Gegenteil sogar kombinierbar, zum Beispiel indem eine Hypothek unter der aufschiebenden Bedingung der Forderungsentstehung bestellt wird.[20] Nach alledem ist für eine Ausschlußwirkung des §1192 BGB gegenüber der bedingten Grundschuld kein Raum.

b. Bedingung als Ausfluß der Vertragsfreiheit

Die Ablehnung der durch Valutierung der Forderung bedingten Grundschuld verstößt zudem gegen den Grundsatz der Vertragsfreiheit.[21] Den Parteien steht es frei, hinsichtlich des Schicksals der Grundschuld zu vereinbaren, was ihnen beliebt, so daß auch die Vereinbarung einer Bedingung zulässig ist.[22]

c. Streichung der geplanten Bedingungsfeindlichkeit im Gesetzentwurf

Für die Möglichkeit einer bedingten Grundschuld spricht schließlich, daß im 1. Entwurf zum BGB ein Bedingungsverbot für die Grundschuld vor-

---

20 Vgl. RGZ 129, 158.

21 Vgl. *Huber*, Sicherungsgrundschuld, 45.

22 Vgl. *Kowalski*, Grundschuld, 44; *Clemente*, Sicherungsgrundschuld, 15; *Lamb*, JA 1987, 1, 3; *Weber*, AcP 169 (1969), 237, 242; *Neumann*, JW 1906, 153, 154; *Lindemann*, JW 1931, 2613.

gesehen war,[23] das letztlich gestrichen wurde. Demnach entsprach es der Absicht des Gesetzgebers, die Grundschuld bedingungsfreundlich auszugestalten.[24]

d. Rechtsfolgen des Bedingungsausfalls

Als problematisch wird teilweise die Ermittlung der Rechtsfolge des Bedingungsausfalls angesehen, also des Eintritts der Unmöglichkeit der Herbeiführung der Bedingung.[25] Bei zutreffender Betrachtung bereitet die Feststellung der Rechtsfolge indessen keine Schwierigkeiten.

Im Ausgangspunkt bleibt bei Ausfall der Bedingung der Zustand bestehen, der durch ihr Eintreten verändert werden sollte. Die Parteien haben die Veränderung der Rechtslage von einem Ereignis abhängig gemacht, womit klar ist, daß bei Ausbleiben des Ereignisses auch die vorgesehene Rechtsänderung nicht eintreten soll.

Daraus folgt, daß bei Bestellung einer Grundschuld unter aufschiebender Bedingung das dingliche Recht erst entsteht, wenn die Bedingung eintritt. Fällt die Bedingung aus, entsteht gar keine Grundschuld.[26] Bei Übertragung einer bereits existierenden (auch Eigentümer-) Grundschuld führt der Bedingungsausfall hingegen nicht zum Wegfall, sondern zum Verbleib der Grundschuld beim Sicherungsgeber.

2. Unzulässigkeit der Eintragung in das Grundbuch ?

Einige erheben gegen die Eintragung der bedingten Grundschuld in das Grundbuch Bedenken. Dazu wird argumentiert, eine solche Eintragung führe dazu, daß die Abhängigkeit der Grundschuld von der Existenz einer Forderung für jedermann ersichtlich sei. Die bedingte Grundschuld scheitere deshalb daran, daß die Ausschlußwirkung des §1192 BGB zwar nicht wegen materieller Bedenken gegen die bedingte Grundschuld, wohl aber wegen der formellen Konsequenzen aus einer Grundbucheintragung zum Tragen komme.[27]

---

23 Zur Begründung wurde angegeben, daß die Parteien bei Wunsch nach einem automatischen Anfall des dinglichen Rechts bei Zahlung der gesicherten Forderung auf die Hypothek verwiesen sein sollten, vgl. Motive, Bd. 3, 787.

24 Vgl. *Huber,* Sicherungsgrundschuld, 45; *Münstermann*, 36.

25 Vgl. *Münstermann*, 36.

26 Vgl. *Huber,* Sicherungsgrundschuld, 44; *Strecker* in *Planck*, §1113 Anm. 5g; *Kowalski*, Grundschuld, 45; *Klee*, NJW 1951, 579f.

27 Vgl. *Weber*, AcP 169 (1969), 237, 242; *Pottschmidt/Rohr*, Rn 988.

Diese Überlegungen vermögen nicht zu überzeugen. Die konditionale Verknüpfung von Forderung und Grundschuld durch die Bedingung wird von der Ausschlußwirkung des §1192 BGB gerade nicht erfaßt, weil sie den Rechtscharakter der Grundschuld als forderungsunabhängiges Grundpfandrecht nicht berührt. Das formelle Erfordernis der Eintragung der Bedingung in das Grundbuch kann an den materiellen Konsequenzen nichts ändern.

Im Gegenteil: Die materielle Zulässigkeit der bedingten Grundschuld zwingt dazu, auch die Eintragung in das Grundbuch zuzulassen, weil sonst die wirksame Vereinbarung der Bedingung wegen der Diskrepanz zwischen Einigung und Eintragung unwirksam wäre. Beinhaltet die Einigung im Sinne des §873 BGB eine Bedingung, die dann nicht in das Grundbuch eingetragen würde, so stimmten Einigung und Eintragung nicht überein, und es fände kein Erwerb statt.[28] Die Eintragung der Bedingung in das Grundbuch ist mithin zwingende Folge der materiellen Zulässigkeit der bedingten Grundschuld.[29]

3. Praktische Wertlosigkeit der bedingten Grundschuld

Der Streit um die bedingte Grundschuld ist allerdings praktisch kaum relevant, weil die Vereinbarung einer solche Bedingung nur selten im Interesse der Parteien liegt.[30] Der für die Bevorzugung der Sicherungsgrundschuld als Kreditsicherungsmittel maßgebliche Vorteil gegenüber der Hypothek besteht gerade darin, daß sie dem Gläubiger auch bei Nichtexistenz einer Forderung zusteht und dadurch jederzeit – durch Abschluß eines entsprechenden Sicherungsvertrags – zur (erneuten) Forderungssicherung eingesetzt werden kann.[31]

Dieser Vorteil entfiele durch das Nichtentstehen des Grundpfandrechts beim Gläubiger. Damit träte im Ergebnis die gleiche Rechtsfolge ein wie bei einer Hypothek. Wollen die Parteien diese Rechtsfolge, können sie auch gleich eine Hypothek bestellen.[32]

---

28 Vgl. *Huber*, Sicherungsgrundschuld, 51.

29 Vgl. *Wacke* im MüKo, 3. Auflage, §873 Rn 47; *Räfle* in *Erman*, §1191 Rn 8; *Reithmann*, NJW 1977, 661, 663.

30 *Baur/Stürner*, §45 Rn 40 bezweifeln, daß sich ein Sicherungsnehmer auf die Bedingung einlassen wird. Vgl. auch *Weber*, AcP 169 (1969), 237, 242.

31 Siehe oben 3. Kapitel B. I.; vgl. auch *Huber*, Sicherungsgrundschuld, 47. Kehrseite dieses Vorteils ist freilich das Gerechtigkeitsproblem, wenn der Sicherungsnehmer seine Rechtsstellung mißbraucht.

32 Vgl. *Huber*, Sicherungsgrundschuld, 46f.

IV. Ergebnis

Die Vorschrift des §1163 Abs.1 S.1 BGB ist auf die Grundschuld nicht anwendbar. Eine Bedingung für die Grundschuld kann zwar vereinbart werden, ist jedoch unpraktisch. Für den Fall der Nichtvalutierung der Forderung bieten die Lösungsansätze in Anlehnung an die Hypothek und andere automatisch wirkende Verknüpfungen von Forderung und Grundschuld demnach keinen hinreichenden Schutz des Eigentümers vor unberechtigter Inanspruchnahme.

B. Lösungsansätze bei Erlöschen der Forderung

Das Erlöschen der Forderung führt bei der Hypothek – mit Ausnahme der Fälle des §1164 BGB – dazu, daß sie gemäß §1163 Abs.1 S.2 BGB zur Eigentümergrundschuld wird.

I. Keine Anwendung des §1163 Abs.1 S.2 BGB

Auf die Sicherungsgrundschuld ist diese Vorschrift ebensowenig anwendbar wie §1163 Abs.1 S.1 im Falle der Nichtvalutierung der Forderung.[33] Die Grundschuld bleibt also bei Erlöschen der Forderung in der Hand des Gläubigers.[34]

II. Grundschuld unter der auflösenden Bedingung der Forderungstilgung

Auch für den Fall des Erlöschens der Forderung wird die Konstruktion einer bedingten Verfügung über die Grundschuld erwogen, und zwar einer Bestellung oder Übertragung der Grundschuld unter der auflösenden Bedingung der Rückzahlung der Forderung.[35] Dagegen werden ähnliche Bedenken vorgebracht wie hinsichtlich der aufschiebend bedingten Grundschuld.[36] Die Vereinbarung einer Bedingung für die Bestellung oder Übertragung der Grundschuld ist jedoch zulässig, so daß auch eine Einigung über die Grundschuld unter der auflösenden Bedingung des Erlöschens der Forderung vereinbart werden kann.[37]

---

33 Vgl. *Münstermann*, 20; *Weisbecker*, 21.

34 Vgl. BGHZ 103, 72, 81; *Eickmann* in *Westermann*, 7. Auflage, 818; *Kramer*, 29f.

35 Vgl. *Seckelmann*, 122; *Schütz*, NJW 1957, 1541; *Lindemann*, JW 1931, 2613.

36 Siehe oben A. III.

37 Siehe oben A. III.; vgl. *Schütz*, NJW 1957, 1541, 1543; *Seckelmann*, 122.

Auch für die auflösend bedingte Grundschuld gilt freilich, daß sie praktisch wenig brauchbar ist.[38] Dabei kann sich für den Sicherungsgeber besonders nachteilig auswirken, daß die Grundschuld bei Tilgung der Forderung erlischt und keine rangwahrende Eigentümergrundschuld entsteht. Die Wirkungen des dinglichen Rechtsgeschäfts fallen bei Eintritt der auflösenden Bedingung weg (§158 Abs.2 BGB), der Zustand nach Bedingungseintritt entspricht der Lage vor der Vornahme der Verfügung. Für die neu bestellte Grundschuld bedeutete das ihren vollständigen Wegfall bei Bedingungseintritt.

III. Zweckgemeinschaft von Forderung und Grundschuld

Einen weiteren Ansatz, die Grundschuld beim Erlöschen der Forderung dem Gläubiger zu entziehen, bietet die Lehre von der „Zweckgemeinschaft".[39] Nach dieser Lehre soll der Sicherungszweck der Grundschuld zur Entstehung einer einheitlichen Leistungsanwartschaft führen, für deren Befriedigung dem Gläubiger mit Forderung und Grundschuld zwei gleichrangige Haftungsobjekte zur Verfügung stehen.[40] Bei Erlöschen der Forderung trete direkt der Fortfall des Zwecks der Grundschuldübertragung ein mit der Folge, daß – weil das Erlöschen der Grundschuld durch §1163 BGB ausgeschlossen sei – die Grundschuld auf den Eigentümer übergehe.[41]

Der Übergang vollziehe sich nach §426 Abs.2 BGB, und zwar aus dem Gedanken heraus, daß Schuldner und Eigentümer gemeinschaftlich für die Erfüllung des Kapitalinteresses des Gläubigers einzustehen hätten.[42] Dieses Gesamtschuldverhältnis bestehe aus den beiden Rechten Forderung und Grundschuld, so daß es auch vorhanden sei, wenn Eigentümer

---

38 Siehe oben A. III. 3.

39 Vertreten von *Heck*, Sachenrecht, 413, 323ff; *Küchler*, 53 und neuerdings auch *Becker-Eberhard*, 201f., allerdings unter Befürwortung einer „Zweckgemeinschaft unter Führung des Zwecks der Forderung", weil wegen der unterschiedlichen Anspruchsinhalte von Forderung und Grundschuld eine gleichrangige Zweckgemeinschaft nicht möglich sei.

40 Vgl. *Heck*, Sachenrecht, 316, 326ff.; *Küchler*, 57ff.

41 Vgl. *Küchler*, 59; im Ergebnis so auch *Lamb*, JA 1987, 1, 4. *Becker-Eberhard*, 223ff. folgert aus dem Zweckfortfall allerdings nur die Entstehung des Rückgewähranspruchs. Sei der Inhalt der Forderung nicht mehr realisierbar, dürfe die Sicherheit nicht mehr in Anspruch genommen werden und sei daher zurückzugeben.

42 Vgl. *Küchler*, 49ff.; *Heck*, 413.

und Schuldner dieselbe Person seien. Auch dann sei §426 Abs.2 BGB anwendbar.[43]

Teilweise wird noch differenziert: Nur bei Identität von Eigentümer und Schuldner bestehe ein „Gesamthaftungsverhältnis".[44] Die einmalige Leistung des Schuldners/Eigentümers lasse daher sowohl die Forderung erlöschen als auch die Grundschuld übergehen.[45] Die Regelung des §1163 Abs.1 S.2 BGB sei in dieser Konstellation kein Ausfluß der Akzessorietät der Hypothek.[46] Bei Verschiedenheit von Eigentümer und Schuldner soll das anders sein. §1163 Abs.1 S.2 BGB stelle sich dann als akzessorietätsbedingte Vorschrift dar.

1. Keine Gleichrangigkeit von Forderung und sie sichernder Grundschuld

Der „Zweckgemeinschaft"-Lehre ist zugute zu halten, daß sie zutreffend eine einheitliche wirtschaftliche Zielsetzung des Gesamtgeschäfts zugrundelegt. Forderung und Sicherungsgrundschuld dienen demselben wirtschaftlichen Interesse, nämlich der Befriedigung des Gläubigers und Sicherungsnehmers.[47] Die Gleichgerichtetheit der beiden Rechte kommt deutlich zum Ausdruck in der Erfüllungsabrede, die sich dem Sicherungsvertrag stets entnehmen läßt:[48] Kann der Sicherungsnehmer die ihm zustehende Geldzahlung wegen der Forderung nicht realisieren, so darf er die Grundschuld verwerten, aber nur zum Zwecke der Tilgung der Forderung. Das wirtschaftliche Interesse, das mit der Verwertung der Grundschuld verfolgt wird, ist demnach dasselbe wie das in der Forderung verkörperte Interesse.

Gerade anhand der Überlegungen, die zur Annahme einer vertragsimmanenten Erfüllungsabrede führen, zeigt sich jedoch auch der Fehler der „Zweckgemeinschaft"-Lehre. Das gemeinsame wirtschaftliche Interesse, das hinter Forderung und sie sichernder Grundschuld steht, wird maßgeblich von der Forderung bestimmt wird. Die Grundschuld darf nicht allgemein zur Befriedigung des wirtschaftlichen Interesses des Sicherungsnehmers eingesetzt werden, sondern nur ganz konkret zum Zwe-

---

43 Vgl. *Heck*, Sachenrecht, 413.

44 *Ritter*, 17.

45 Vgl. *Ritter*, 17 und auch *Kowalski*, Grundschuld, 23; *Lamb*, JA 1987, 1, 4.

46 Vgl. *Ritter*, 17.

47 *Huber*, Sicherungsgrundschuld, 33, bezeichnet Grundschuld und Forderung als „in einem bestimmten Sinne inhaltsgleich".

48 Siehe oben 4. Kapitel B.II.1.

cke der Tilgung der Forderung. Der Sicherungsnehmer hat auch kein Wahlrecht, welches der beiden Rechte er geltend macht. Er muß vielmehr die Befriedigung aus der Forderung suchen und darf die Grundschuld nur einsetzen, wenn er damit keinen Erfolg hat.

Schließlich darf die Grundschuld auch nur insoweit verwertet werden, wie es zur Befriedigung des in der Forderung verkörperten Kapitalinteresses erforderlich ist. Der Inhalt des Gesamtgeschäfts wird demnach von der Forderung bestimmt, mit der das dem Sicherungsnehmer gebührende Kapitalinteresse fixiert wird. Es gibt demnach kein allgemeines wirtschaftliches Interesse, dem Forderung und Grundschuld gleichrangig dienen. Das wirtschaftliche Interesse, das hinter dem Gesamtgeschäft steht, wird vielmehr durch die Forderung verkörpert und durch die Grundschuld nur gesichert, so daß eine Gleichgeordnetheit von Forderung und Grundschuld nicht besteht.[49]

2. Verwischung des Unterschiedes zwischen akzessorischem und nichtakzessorischem Recht

Hinzu kommt, daß die „Zweckgemeinschaft"-Lehre letztlich eine nicht begründbare Entdinglichung der Grundschuld befürwortet, indem sie sie als von der Forderung elementar abhängig einstuft. Nach der „Zweckgemeinschaft"-Lehre käme dem Sicherungsvertrag absolute Wirkung zu; das Erlöschen der Forderung führte zwingend zum Übergang der Grundschuld auf den Sicherungsgeber. Das widerspricht der Rechtsnatur der Grundschuld als forderungsunabhängigem dinglichen Recht, die eine Beeinflussung des dinglichen Rechts in seinem Bestand durch schuldrechtliche Vereinbarungen ausschließt.[50]

Die dingliche Belastung durch das Grundpfandrecht besteht ohne Rücksicht auf den zugrundeliegenden Zweck, so daß Veränderungen bei der Forderung keine dinglichen Auswirkungen haben können.[51] Auch die Rechtsinhaberschaft an einer Grundschuld kann daher niemals automatisch wechseln, sondern es bedarf stets der ausdrücklichen Übertragung der Grundschuld.

Ausnahmefälle von dieser Unabhängigkeit werden durch das Gesetz ausdrücklich angeordnet, und zwar bei den akzessorischen Sicherungsrechten. Die gesetzlich angeordnete Akzessorietät läßt dem Zweck der

---

49 So auch BGHZ 105, 154, 157f.; *Huber*, Sicherungsgrundschuld, 33; *Matschl*, NJW 1962, 2132, 2133.

50 Vgl. *Huber*, Sicherungsgrundschuld, 34f.

51 Vgl. *K. Bähr*, 19; *Wörbelauer*, NJW 1958, 1705.

dinglichen Belastung ausnahmsweise eine Bedeutung zukommen.[52] Über diese ausdrücklich geregelten Fälle der Akzessorietät hinausgehende weitere Ausnahmen von der Abstraktheit des Grundpfandrechts wären mit dem Regelungsgehalt des Gesetzes nicht in Einklang zu bringen, würden vielmehr den vom Gesetzgeber gewollten Unterschied zwischen akzessorischen und nichtakzessorischen Rechten beseitigen.[53]

IV. Ergebnis

Auch bei Wegfall der gesicherten Forderung bieten die Anlehnung an die Hypothek oder der Rückgriff auf automatisch wirkende Verknüpfungen zwischen Forderung und Grundschuld demnach keine Möglichkeit, dem Sicherungsnehmer die Grundschuld automatisch zu entziehen und folglich keinen sicheren Schutz des Eigentümers vor unberechtigter Inanspruchnahme.

C. Lösungsansätze bei Ablösung der dinglichen Haftung

Das Kapitalinteresse des Gläubigers kann nicht nur durch Tilgung der Forderung, sondern auch durch Zahlung des Eigentümers auf das Grundpfandrecht befriedigt werden. Daß dem Eigentümer eines mit einem Grundpfandrecht belasteten Grundstücks grundsätzlich die Ablösung der dinglichen Belastung offensteht, ist bereits im Gesetzgebungsverfahren vorausgesetzt worden.[54]

Bei der Grundschuld sind die Einzelheiten einer solchen Zahlung allerdings nicht unproblematisch. Der Gesetzgeber hat die Folgen einer solchen Zahlung in §§ 1142, 1143 BGB nur für die Hypothek geregelt und die Anwendbarkeit dieser Vorschriften auf die Grundschuld offen gelassen.

I. Ablösung der Hypothek

Gemäß §1142 BGB ist der Eigentümer berechtigt, den Gläubiger bei Fälligkeit der gesicherten Forderung zu befriedigen. Daß er dabei nicht die Forderung tilgt, sondern auf die Hypothek zahlt, zeigt die Vorschrift des §1143 BGB. Die Forderung erlischt nicht (das müßte sie aber gemäß §§362, 267 BGB, wenn der Eigentümer auf sie zahlen würde), sondern

---

[52] Vgl. *Huber,* Sicherungsgrundschuld, 34.

[53] Vgl. *Reinicke/Tiedtke*, Kreditsicherung, 4. Auflage, Rn 1024.

[54] Vgl. Motive, Bd. 3, 779.

sie bleibt bestehen und geht zu Regreßzwecken auf den Eigentümer über. Einen solchen Regreß kann es allerdings nur geben, wenn der Eigentümer mit dem Schuldner nicht identisch ist.

1. Eigentümerzahlung bei Personenverschiedenheit vom Schuldner

Eine Befriedigung des Gläubigers durch den Eigentümer im Sinne des §1142 BGB wird es in aller Regel nur bei Verschiedenheit von Eigentümer und Schuldner geben. Zahlt der Eigentümer, der zugleich Schuldner der Forderung ist, so ist das im Zweifel als Zahlung auf die Forderung anzusehen.[55] Dieses Verständnis ist interessengerecht, weil die vom Eigentümer/Schuldner gewollte Befreiung sowohl von der Forderung als auch der dinglichen Belastung erreicht wird: Die Forderung erlischt gemäß §362 Abs.1 BGB, und die Hypothek wird gemäß §1163 Abs.1 S.2 BGB zur Eigentümergrundschuld.

Die Zweifelsregel bedeutet, daß bei anderweitiger Bestimmung etwas anderes gilt. Der Eigentümer kann also ausdrücklich bestimmen, auf die Hypothek zu zahlen.

2. Folgen der Zahlung

Das wirtschaftliche Endergebnis ist unabhängig von der Leistungsbestimmung des Eigentümers dasselbe. Zahlt er auf die Hypothek, so geht die Forderung gemäß §1143 Abs.1 BGB auf den Eigentümer über und erlischt durch Konfusion, weil sich mit dem Übergang Gläubiger und Schuldner der Forderung in derselben Person vereinen. Damit ist wiederum der Tatbestand des §1163 Abs.1 S.2 BGB erfüllt mit der Folge des Übergangs der Hypothek auf den Eigentümer.

Auch hinsichtlich der Hypothek ist die Rechtsfolge der Zahlung durch den Eigentümer im Sinne des §1142 BGB im Ergebnis unabhängig davon, ob Eigentümer und Schuldner dieselbe Person sind, dieselbe: Auch bei Verschiedenheit von Schuldner und Eigentümer geht die Hypothek auf den Eigentümer über, allerdings nicht gemäß §1163 Abs.1 S.2 BGB nach vorheriger Konfusion, sondern gemäß §§1153 Abs.1, 1177 Abs. 2 BGB als Folge des durch §1143 Abs.1 BGB angeordneten Forderungsübergangs.[56]

---

55 Vgl. BGHZ 7, 123, 126.

56 Vgl. *Wilhelm*, Sachenrecht, Rn 923; *E. Wolf*, 489f.; *Müller*, Rn 1802; *Pottschmidt/Rohr*, Rn 952.

Der Eigentümer hat demnach die Möglichkeit, sein Grundstück durch Zahlung an den Gläubiger von der dinglichen Belastung zu befreien, die Belastung abzulösen. Die Ablösung – und damit letztlich die Abwendung der Zwangsvollstreckung in das Grundstück – ist in aller Regel das mit der Zahlung vorrangig verfolgte Ziel des nicht mit dem Schuldner identischen Eigentümers, der ein Interesse daran hat, sein Grundstück vor der Zwangsvollstreckung zu bewahren.

Gleichwohl ordnet das Gesetz keinen direkten Übergang des belastenden Grundpfandrechts auf den Eigentümer als Folge der Ablösungszahlung an, sondern in §1143 Abs.1 BGB zunächst den Erwerb der Forderung, der die Befreiung von der dinglichen Belastung gemäß §1153 Abs.1 BGB erst nachfolgt. Wenngleich auch der Erwerb der Forderung regelmäßig im Interesse des Eigentümers liegt, der beim Schuldner Regreß nehmen will, läßt sich deshalb feststellen, daß die Rangfolge der vom Eigentümer mit der Ablösungszahlung verfolgten Ziele durch die gesetzlich angeordneten Rechtsfolgen „umgedeutet" wird.[57]

Diese „Umdeutung" ist freilich notwendige Konsequenz der Akzessorietät der Hypothek, die gemäß §1153 Abs.1 BGB das Schicksal der Forderung teilt. Daran ändert auch die Tatsache nichts, daß der Eigentümer auf die Hypothek als dingliches Recht zahlt. Die Bestimmung der Forderung zum Hauptrecht zwingt dazu, gleichwohl zunächst eine Rechtsfolge für die Forderung vorzusehen, ohne die eine Rechtsfolge für die Hypothek gar nicht angeordnet werden könnte.

II. Ablösung der Grundschuld

Bei der Grundschuld sind die Verhältnisse anders als bei der Hypothek, weil es keine Forderung als Hauptrecht gibt.

1. Übergang der Grundschuld

Angesichts der Tatsache, daß die Ablösung bei der Hypothek in der Weise vonstatten geht, daß zunächst gemäß §1143 Abs.1 BGB die Forderung übergeht und infolgedessen gemäß §1153 Abs.1 BGB die Hypothek, mithin ein akzessorietätsbedingter Mechanismus ausgelöst wird, könnte man auf die Idee kommen, daß bei der Grundschuld die Ablösung wegen der durch §1192 BGB angeordneten Nichtanwendbarkeit von Vorschriften, die Ausfluß der Akzessorietät sind, nicht möglich sei. Das trifft jedoch nicht zu.

57 Das sieht auch *Küchler*, 37f.

a. Anwendbarkeit des §1142 BGB auf die Grundschuld

Zum einen setzt die in §1142 BGB angeordnete Ablösungsbefugnis des Eigentümers keine Forderung voraus, so daß die Möglichkeit der Ablösung ein auch auf die Grundschuld anwendbares Prinzip darstellt.[58]

b. Übergang der Grundschuld auf den Eigentümer

Zum anderen bietet das Gesetz auch durchaus eine Lösung für die Rechtsfolgen bei Zahlung durch den Eigentümer des mit einer Grundschuld belasteten Grundstücks. Das Ziel der Zahlung besteht in der Beseitigung der dinglichen Haftung. Zur Erreichung dieses Ziels könnte man als Rechtsfolge zunächst das Erlöschen der Belastung in Erwägung ziehen, etwa in entsprechender Anwendung des §362 BGB.[59]

Für das Grundpfandrecht hat sich der Gesetzgeber jedoch angesichts der Besonderheiten als Recht an einem Grundstück für eine andere Lösung entschieden. Die Haftungsbefreiung erfolgt nur für dingliche Zinsen und Nebenleistungen durch Erlöschen des Rechts (§1178 Abs.1 BGB). Hinsichtlich des eigentlichen Wertgehalts des Grundpfandrechts, der Kapitalsumme, wird die Haftungsbefreiung hingegen zur Wahrung des Rangs durch den Übergang auf den Eigentümer erreicht. Damit steht die Rechtsfolge der Ablösungszahlung auch für den Eigentümer des mit einer Grundschuld belasteten Grundstücks fest: Die Grundschuld erlischt nicht, sondern sie geht auf den Eigentümer über.[60]

---

58 Vgl. *Huber*, Sicherungsgrundschuld, 36f.; *Eickmann* im MüKo, 3. Auflage, §1191 Rn 65; *Müller*, Rn 2042; *Cordes*, Jura 1990, 594, 595f.; *Münstermann*, 13.

59 Vgl. *Huber,* Sicherungsgrundschuld, 37.

60 Das ist allgemeine Auffassung. Vgl. *Huber,* Sicherungsgrundschuld, 215; *Baur/Stürner*, §44 Rn 23; *Lamb*, JA 1987, 1, 5; *Lopau*, JuS 1976, 315; *Bülow*, Rn 167; *Eickmann* im MüKo, 3. Auflage, §1191 Rn 65; *ders.* in *Westermann*, 7. Auflage, 821; *Wieling*, Sachenrecht, 443; *Thieme*, JR 1953, 89, 90; *Pottschmidt/Rohr*, Rn 1004; *Klee*, NJW 1951, 579; *Reinicke/Tiedtke*, Kreditsicherung, 4. Auflage, Rn 1047; *dies.,*WM 1987, 485; *Seggelke*, 51f.; *Münstermann*, 21; *Clemente*, Sicherungsgrundschuld, 165; *Weber*, Kreditsicherheiten, 258. Die Rechtsfolge wurde ausdrücklich angeordnet in dem Entwurf, der die Grundschuld als hauptsächliches Grundpfandrecht ansah, vgl. die Anlage zum Protokoll Nr. 302, §1139b (Protokolle, Bd. 4, 505).

c. Rechtsgrundlage des Grundschuldübergangs

Die Frage, wie dieser Übergang „rechtstechnisch" vonstatten zu gehen hat, insbesondere aus welcher Gesetzesnorm die Rechtsfolge für die Grundschuld zu entnehmen ist, wird nicht einheitlich beantwortet. Überwiegend werden die §§1142, 1143 BGB entsprechend angewendet mit der Begründung, bei der Grundschuld verkörpere das dingliche Recht selbst das bei der Hypothek von der Forderung bestimmte Kapitalinteresse, das nach Befriedigung des Gläubigers nunmehr dem zahlenden Eigentümer zufließen müsse.[61]

Der Grundüberlegung dieser Auffassung ist zuzustimmen: Während das Kapitalinteresse des Gläubigers bei der Hypothek durch die Forderung festgelegt wird, ist die Grundschuld als Recht mit direkter Kapitalzuordnung ausgestaltet, hat die Grundschuld einen eigenen, originären Nennwert.[62] Gerade vor diesem Hintergrund ist jedoch die entsprechende Anwendung des §1143 BGB auf die Grundschuld kaum verständlich. Die Vorschrift regelt einen Vorgang, bei dem das das Kapitalinteresse verkörpernde Recht erhalten bleibt, lediglich den Berechtigten wechselt, indem die Forderung zum Zwecke des Regresses auf den Eigentümer übergeht. Das ist mit der Ablösung der Grundschuld nicht vergleichbar, weil bei der Grundschuld auf dasjenige Recht gezahlt wird, das das Kapitalinteresse verkörpert mit der Folge, daß bei Ablösung der Grundschuld das Kapitalinteresse endgültig befriedigt wird.[63]

Vor diesem Hintergrund ist die Ablösungszahlung bei der Grundschuld viel eher vergleichbar mit der Bezahlung der hypothekarisch gesicherten Forderung, weil beides zum vollständigen Wegfall des das Kapitalinteresse bestimmenden Rechts führt.[64] Sachgerecht erscheint es daher, auf die Grundschuld diejenige Vorschrift entsprechend anzuwenden, die die Folgen der endgültigen Befriedigung des Kapitalinteresses regelt: §1163 Abs.1 S.2 BGB.[65] Nach dieser Vorschrift führt die Befriedigung des Gläubigers zum Übergang des Grundpfandrechts auf den Eigentümer. Rechtsfolge der Ablösung der Grundschuld ist demnach der direkte Übergang der Grundschuld auf den Eigentümer.

---

[61] So BGH NJW 1976, 2340; NJW 1986, 2108; ausführlich RGZ 78, 60, 68ff.; *Scherübl* in *Staudinger*, §1192 Rn 18; *Eickmann* im MüKo, 3. Auflage, §1191 Rn 65; *Wörbelauer*, NJW 1958, 1705; .

[62] Siehe oben 1. Kapitel B.III.

[63] Vgl. *Huber*, Sicherungsgrundschuld, 37.

[64] Vgl. *Huber*, Sicherungsgrundschuld, 37.

[65] So auch *Huber*, Sicherungsgrundschuld, 37; *Wilhelm*, Sachenrecht, Rn 918; *Lopau*, JuS 1976, 315; *Küchler*, 37.

2. Folgen für die Forderung bei der Sicherungsgrundschuld

Fraglich ist, welche Rechtsfolgen sich bei der Sicherungsgrundschuld hinsichtlich der Forderung ergeben. Für die Hypothek ordnet §1143 BGB den Übergang der gesicherten Forderung auf den Eigentümer an, womit zugleich die Möglichkeit der doppelten Inanspruchnahme durch den Hypothekar ausgeschlossen wird. Auf die Grundschuld findet §1143 BGB jedoch keine Anwendung, weil diese Vorschrift Ausdruck des Zusammenhangs von Forderung und Hypothek ist.[66] Grundsätzlich muß die Forderung demnach in der Hand des Gläubigers verbleiben.[67] Die Situation ist vergleichbar mit der Tilgung der Forderung. Der Gläubiger ist Inhaber zweier voneinander unabhängiger Rechte, so daß eine Veränderung des einen Rechts nicht den Bestand des anderen beeinflußt.[68]

a. Erfüllungsabrede im Sicherungsvertrag

Bei der Sicherungsgrundschuld besteht aber die Besonderheit, daß die beiden Rechte durch den Sicherungsvertrag miteinander verknüpft sind mit der Folge, daß der Sicherungsnehmer trotz der Inhaberschaft an beiden Rechten die Leistung nur einmal verlangen darf. Die Tilgung der Forderung führt deshalb zum Anspruch auf Rückgewähr der Grundschuld.[69]

---

66 Vgl. BGHZ 105, 154, 157; *Huber*, Sicherungsgrundschuld, 117; *Baur/Stürner*, §45 Rn 82; *Werneburg*, MHB 1918, 99, 103; *Oehler*, JuS 1989, 604. Dagegen plädieren *Eickmann* im MüKo, 3. Auflage, §1191 Rn 85; *ders.* in *Westermann*, 7. Auflage, 822, und *Komanns*, 43, die meinen, §1143 BGB sei keine zwingende Folge der Akzessorietät. Diese könne auch durchgehalten werden, wenn die Forderung bei Ablösung der Hypothek erlösche. Aus dieser Überlegung kann jedoch nicht die Anwendbarkeit auf die Grundschuld gefolgert werden. Wenn der Forderungsübergang nach §1143 BGB nicht zwingend für das Akzessorietätsprinzip ist, so handelt es sich doch jedenfalls um eine Vorschrift, die das Bestehen der – überzuleitenden – Forderung voraussetzt, so daß die Vorschrift gemäß §1192 BGB für die Grundschuld keine Gültigkeit haben kann.
Anderer Ansicht ist auch *Flemming*, ZAkDR 1937, 22, der dem Eigentümer den automatischen Forderungsübergang als Ausgleich für die Eigentumsgefährdung durch die Grundschuldbestellung zubilligen möchte.

67 Vgl. BGHZ 105, 154, 157; *Baur/Stürner*, §45 Rn 82; *Bülow*, Rn 165.

68 Vgl. BGHZ 103, 72, 81; 105, 154, 157; BGH NJW 1987, 838, 839; *Baur/Stürner*, §45 Rn 82; *Bülow*, Rn 165; *Weimar*, 56; *K. Bähr*, 19.

69 Siehe im einzelnen oben 5. Kapitel A.

Verwertet der Sicherungsnehmer die Grundschuld, so gilt die im Sicherungsvertrag enthaltene Erfüllungsabrede.[70] Der Verwertungserlös ist auf die Forderung anzurechnen. Für diese Erfüllungsabrede kann es freilich keinen Unterschied machen, auf welche Weise der Sicherungsnehmer aus der Grundschuld eine Geldzahlung erhält. Die Erfüllungsabrede gilt demnach nicht nur bei Verwertung der Grundschuld im Wege der Zwangsvollstreckung, sondern auch bei Zahlung des Eigentümers auf die Grundschuld.[71] In beiden Fällen erhält der Sicherungsnehmer das ihm gebührende Kapital wegen seiner Rechtsstellung als Gläubiger der Grundschuld, womit die vertraglichen Voraussetzungen für die Anrechnung auf die Forderung vorliegen.

Die Ablösungszahlung des Eigentümers führt demnach bei der Sicherungsgrundschuld wegen der im Sicherungsvertrag getroffenen Erfüllungsabrede zur Anrechnung auf die Forderung und damit im Regelfall – bei ausreichender Grundschuldsumme – zur Tilgung der Forderung.

b. Doppelte Tilgungsbestimmung

Einige nehmen an, bei Identität von Eigentümer und Schuldner trete durch die Zahlung eine „Doppeltilgung" von Forderung und Grundschuld ein, wenn der Zahlende das bestimme.[72] Teilweise wird sogar eine „Doppeltilgung" ohne ausdrückliche Bestimmung angenommen.[73] Der Gläubiger habe mit der Ablösungszahlung das ihm gebührende Kapital erhalten und müsse daher auch hinsichtlich der Forderung als befriedigt angesehen werden.[74]

Die Überlegungen zur „Doppeltilgung" gehen von dem zutreffenden Grundgedanken aus, daß Forderung und Grundschuld dasselbe Kapital-

---

70 Siehe oben 4. Kapitel B.II.1.

71 Vgl. *Huber*, Sicherungsgrundschuld, 215.

72 Vgl. *Baur/Stürner*, §45 Rn 46; *Bülow*, Rn 166; *Seibert*, JuS 1984, 526f.; *Oehler*, JuS 1989, 604, 606; *Schwab/Prütting*, Rn 772; *Klee*, NJW 1951, 579, 580. *Ripfel*, DFG 1938, 185, 186 will dieses Ergebnis erreichen, indem er die Zahlung auf die Grundschuld als Leistung an Erfüllungs statt auf die Forderung gelten läßt. Hierfür wäre jedoch gemäß §364 Abs.1 BGB die Zustimmung des Gläubigers erforderlich, so daß durch diesen Ansatz nichts gewonnen ist: Es kann nicht bezweifelt werden, daß die Parteien vereinbaren können, daß nach Zahlung auf die Grundschuld nunmehr die Forderung erlassen sein soll. Fraglich ist nur, ob diese Rechtsfolge automatisch eintritt.

73 So BGHZ 105, 154, 157.

74 Vgl. *Oehler*, JuS 1989, 604, 606; *Reinicke/Tiedtke*, WM 1987, 485, 486; *Wagner*, 53.

interesse des Sicherungsnehmers beinhalten, außerdem nach dem Sicherungsvertrag feststeht, daß der Sicherungsnehmer das Kapitel nur einmal erhalten soll. In systematischer Hinsicht überzeugt die Auffassung, mit einer einzigen Zahlung würden direkt beide Rechte getilgt, jedoch nicht. Forderung und Grundschuld bilden zwei verschiedene Rechtspositionen, die auch jede für sich einen eigenen Kapitalwert besitzt.[75] Eine einzelne Zahlung kann nur auf eines dieser beiden Rechte erfolgen,[76] und zwar ohne daß das jeweils andere Recht davon automatisch beeinflußt wird.[77]

Der Grund dafür, daß bei Zahlung des Sicherungsgebers auf die Grundschuld im Ergebnis die Forderung getilgt wird, liegt demnach nicht in einer vermeintlichen, bei Zahlung getroffenen „doppelten Tilgungsbestimmung", sondern allein in der im Sicherungsvertrag von vornherein angelegten Erfüllungsvereinbarung.

3. Berechtigung des Sicherungsgebers zur Zahlung auf die Grundschuld

Eine Frage, die sich an die Ablösung der Grundschuld anschließt, ist diejenige, ob der Sicherungsgeber, der zugleich Schuldner der gesicherten Forderung ist, überhaupt ohne weiteres auf die Grundschuld zahlen und damit dem Sicherungsnehmer die Grundschuld – die durch die Zahlung gemäß §1163 Abs.1 BGB in entsprechender Anwendung auf den Sicherungsgeber übergeht – entziehen darf.[78]

Unproblematisch ist dabei der Fall, in dem eine feststehende Forderung gesichert wird und die Zahlung auf die Grundschuld entsprechend der im Sicherungsvertrag enthaltenen Erfüllungsabrede die Forderung vollständig zum Erlöschen bringt. Dann entsteht dem Sicherungsnehmer kein Nachteil, weil er bei Zahlung auf die Forderung in derselben Höhe wegen des Wegfalls des Sicherungszwecks ebenfalls die Grundschuld einbü-

---

75 Vgl. *Serick*, Bd. 2, 428; *Kramer*, 31; *Wieacker*, 232.

76 Vgl. *Weimar*, 56; *Weber*, Kreditsicherheiten, 258; *Wilhelm*, Sachenrecht, Rn 919; *Thieme*, JR 1953, 89, 90; *Schwerdtner*, Jura 1986, 370, 374; *Bayer/Wandt*, JuS 1987, 271. In den formularmäßigen Sicherungsverträgen der Banken finden sich daher in der Regel Bestimmungen, nach denen eine Zahlung grundsätzlich auf die Forderung erfolgt, damit die Grundschuld in der Hand der Bank bleibt (vgl. *Stöcker*, 33; *Serick*, Bd. 2, 422).

77 Vgl. *K. Bähr*, 19; *Bülow*, Rn 165.

78 Vgl. *Huber*, Sicherungsgrundschuld, 216f.; *Baur/Stürner*, §45 Rn 45; *Reinicke/Tiedtke*, Kreditsicherung, 4. Auflage; Rn 1039.

ßen würde, wenngleich erst aufgrund des Rückgewähranspruchs des Sicherungsgebers.

a. Zahlungsberechtigung bei Erfüllungswirkung

Anders verhält es sich aber bei der Sicherung eines Kontokorrents oder zukünftiger Forderungen aus der Geschäftsverbindung, die vor allem bei der Sicherheitengestellung gegenüber Kreditinstituten vom Sicherungszweck häufig erfaßt werden.[79] In einem solchen Fall könnte die Zahlung auf die Grundschuld dazu führen, daß dem Sicherungsnehmer die Grundschuld entzogen würde, obwohl der vertraglich festgelegte Sicherungszweck noch gar nicht erledigt ist.

Das ist mit dem Sicherungsvertrag nicht vereinbar, aus dem zwar einerseits folgt, daß der Sicherungsnehmer die Grundschuld bei Wegfall des Sicherungszwecks zurückzugeben hat.[80] Andererseits legt der Sicherungsvertrag jedoch auch fest, daß der Sicherungsnehmer die Grundschuld behalten darf, solange der Sicherungszweck Bestand hat. Die Zahlung auf die Grundschuld, die nicht über die Erfüllungsabrede im Sicherungsvertrag zur vollständigen Tilgung aller gesicherten Forderungen des Sicherungsnehmers führt, ist demnach vertragswidrig; der Sicherungsgeber darf eine solche Zahlung nicht leisten. Im Umkehrschluß folgt daraus, daß der Sicherungsgeber nur dann auf die Grundschuld zahlen darf, wenn die vertragsimmanente Erfüllungsabrede eingreift und mit der Zahlung letztlich die gesicherte Forderung getilgt wird.

b. Schutz des Sicherungsnehmers vor unberechtigten Zahlungen

Das alles ändert freilich nichts daran, daß der Sicherungsgeber die Möglichkeit hat, unter Inkaufnahme eines Vertragsverstoßes auf die Grundschuld zu zahlen, sobald sie fällig ist.[81] Ein Schutz des Sicherungsnehmers vor einer solchen Zahlung ist kaum möglich. Die Zweckbestimmung für seine Leistung trifft der leistendes Sicherungsgeber, dessen ausdrückliche Erklärung, er zahle auf die Grundschuld, für eine entsprechende Zweckbestimmung ausreicht. Eine Vereinbarung im Sicherungsvertrag, daß Zahlungen immer auf die Forderung erfolgen, hilft nicht wei-

---

[79] Siehe oben 4. Kapitel B.I.2.

[80] Siehe oben 5. Kapitel A.

[81] Vgl. *Huber*, Sicherungsgrundschuld, 217; *Seibert*, JuS 1984, 526, 528.

ter, weil der Sicherungsgeber jederzeit die Möglichkeit hat, die Zweckbestimmung für seine Leistung einseitig zu ändern.[82]

Der in der Zahlung auf die Grundschuld liegende Vertragsverstoß führt jedoch dazu, daß der Sicherungsnehmer zur Mitwirkung nicht verpflichtet ist mit der Folge, daß er die vertragswidrig erbrachte Leistung nicht entgegennehmen muß, die Annahme der Zahlung also verweigern kann.[83] Angesichts der heutzutage üblichen Banküberweisungen erfordert das freilich eine hohe Aufmerksamkeit vom Sicherungsnehmer, der seine Zahlungseingänge ständig auch auf den Verwendungszweck kontrollieren und sofort widersprechen müßte, um sich nicht des Vorwurfs widersprüchlichen Verhaltens durch die Entgegennahme der Zahlung auszusetzen.

4. Tilgungswirkung bei Fehlen einer ausdrücklichen Zweckbestimmung

Von der Frage der Berechtigung des Sicherungsgebers zur Zahlung auf die Grundschuld zu trennen ist die weitere Frage, wie die Zahlung anzurechnen ist, wenn der Sicherungsgeber keine ausdrückliche Zweckbestimmung trifft. Unklarheiten gibt es insoweit freilich nur bei Identität von Sicherungsgeber und Schuldner. Ist der Sicherungsgeber nicht der Schuldner der gesicherten Forderung, so legen die jeweiligen Vermögensinteressen den Zweck einer Zahlung fest: Sicherungsgeber und Schuldner zahlen im Zweifel auf ihre eigene Verbindlichkeit, der Sicherungsgeber also auf die Grundschuld und der Schuldner auf die Forderung.[84]

Für den Sicherungsgeber, der zugleich Schuldner der Forderung ist, läßt sich eine solche eindeutige Bestimmung seiner Vermögensinteressen, die einen Rückschluß auf den Zweck seiner Zahlung zuließe, nicht treffen. Es liegt deshalb nahe, auf die in §366 Abs.2 BGB getroffene gesetzliche Zweifelsregelung für die Tilgungsreihenfolge zurückzugreifen. Dem wird allerdings entgegengehalten, daß der Sicherungsnehmer die Leistung aus Forderung und Grundschuld nur einmal verlangen dürfe und deshalb eine Mehrheit von Schuldverhältnissen gar nicht bestehe.[85]

---

82 Dazu ausführlich *Huber*, Sicherungsgrundschuld, 218ff.

83 So für den Fall der Zahlung vor Fälligkeit der Grundschuld auch *Huber*, Sicherungsgrundschuld, 217; vgl. *Reinicke/Tiedtke*, Kreditsicherung, 4. Auflage, Rn 1039; *Gaberdiel*, Rn 808.

84 Vgl. *Huber*, Sicherungsgrundschuld, 222.

85 So *Huber*, Sicherungsgrundschuld, 221; vgl. *Seibert*, JuS 1984, 526, 528.

Bei zutreffender Betrachtung ermöglicht aber jedenfalls die entsprechende Anwendung des §366 Abs.2 BGB eine Festlegung, ob im Zweifel auf die Grundschuld oder die Forderung gezahlt wird. Die Regelung des §366 Abs.2 BGB bringt zum Ausdruck, daß zwischen verschiedenen Verbindlichkeiten ein Rangverhältnis besteht, das für die Tilgungsreihenfolge maßgeblich ist. Übertragen auf die Sicherungsgrundschuld ist demnach zu fragen, welches der beiden Rechte „vorrangig“ ist.

Diese Feststellung ist nicht problematisch: Das gesamte Kreditverhältnis wird durch die Forderung ausgelöst, deren Sicherung die Grundschuld dient. Die Forderung ist Anlaß für die Hingabe der Grundschuld als Sicherungsmittel, von ihrem Bestand hängt das Recht des Sicherungsnehmers ab, die Grundschuld zu behalten. Im Verhältnis zur Grundschuld bildet die Forderung demnach das vorrangige Recht, so daß die entsprechende Anwendung des §366 Abs.2 BGB dazu führt, daß im Zweifel auf die Forderung gezahlt wird.[86]

Schließlich ist es aus Sicht des Sicherungsgebers und Schuldners auch interessengerecht, seine Zahlungen im Zweifel als Tilgungsleistungen für die Forderung anzusehen, weil sonst die Grundschuld an ihn zurückfiele und er sich somit dem Löschungsanspruch der nachrangigen Grundpfandgläubiger ausgesetzt sähe.[87]

5. Das Schicksal der Forderung bei Verschiedenheit von Sicherungsgeber und Schuldner

Eine Überprüfung der Feststellung, daß die Forderung bei Ablösung der Grundschuld – entsprechend der Erfüllungsabrede im Sicherungsvertrag – erlischt, ist geboten, wenn Sicherungsgeber und Schuldner nicht dieselbe Person sind. Der Sicherungsgeber wird in der Regel ein Interesse daran haben, den Schuldner in Regreß zu nehmen. Seine Interessenlage entspricht derjenigen des Eigentümers eines hypothekarisch belaste-

---

86 Im Ergebnis stimmen dem auch *Huber*, Sicherungsgrundschuld, 224 und *Seibert*, JuS 1984, 526, 529 zu. *Huber* will die Rechtsfolge allerdings aus §§891, 1155 BGB herleiten. Aus der Richtigkeitsvermutung für das Grundbuch folge, daß die Grundschuld im Zweifel in der Hand des Gläubigers verbleibe. Dabei übersieht *Huber* jedoch, daß §891 BGB eine Verkehrsschutzvorschrift darstellt, die auf das Verhältnis zwischen Sicherungsnehmer und Sicherungsgeber nicht anzuwenden ist, weil ihnen die rechtlichen Verhältnisse der Grundschuld vollständig bekannt sind. Aus der zum Schutz Dritter bestimmten Vorschrift des §891 BGB lasen sich Folgerungen für die Tilgungswirkung nicht ziehen.

87 Vgl. *Lwowski*, Rn 941.

ten Grundstücks, dem das Gesetz mit dem durch §1143 BGB gewährten Forderungsübergang den typischerweise gewollten Regreß eröffnet.

Anders als im Zweipersonenverhältnis ergibt die interessengerechte Auslegung des Sicherungsvertrags demnach keine Erfüllungsabrede dergestalt, daß bei Ablösung der Grundschuld die Forderung getilgt sein soll. Im Gegenteil: Die interessengerechte Auslegung des Sicherungsvertrags mit dem Sicherungsnehmer, der nicht Schuldner der persönlichen Forderung ist, führt zu dem Ergebnis, daß wegen der bestehenden Regreßmöglichkeit die Forderung von der Zahlung nicht berührt werden soll. [88]

Bei der Hypothek ermöglicht §1143 BGB dem Eigentümer den Regreß mit der gesicherten Forderung. §1143 BGB ist jedoch als Vorschrift, die Ausdruck der Forderungsabhängigkeit der Hypothek ist, nicht auf die Grundschuld anzuwenden,[89] so daß die Forderung (zunächst) in der Hand des Sicherungsnehmers bestehen bleibt.[90] Zu klären ist aber, ob der Sicherungsgeber gleichwohl die Möglichkeit des Regresses mit der Forderung hat.

a. Abtretungsanspruch des Sicherungsgebers ?

Im Sicherungsvertrag kann ausdrücklich ein Anspruch des Sicherungsgebers auf Abtretung der Forderung geregelt werden, womit sich die Möglichkeit des Regresses mit der Forderung für den Sicherungsgeber unproblematisch ergibt.[91] Einige vertreten darüber hinaus, ein Anspruch des Sicherungsgebers auf Abtretung ergebe sich wegen der Wertung des §1143 BGB[92] aus dem Sicherungsvertrag auch ohne ausdrückliche Regelung, wenn der Eigentümer einen eigenen Regreßanspruch gegen

88 Vgl. *Baur/Stürner*, §45 Rn 82; *Reinicke/Tiedtke*, WM 1987, 485, 488; *Bayer/Wandt*, JuS 1987, 271.

89 Siehe oben 2.

90 Anderer Auffassung ist *Seibert*, JuS 1984, 526, 527, der für einen automatischen Forderungsübergang plädiert, allerdings nur aus Billigkeit und ohne systematische Begründung.

91 Vgl. *Huber*, Sicherungsgrundschuld, 119.

92 Vgl. *Reinicke/Tiedtke*, Kreditsicherung, 4. Auflage, Rn 1047; *dies.*, WM 1987, 485, 488; *Tiedtke*, Jura 1980, 407, 414; *Matschl*, NJW 1962, 2132, 2134; *Mertens/Schröder*, Jura 1992, 305, 309.

den Schuldner habe.[93] Teilweise wird dieser Anspruch ohne Rücksicht auf einen anderweitigen Regreßanspruch bejaht.[94]

Die Überlegungen zum Abtretungsanspruch des Sicherungsgebers beruhen dabei auf Billigkeitserwägungen, die die Ungerechtigkeit der Kapitalverteilung nach Ablösung ausgleichen sollen.[95] Obwohl das Kapital des Gläubigers ursprünglich dem Schuldner zugeflossen sei, habe es jetzt der Eigentümer zurückgezahlt, so daß im Ergebnis der Schuldner zu gut und der Eigentümer zu schlecht dastehe.[96] Systematisch stoßen diese Überlegungen indessen auf erhebliche Bedenken.

aa. Berücksichtigung eines anderweitigen Regreßanspruchs ?

Nicht sachgerecht ist zunächst die – an §426 Abs.2 BGB orientierte – Annahme eines Abtretungsanspruchs nur bei bereits bestehendem anderweitigen Regreßanspruch des ablösenden Eigentümers gegen den Schuldner. Das Drittverhältnis zwischen Eigentümer und Schuldner würde in diesem Fall das Verhältnis zwischen Eigentümer und Gläubiger beeinflussen. Das ist jedoch wegen der Relativität der vertraglichen Bindungen ausgeschlossen.[97]

Anknüpfungspunkt für einen Abtretungsanspruch des Eigentümers kann nur das Verhältnis zwischen Gläubiger und Eigentümer sein, in dem der Eigentümer den Gläubiger befriedigt. An diesem Rechtsverhältnis ist der

---

93 Vgl. RGZ 150, 371, 374; KG NJW 1961, 414; wohl auch BGHZ 80, 228, 231. *Reinicke/Tiedtke*, WM 1987, 485, 488, 490; *Tiedtke*, Jura 1980, 407, 414 wollen den Anspruch sogar dem nicht am Sicherungsvertrag beteiligten Eigentümer zugestehen.

94 Vgl. *Bayer/Wandt*, JuS 1987, 271f.; *Pottschmidt/Rohr*, Rn 1004; *Bülow*, Rn 186f.; *Wagner*, 55; *Riecke*, 92.

95 Vgl. *Reinicke/Tiedtke*, Kreditsicherung, 4. Auflage, Rn 1047, die ohne weitere Begründung konstatieren, daß bei der Sicherungsgrundschuld die gleichen Verhältnisse wie bei der Hypothek geschaffen werden müßten; vgl. auch *Matschl*, NJW 1962, 2132, 2134 und *Mertens/Schröder*, Jura 1992, 305, 309, die den Eigentümer zudem durch den Übergang der anderweitigen Sicherungen gemäß §401 BGB privilegieren wollen.

96 Zur Rechtslage bei mehreren Sicherungsgebern vgl. *Mertens/Schröder*, Jura 1992, 305, 307ff.

97 So sinngemäß auch *Wilhelm*, Sachenrecht, Rn 885, der allerdings einen Anspruch des Eigentümers auf Abtretung grundsätzlich bejaht und es ablehnt, dem Grundschuldgläubiger gegen den abgetretenen Anspruch die Einwendung zuzubilligen, der Eigentümer sei gegenüber dem Schuldner nicht ausgleichsberechtigt.

Schuldner nicht beteiligt, womit ein entscheidender Unterschied zur Gesamtschuld besteht. Bei der Gesamtschuld mag es sachgerecht sein, das Innenverhältnis bei der Frage des Forderungsübergangs zu berücksichtigen, weil alle Schuldner durch dieselbe Forderung mit dem Gläubiger verbunden sind. Die Rechtsbeziehung zwischen Sicherungsgeber und Schuldner ist im Verhältnis zum Sicherungsnehmer jedoch eine eigenständige Drittbeziehung.

bb. Keine automatischen Rechtsfolgen der Ablösung

Aber auch unabhängig von einem anderweitigen Rückgriffsanspruch kann ein Abtretungsanspruch des Eigentümers nicht ohne weiteres bestehen. Der Eigentümer zahlt zur Ablösung der Grundschuld, für deren Bestand die Tatsache, daß sie der Forderungssicherung dient, unerheblich ist – anders als bei der Hypothek. Durch die Ablösung der Grundschuld können sich mithin hinsichtlich der gesicherten Forderung keine „automatischen“ Rechtsfolgen ergeben, also auch kein Abtretungsanspruch. [98] Während für die Hypothek durch §1143 BGB ausdrücklich eine Auswirkung der Ablösung auf die Forderung angeordnet wird, kann die Ablösung für die forderungsunabhängige Grundschuld eine andere Rechtsfolge als den Übergang der Grundschuld auf den Eigentümer nicht haben.[99]

Einen vertragsimmanenten Anspruch des Sicherungsgebers auf Abtretung der gesicherten Forderung nach Ablösung der Grundschuld gibt es demnach nicht. Freilich bleibt es Sicherungsnehmer und Sicherungsgeber unbenommen, sich – auch nachträglich – auf die Abtretung der gesicherten Forderung zu verständigen.

b. Erlöschen der Forderung bei Zahlungspflicht des Eigentümers?

Die Abtretung der gesicherten Forderung soll nach Meinung einiger ausgeschlossen sein, wenn der Sicherungsgeber im Innenverhältnis dem Schuldner zur Zahlung verpflichtet war.[100] In diesem Fall wird ein Erlöschen der Forderung angenommen, weil es unsinnig sei, die Forderung „künstlich aufrechtzuerhalten“.[101] Eine systematische Begründung für

---

98 Vgl. *Kowalski*, Grundschuld, 20f.

99 Zu diesem Ergebnis gelangt auch *Oehler*, JuS 1989, 604, 608.

100 Vgl. *Baur/Stürner*, §45 Rn 83 am Ende; *Reinicke/Tiedtke*, Kreditsicherung, 4. Auflage, Rn 1048.

101 *Reinicke/Tiedtke*, Kreditsicherung, 4. Auflage, Rn 1048; vgl. *dies.*, WM 1987, 485, 490.

das Erlöschen der Forderung bleibt diese Auffassung jedoch schuldig. Es wird übersehen, daß der Sicherungsgeber bei Zahlung auf die Grundschuld weder eine Tilgungsbestimmung hinsichtlich der Forderung trifft noch eine Erfüllungsabrede besteht wie im Zweipersonenverhältnis, weil sie dem Regreßinteresse des Drittsicherungsgebers zuwider liefe.

Zu einem Gerechtigkeitsproblem kommt es im übrigen selbst dann nicht, wenn der im Innenverhältnis zum Schuldner zahlungspflichtige Sicherungsgeber die Forderung tatsächlich abgetreten erhält. Verlangt er ihre Begleichung vom Schuldner, so macht er gerade dasjenige geltend, was er im Innenverhältnis zu tragen hat. Der Schuldner kann sich gegen die Inanspruchnahme aus der abgetretenen Forderung deshalb jedenfalls mit der Einrede *dolo facit qui petit quod statim redditurus est* verteidigen.[102]

c. Regreß des Eigentümers gegen den Schuldner ohne die gesicherte Forderung

Die Möglichkeit des die Grundschuld ablösenden Eigentümers, gegen den Schuldner mit der gesicherten Forderung Regreß zu nehmen, hängt davon ab, ob ein Abtretungsanspruch im Sicherungsvertrag ausdrücklich bestimmt ist oder sich der Gläubiger nachträglich mit der Abtretung einverstanden erklärt. Fehlt es an einer solchen Vereinbarung, bleibt dem Sicherungsgeber nur noch der Regreß nach Maßgabe des Innenverhältnisses zum Schuldner.[103] Auch dazu werden verallgemeinernde Lösungsansätze vertreten.

aa. Regreß nach §426 BGB ?

Unter Anwendung der „Zweckgemeinschaft"-Lehre[104] wird versucht, einen Regreßanspruch nach der Zweifeldregel des §426 Abs.1 BGB zu konstruieren.[105] Ausgangspunkt ist jedoch die unzutreffende Annahme einer Gleichrangigkeit von Forderung und Grundschuld. Tatsächlich liegt kein „gemeinschaftliches Schulden" einer Leistung vor, stellt vielmehr die Grundschuld lediglich das Haftungsobjekt für die vorrangig zu bedienen-

---

102 Vgl. *Wilhelm*, Sachenrecht, Rn 885.

103 Zu den Regreßmöglichkeiten des Schuldners gegen den Eigentümer siehe *Wagner*, 29ff.

104 Siehe oben B.II.

105 Vgl. *Ritter*, 32; *Clemente*, Sicherungsgrundschuld, 168; *Heck*, 413; *Küchler*, 49ff.

de Forderung dar. Sicherungsgeber und Schuldner sind demnach nicht gleichstufig verpflichtet und somit nicht Gesamtschuldner.[106]

bb. Regreß nach §670 BGB

Naheliegender scheint folgende Betrachtung: Die Bereitstellung der Grundschuld als Sicherungsmittel beinhaltet die Beauftragung des Eigentümers mit der Sicherstellung der Befriedigung des Gläubigers. Aus diesem Auftrag kann der Eigentümer die Ablösungszahlung als Aufwendung gemäß §670 BGB ersetzt verlangen.[107] Jedoch läßt sich auch diese Überlegung nicht zum allgemeinen Prinzip erheben. Maßgeblich bleiben die konkreten Vereinbarungen zwischen den Parteien, die ausdrückliche Erstattungsregelungen vorsehen oder umgekehrt auch eine den Regreß ausschließende Verpflichtung des Eigentümers vorsehen können, die Vermögensbelastung im Innenverhältnis zu tragen.

6. Zusammenfassung

Löst der mit dem Schuldner identische Sicherungsgeber die Grundschuld ab, so erlischt die Forderung wegen der im Sicherungsvertrag enthaltenen Erfüllungsabrede. Bei Personenverschiedenheit von Schuldner und Sicherungsgeber bleibt die Forderung hingegen bestehen, und zwar in der Hand des Sicherungsnehmers. Ein automatischer Forderungsübergang, wie ihn §1143 BGB für die Hypothek vorschreibt, findet nicht statt, und auch ein vertragsimmanenter Abtretungsanspruch besteht nicht. Vielmehr muß die Abtretung der gesicherten Forderung im Falle der Ablösung durch den Eigentümer ausdrücklich im Sicherungsvertrag vereinbart sein.

Die Forderung kann demnach bei Ablösung der Grundschuld bestehenbleiben, wodurch der Gläubiger eine „Verdoppelung" seiner Rechtsposition erfährt, solange die Forderung nicht abgetreten ist. Eine systematisch befriedigende und zugleich gerechte Lösung dieses Problems, die den vollständigen Rechtsverlust des Gläubigers bei Befriedigung seines Kapitalinteresses auch bei Verschiedenheit von Sicherungsgeber und Schuldner zum Inhalt haben müßte, gibt es nicht.

---

106 Siehe oben B.III.1.

107 Vgl. *Huber,* Sicherungsgrundschuld, 116; *Bülow*, Rn 182f.

D. Schutz durch Veräußerungsverbot ?

Eine weitere Möglichkeit, die doppelte Inanspruchnahme auszuschließen, wird in einem Veräußerungsverbot für die Grundschuld gesehen. Ein solches könnte auch durchaus im Interesse beider Parteien liegen, zumal – jedenfalls bei einem Kreditinstitut als Sicherungsnehmer – die Weitergabe der Grundschuld in der Regel nicht bezweckt ist.[108] Jedoch vermag ein Veräußerungsverbot den Sicherungsgeber nicht vor böswilligen Verfügungen des Sicherungsnehmers zu schützen.

Das Veräußerungsverbot enthielte eine Verpflichtung des Sicherungsnehmers, über die Grundschuld nicht zu verfügen und unterfiele damit der Unwirksamkeitsfolge des §137 BGB. Das Veräußerungsverbot könnte also dem Erwerb eines Dritten nicht entgegenstehen.[109]

---

108 Vgl. *Huber*, FS *Serick*, 195, 215. Gleichwohl würde ein Veräußerungsverbot zur Beseitigung der Verkehrsfähigkeit der Grundschuld führen und wäre damit zweifelhaft, vgl. *Friedrich*, NJW 1968, 1655, 1656.

109 Vgl. *Münstermann*, 37; *Werneburg*, MHB 1918, 99, 100. Die Auffassung, ein Veräußerungsverbot könnte gegenüber Dritten wirksam als Verfügungsbeschränkung in das Grundbuch eingetragen werden gemäß §§877, 873 BGB (so *Clemente*, Sicherungsgrundschuld, 37; *Baur/Stürner*, §45 Rn 59 und *Reithmann*, NJW 1977, 661, 663), ist dagegen nicht haltbar, weil das Verbot des §137 BGB damit umgangen würde.

8. Kapitel: Lösungsansätze über Einreden gegen die Grundschuld

Die Gefahr der doppelten Inanspruchnahme ist bei der Sicherungsgrundschuld der Rechtsfigur immanent und mit an die Hypothek angelehnten Mechanismen nicht auszuschließen. Ein anderer Weg, dem Sicherungsgeber Schutz vor doppelter Inanspruchnahme zu gewähren, besteht im Erhalt seiner aus dem Sicherungsvertrag herrührenden Einreden gegen den Anspruch aus §1147 BGB auch gegenüber einem Erwerber der Grundschuld. Im Mittelpunkt entsprechender Überlegungen steht die Vorschrift des §1157 BGB, die den Erhalt von Einreden gegen das dingliche Recht anordnet.

Die Frage der Reichweite des §1157 BGB für die Grundschuld wird intensiv diskutiert. Viele Ansätze erweisen sich jedoch als zweifelhaft, weil sie versuchen, die Nichtanwendbarkeit von akzessorietätsbedingten Hypothekenvorschriften – insbesondere §1137 BGB – durch einen möglichst weit gefaßten Einredebegriff zu kompensieren. Die gefundenen Ergebnisse mögen dem Gerechtigkeitsgefühl entsprechen, weil die doppelte Inanspruchnahme aus Forderung und Grundschuld weitgehend ausgeschlossen wird. Indessen lassen sich diese Ergebnisse dem Gesetz nur mit größter Mühe entnehmen – und schließlich muß auch das Gerechtigkeitsargument in Frage gestellt werden, denn ein weitreichender Einredeerhalt des Eigentümers geht stets zu Lasten des Erwerbers der Grundschuld.

A. Die „besondere Bedeutung" des §1157 BGB für die Grundschuld

§1157 BGB ist eine Vorschrift aus dem Hypothekenrecht. Die Anwendbarkeit der Vorschrift auf die Grundschuld über die Verweisung des §1192 BGB ist jedoch nicht zu bezweifeln. Maßgeblich für die Anwendung des §1157 BGB bei der Hypothek sind ausschließlich Einreden, die aus dem persönlichen Verhältnis zwischen Eigentümer und Hypothekar herrühren und nicht aus der gesicherten Forderung oder dem ihr zugrunde liegenden Rechtsverhältnis.[1] Die Vorschrift regelt mithin eine von

---

1 Vgl. *Huber*, Sicherungsgrundschuld, 136; *Petri*, 181.

von der Forderung unabhängige Rechtsfolge für die Hypothek, so daß sie auf die Grundschuld anwendbar ist.[2]

I. Gesetzgebungsverfahren

Schon im Gesetzgebungsverfahren war klar, daß §1157 BGB auf die Grundschuld anzuwenden ist, der Vorschrift dabei sogar eine „besondere Bedeutung" für die Grundschuld zukommen werde.[3] Dieser Hinweis betrifft in erster Linie die Sicherungsgrundschuld, die der Gesetzgeber als typischen Verwendungsfall der Grundschuld vor Augen hatte.[4]

Die „besondere Bedeutung" des §1157 liegt darin, daß die Grundschuld als dingliches Recht weder vom Entstehen noch vom Erlöschen der gesicherten Forderung abhängt, während sich beides auf die Hypothek als bestandsvernichtende Einwendung darstellt, die weder unter §1137 BGB noch unter §1157 BGB fällt, sondern die Wirkung des §1163 Abs.1 BGB auslöst. Wo bei der Hypothek §1163 Abs.1 BGB eingreift, kommt es bei der Sicherungsgrundschuld zur Anwendung des §1157 BGB. Trotz der Forderungsunabhängigkeit der Grundschuld wird sie durch die Nichtexistenz der Forderung mit über das relative Verhältnis der Parteien des Sicherungsvertrags hinausgehender Wirkung beeinflußt.

Eine maßgebende Überlegung des Gesetzgebers für die Einfügung des §1157 BGB bestand darin, daß man den Schutz des Eigentümers des mit einer Grundschuld belasteten Grundstücks vor treuwidrigen Verfügungen des Sicherungsnehmers allein durch die *exceptio doli* (§826 BGB) nicht für ausreichend hielt, wie noch die 1. Kommission in Anlehnung an das Wechselrecht angenommen hatte.[5] Dem Eigentümer sollte nicht mehr der Nachweis des kollusiven Zusammenwirkens von altem und neuem Grundschuldgläubiger obliegen. Die bloße Kenntnis vom Bestehen einer Einrede gegen die Verwertung der Grundschuld sollte den einredefreien Erwerb verhindern.[6]

---

2 Vgl. Motive, Bd. 3, 785f.; RGZ 91, 218, 224; *Zenker*, 25; *Ritter*, 23; *Petri*, 182; *Werneburg*, MHB 1918, 99, 104; einschränkend *Buchholz*, AcP 187 (1987), 107, 123ff.

3 Denkschrift zur Reichstagsvorlage, bei *Mugdan*, Bd. 3, 986.

4 Siehe oben 1. Kapitel C.III.2.

5 Vgl. Protokolle, Bd. 3, 580.

6 Vgl. *Huber*, FS *Serick*, 195, 200.

II. Der Unterschied zur Hypothek

Bei der Hypothek ist die Bedeutung des §1157 BGB geringer als bei der Grundschuld, weil zusätzlich §1137 BGB als Vorschrift über den Erhalt von Einreden zur Verfügung steht. Der Eigentümer hat die Möglichkeit, dem Hypothekar auch die gegen die Forderung bestehenden Einreden entgegenzuhalten. Diese Einreden bleiben dem Eigentümer auch gegenüber einem Erwerber der Hypothek erhalten, und zwar über §404 BGB.

1. Einredeerhalt gemäß §§404, 1137 BGB

Werden Forderung und (ihr gemäß §1153 Abs.1 BGB nachfolgend) Hypothek übertragen, so bleiben dem Schuldner seine Einreden gegen die Forderung gemäß §404 BGB auch gegenüber dem Zessionar erhalten, werden mit dem Übergang der Forderung zu forderungsbezogenen Einreden gegen den Zessionar. Der Eigentümer kann sie folglich gemäß §1137 BGB nunmehr auch dem Zessionar als die Durchsetzung des Anspruchs aus der Hypothek (§1147 BGB) hindernde Einreden entgegenhalten, wenn nicht nach §1138 BGB die Hypothek gutgläubig einredefrei erworben wurde.

2. Zweigliedrigkeit der Einreden des Eigentümers

Dem Eigentümer stehen also zwei Arten von Einreden zur Verfügung. Zum ersten diejenigen des Schuldners gegen die Forderung, die er als eigene Einreden gegen die Hypothek geltend machen kann, zum zweiten diejenigen, die aus seinem eigenen Rechtsverhältnis mit dem Hypothekar herrühren. Für beide „Einredearten“ sieht das Gesetz die Möglichkeit des Einredeerhalts gegenüber einem Erwerber vor; in §1157 BGB kraft ausdrücklicher Anordnung, für die Einreden nach §1137 BGB über die Vorschrift des §404 BGB, die die Einreden dem Schuldner erhält. Für beide „Einredearten“ besteht allerdings auch die Möglichkeit des Einredeverlusts durch gutgläubig einredefreien Erwerb (§§1157 S.2, 1138 BGB).

Direkte Einreden des Eigentümers gegen den Hypothekar, die von §1157 BGB erfaßt werden, werden in der Regel auf Vereinbarungen zwischen Eigentümer und Hypothekar beruhen. So kann zum Beispiel nicht nur eine Stundung der gesicherten Forderung zwischen Gläubiger und Schuldner vereinbart werden – auf die sich der Eigentümer gemäß §1137 BGB gleichfalls berufen könnte – sondern es kann auch die Hypothek gestundet werden. Eine solche Stundung kann der Eigentümer dem

Hypothekar direkt, also ohne den „Umweg“ über §1137 BGB entgegenhalten.[7]

3. Keine Anwendung des §1137 BGB auf die Grundschuld

Auf die Grundschuld ist §1137 BGB nicht anwendbar. Die Möglichkeit der Geltendmachung von Einreden, die der Schuldner gegen die Forderung hat, als Einreden des Eigentümers gegen das Grundpfandrecht setzt die Abhängigkeit der beiden Rechte voraus und ist damit Ausdruck der Akzessorietät der Hypothek.[8] Für die Grundschuld, deren Existenz gemäß §1192 BGB gerade nicht vom Bestand einer Forderung abhängt, scheidet eine Einredenerstreckung daher aus.[9]

Damit ist §1157 BGB die einzige Vorschrift, die eine Regelung für den Erhalt von Einreden gegen die Grundschuld vorsieht, was die „besondere Bedeutung“ der Vorschrift für die Grundschuld einmal mehr unterstreicht.

B. Grundsätzliche Fragen zur Anwendung des §1157 BGB

Der Anwendungsbereich des §1157 BGB läßt sich in den Grundzügen leicht umreißen: Dem Eigentümer bleiben seine Rechte, der Inanspruchnahme aus der Grundschuld gemäß §1147 BGB zu widersprechen, gegenüber dem Erwerber der Grundschuld erhalten.

Was daraus im einzelnen zu folgern ist, wird freilich unterschiedlich beurteilt. So wird vertreten, §1157 BGB sei überflüssig, weil sich die Rechts-

---

7 Vgl. *Selb* in *Staudinger*, 12. Auflage, §271 Rn 6; *Jahr*, JuS 1964, 293, 296.

8 Vgl. *Haas*, 49; *Reinicke/Tiedtke*, Kreditsicherung, 4. Auflage, Rn 999; *Werneburg*, MHB 1918, 99, 102; *Wilhelm*, Sachenrecht, Rn 401; *Eickmann* im MüKo, 3. Auflage, §1191 Rn 44; *ders.* in *Westermann*, 7. Auflage, 815; *Weirich*, JuS 1980, 188, 190; *Kowalski*, Grundschuld, 37; *K. Bähr*, 23; *Pottschmidt/Rohr*, Rn 985; unklar bei *Ritter*, 23 und *Quentin*, 24.

9 Anderer Ansicht ist nur *Komanns*, 41f., der §1137 BGB für anwendbar hält, da diese Vorschrift Ausdruck des Prinzips sei, daß der Gläubiger, der wegen einer Forderung Befriedigung suche, sich die Einreden gegen diese Forderung in jedem Fall entgegenhalten lassen muß. Damit widerspricht *Komanns* sich jedoch selbst: Zuvor hat er bereits festgestellt, daß die Verknüpfung von Forderung und Grundschuld rein schuldrechtlicher Natur sei und eine gegenseitige Beeeinflussung deshalb ausscheide (20). Die Rechtsverhältnisse der Forderung können also auch nach seiner Auffassung keine Auswirkung auf die Grundschuld haben.

folge des Einredeerhalts bereits aus §404 BGB ergebe.[10] Die durch den Einredeerhalt bewirkte Verdinglichung schuldrechtlicher Vereinbarungen wird auf der einen Seite als Verstoß gegen den Typenzwang des Sachenrechts kritisiert,[11] auf der anderen Seite sollen nur „dingliche Einreden" erhaltungsfähig sein.[12]

I. Anwendungsbereiche der §§1157 und 404 BGB

Wegen des in §1157 BGB geregelten Einredeerhalts wird die Norm häufig als Parallelvorschrift zu §404 BGB angesehen. Die Zession solle grundsätzlich nicht zum Einwendungsabschnitt auf der Schuldnerseite führen, ebensowenig sollten dem Eigentümer seine Einwendungen gegen die Hypothek abgeschnitten werden.[13]

1. Bloße Klarstellungsfunktion des §1157 BGB ?

Bei zutreffender Betrachtung läßt sich §1157 BGB nicht auf eine Klarstellungsfunktion reduzieren; die Vorschrift ist auch keineswegs wegen der Existenz des §404 BGB überflüssig. Zwar richten sich die Einreden, die gemäß §1157 BGB erhalten bleiben, gegen einen Anspruch, nämlich denjenigen aus §1147 BGB. Jedoch darf nicht übersehen werden, daß dieser Anspruch weder eine Forderung darstellt noch einen sonstigen schuldrechtlichen Anspruch, sondern vielmehr Inhalt und Ausfluß des Grundpfandrechts, des dinglichen Rechts am Grundstück ist.[14]

Der Anspruch kann auch nicht abgetreten werden, sondern nur als Bestandteil des dinglichen Rechts übergehen, wenn das Grundpfandrecht übertragen wird. Demnach ist für die Anwendung des §404 BGB kein Raum.

---

10 Vgl. *Kramer*, 56; *Derleder*, JuS 1971, 90, 94.

11 So *Zenker*, 32, 39ff; *Petri*, 189.

12 So vor allem *E. Wolf*, 527.

13 Vgl. *Petri*, 185.

14 Vgl. *Huber*, FS *Serick*, 195, 211; *Haas*, 123; *Zenker*, 22ff.; *Baden*, JuS 1977, 75, 76 und schon *Weisbecker*, 35.

2. Parallelnormen §§404 und 1157 BGB ?

Auch die Wertung des §1157 BGB als „Parallelnorm“ zu §404 BGB ist ungenau. §1157 BGB ordnet nicht wie §404 BGB die Fortgeltung von Einreden gegen einen schuldrechtlichen Anspruch, sondern gegen das dingliche Verwertungsrecht aus der Grundschuld an, der Bestandteil des dinglichen Rechts und nicht wie die Forderung ein selbständiges Recht ist.[15]

Eine Parallelvorschrift zu §1157 BGB gibt es demnach eher in §986 Abs.2 BGB. [16] Nach der dort getroffenen Regelung bleibt dem Besitzer ein schuldrechtliches Besitzrecht gegenüber dem Erwerber erhalten, und zwar gegen den Anspruch des Eigentümers aus §985 BGB, der ebenfalls kein selbständiger Anspruch, sondern Inhalt und Ausfluß des dinglichen Rechts Eigentum ist.

II. Beschränkung auf „dingliche Einreden“ ?

Die Vorschrift des §1157 BGB wird von einigen so verstanden, daß sich dem Anspruch aus §1147 BGB nur solche Einreden entgegenhalten ließen, die in das Grundbuch eingetragen seien und sich demnach als „dingliche Einreden“ darstellten.[17] Als Begründung für diese Meinung wird angeführt, schuldrechtliche Vereinbarungen könnten sich niemals gegen ein dingliches Recht richten, dem dinglichen Recht könne vielmehr nur ein anderes dingliches Recht entgegengehalten werden. Für die Entstehung eines dinglichen Gegenrechts sei die Eintragung in das Grundbuch konstitutiv.[18]

1. Keine konstitutive Wirkung der Grundbucheintragung

Diese Auffassung wird jedoch bereits durch die Vorschrift des §1157 S.2 BGB widerlegt, die den gutgläubig einredefreien Erwerb des Grundpfandrechts und damit den Wegfall von Einreden ermöglicht, wenn sie nicht in das Grundbuch eingetragen sind.[19] Wenn demnach eine nicht in das Grundbuch eingetragene Einrede gegen das dingliche Recht wegfallen kann, muß sie zuvor bestanden haben, und zwar ohne Konstituie-

---

15 Vgl. *Haas*, 123; *Huber*, FS *Serick*, 195, 210; *Weisbecker*, 35.

16 Darauf weist auch *Huber*, FS *Serick*, 195, 211 zutreffend hin.

17 So *E. Wolf*, 527; vgl. auch OLG Köln OLGZ 1969, 419, 423; im Grundsatz zustimmend auch *Tiedtke*, Jura 1980, 407, 418.

18 Vgl. *E. Wolf*, 527.

19 Vgl. *Huber*, FS *Serick*, 195, 204.

rung durch eine Grundbucheintragung, denn die Nichteintragung ermöglicht erst ihren Wegfall. Die Eintragung in das Grundbuch kann demnach nicht konstitutiv sein für eine gemäß §1157 BGB relevante Einrede gegen die Hypothek oder die Grundschuld.[20]

2. Einreden als Ausübungsbeschränkungen für das dingliche Recht

Tatsächlich ist dann auch schon die zur Annahme der Relevanz ausschließlich „dinglicher Einreden“ führende Grundüberlegung nicht überzeugend, es müsse die Hypothek oder Grundschuld als dingliches Recht betrachtet werden. Dabei wird übersehen, daß sich die von §1157 BGB erfaßten Einreden gar nicht gegen das dingliche Recht als ganzes wenden, sondern nur gegen seine Ausübung. §1157 BGB ordnet ausdrücklich den Erhalt von *Einreden* an, also von Rechten auf Verweigerung einer anspruchsgemäßen Leistung.

Einreden können nicht einem dinglichen Recht, sondern nur einem Anspruch entgegengehalten werden.[21] Die in §1157 BGB erwähnten Einreden richten sich also nicht gegen „die Hypothek“, sondern gegen den Anspruch aus §1147 BGB. Sie berühren demnach nicht den Bestand, sondern nur die Ausübung des dinglichen Rechts.[22]

III. Verstoß gegen den Typenzwang durch Anwendung des §1157 BGB ?

Dem Anspruch auf Duldung der Zwangsvollstreckung aus §1147 BGB können gemäß §1157 BGB auch nach Übertragung des Grundpfandrechts Einreden entgegengesetzt werden, die ihren Ursprung in schuldrechtlichen Abreden zwischen dem Eigentümer und dem Veräußerer haben, an denen also der Erwerber nicht beteiligt ist.

Das wird zum Teil als problematisch angesehen mit der Begründung, darin sei eine dem Typenzwang des Sachenrechts zuwiderlaufende Inhaltsänderung des dinglichen Rechts zu erblicken.[23] Die auf einer obligatorischen Vereinbarung beruhende Einrede hafte dem Grundpfandrecht

---

20 Vgl. *Buchholz* AcP 187 (1987), 107, 128; *Haas*, 153; *Eickmann* im MüKo, 3 Auflage, §1191 Rn 71; *Lopau* Jus 1972, 502, 504 und 1976, 553, 555 (Fußnote 17).

21 Vgl. *Jahr*, JuS 1964, 125, 127.

22 Vgl. *Eickmann* im MüKo, 3. Auflage, §1157 Rn 7; *Canaris*, FS *Flume*, 371; *Haas*, 57.

23 Vgl. *Zenker*, 32, 39ff; *Petri*, 189.

als Belastung an und beschränke seinen Inhalt bei rechtsgeschäftlicher Übertragung aus Sicht des Erwerbers von vornherein.[24]

1. Inhaltsänderung des Grundpfandrechts durch Einredeerhalt ?

Dem ist entgegenzuhalten, daß eine „Inhaltsänderung“ des dinglichen Rechts durch die Einreden nicht bewirkt wird. Zwar schränken von §1157 BGB erfaßte Einreden die Ausübung des aus der Hypothek oder der Grundschuld herrührenden Verwertungsrechts ein. Diese Auswirkung betrifft jedoch nur einseitig die Gläubigerseite; das dingliche Verwertungsrecht als solches bleibt dabei in vollem Umfang erhalten.[25] Die Einrede betrifft eben nur den Anspruch auf Duldung der Zwangsvollstreckung *aus* der Hypothek oder der Grundschuld, nicht aber das Grundpfandrecht in seinem Bestand.[26]

a. Relevanz schuldrechtlicher Regelungen für dingliche Rechte

Die mit der Einrede gegen den Anspruch aus §1147 BGB einhergehende Ausübungsbeschränkung für das dingliche Recht ist weder ungewöhnlich noch in systematischer Hinsicht bedenklich. Im Gegenteil: Die Möglichkeit der Ausübungsbeschränkung ist Wesensmerkmal der dinglichen Rechte. Bestünde sie nicht, würde die praktische Brauchbarkeit dinglicher Rechte sogar eingeschränkt.[27]

Daß grundsätzlich die Einschränkung der Ausübung eines dinglichen Rechts durch eine schuldrechtliche Vereinbarung möglich ist, zeigt deutlich die Vorschrift des §986 Abs.1 BGB: Auch ein schuldrechtliches Besitzrecht kann dem Herausgabeverlangen des Eigentümers entgegengehalten werden.[28] Die Ausübung dinglicher Rechte kann also Gegenstand schuldrechtlicher Vereinbarungen sein.[29] Das ist sachgerecht, denn bestünde diese Möglichkeit nicht, wären dingliche Rechte immer nur im

---

24 Vgl. *Friedrich*, NJW 1968, 1655, 1657.

25 Vgl. *Lopau*, JuS 1972, 502, 504; *Canaris*, FS *Flume*, 371, 376; *Haas*, 153f.; *Wilhelm*, Sachenrecht, Rn 823.

26 Vgl. *Eickmann* im MüKo, 3. Auflage, §1157 Rn 7; *Canaris*, FS *Flume*, 371, 376f.; *Haas*, 57.

27 Darauf weist auch *Friedrich*, NJW 1968, 1655, 1658, zutreffend hin.

28 Vgl. *Haas*, 42ff; *Huber*, FS *Serick*, 195, 211.

29 Vgl. *Lopau*, JuS 1972, 502, 504; *Haas*, 153f.

vollen Umfang durchsetzbar,[30] was für die mit dem Recht Belasteten unerträglich wäre.

Eine solche Ausübung dinglicher Rechte „ganz oder gar nicht" liefe aber nicht nur den Interessen derer zuwider, gegen die sich die Ausübung richtet, sondern auch den Interessen der Rechtsinhaber. Die Unbeschränkbarkeit der Ausübung dinglicher Rechte würde ihren Inhalt verkürzen. Wenn dingliche Rechte ihren Inhabern die Befugnis gewähren sollen, im Rahmen der ihnen eingeräumten Rechtsposition nach Belieben mit der Sache zu verfahren, dann muß dazu auch gehören, sich gegenüber bestimmten Personen in der Ausübung beschränken zu können.

So muß der Eigentümer, um sein Recht auf kapitalmäßige Verwertung des Grundstücks dahingehend ausüben zu können, daß er das Grundstück vermietet, gegenüber dem Mieter auf sein gleichfalls dem Eigentum innewohnendes Recht auf den unmittelbaren Besitz verzichten, weil der Mieter andernfalls kein Interesse an der Anmietung hätte. Nähme man dem Eigentümer die Möglichkeit einer solchen Vereinbarung, käme das einer Einschränkung seines Eigentums gleich. Es ist also geradezu ein typisches Merkmal dinglicher Rechte, daß ihre Ausübung durch Vereinbarungen des Berechtigtem mit dem Verpflichteten geregelt werden kann.

b. Inhaltsänderung nur gemäß §877 BGB

Daß mit der schuldrechtlichen Beschränkung der Ausübung eines dinglichen Rechts in keinem Fall eine Inhaltsänderung einhergeht, belegt schließlich die eindeutige und abschließende Regelung des §877 BGB, nach der eine Änderung des dinglichen Inhalts stets ein Rechtsgeschäft erfordert, das den Voraussetzungen des §873 BGB genügt.

Das Gesetz unterscheidet also zwischen Vereinbarungen, die das dingliche Recht verändern einerseits und Einreden „gegen das dingliche Recht" – genauer: gegen die aus dem Recht herrührenden Ansprüche – andererseits, geht mithin davon aus, daß über die Ausübung des dinglichen Rechts Vereinbarungen getroffen werden können, die den Inhalt des Rechts nicht verändern.

2. Ergebnis

Zu den nicht inhaltsändernden Vereinbarungen zählt auch die vertragliche Begründung einer Einrede im Sinne des §1157 BGB. Sie genügt

---

30 Vgl. *Wilhelm*, JZ 1980, 625, 628; *Friedrich*, NJW 1968, 1655, 1658.

nicht den Anforderungen des §877 BGB, kann vielmehr durch eine neue Vereinbarung auch formlos wieder beseitigt werden.[31] Die schuldrechtlich begründete Einrede führt demnach nicht zu einer Änderung des Inhalts des dinglichen Rechts.[32]

IV. Sukzession auf der Eigentümerseite

Durch den Einredeerhalt gemäß §1157 S. 1 BGB kommt es zu einer Verdinglichung der – in der Regel – aus einer Vereinbarung zwischen Eigentümer und Gläubiger herrührenden Einrede, die dem Grundpfandrecht bei Übertragung an einen Dritten sozusagen anhaftet. Allerdings schafft §1157 BGB die dingliche Wirkung nur auf der Seite des Hypothekars oder Grundschuldgläubigers, indem bei einem Personenwechsel auch der Erwerber an die Vereinbarung gebunden ist.

Nicht ausdrücklich geregelt ist hingegen die Frage, wie sich ein Personenwechsel auf der Eigentümerseite – unter Übernahme des Grundpfandrechts – auswirkt. *Eickmann* ist der Auffassung, daß die von §1157 BGB erfaßten Einreden in der Regel auf den neuen Eigentümer übergingen, auch wenn sie ihm bei der Eigentumsübertragung nicht ausdrücklich abgetreten würden.[33]

1. Verdinglichung schuldrechtlicher Vereinbarungen

Zur Begründung der Einredenübertragung auf den neuen Eigentümer führt *Eickmann* an, die Vorschrift des §1157 BGB eröffne die Möglichkeit, schuldrechtliche Vereinbarungen dergestalt mit einem dinglichen Recht zu verknüpfen, daß die Vereinbarungen dem dinglichen Recht vollständig anhafteten und dadurch auch außerhalb der zugrundeliegenden schuldrechtlichen Beziehung Wirkung entfalteten. Diese dingliche Wirkung der schuldrechtlichen Vereinbarungen müsse zugunsten eines neuen Eigentümers ebenfalls gelten. Sei der Hypothekar / Grundschuldgläubiger demnach in der Ausübung seines Rechts beschränkt, dürfe ihm nicht der Wechsel des Eigentümers dergestalt zugute kommen, daß ihm nunmehr ein unbeschränktes Recht zur Verfügung stehe.[34]

---

31 Darauf weist *Haas*, 56, zutreffend hin.

32 Zu diesem Ergebnis kommt letztlich auch *Zenker*, allerdings indem er den Typenzwang als so „elastisch" einstuft, daß eine solche Inhaltsänderung noch hinnehmbar sei (101, 103).

33 Im MüKo, 3. Auflage, §1157 Rn 5 und in *Westermann*, 7. Auflage, 728.

34 Vgl. *Eickmann* im MüKo, 3. Auflage, §1157 Rn 5.

Etwas anderes gelte nur, wenn die Einrede auf einen persönlichen Anspruch des Eigentümers zurückgehe. Dann sei die Verknüpfung mit der Person des konkreten Eigentümers zu eng, als daß ein automatischer Übergang auf den neuen Eigentümer denkbar wäre. Für den Übergang eines solchen Anspruchs bedürfe es immer der Abtretung.[35]

2. Ausnahmecharakter des §1157 BGB

Die Auffassung, §1157 BGB gewähre auch dem neuen Eigentümer den Erhalt von Einreden, zieht den Wirkungskreis der Verdinglichung der Einreden zu weit. Zuzugeben ist zwar, daß §1157 BGB eine Verdinglichung schuldrechtlicher Vereinbarungen bewirkt. Damit stellt §1157 jedoch eine Ausnahmeregelung dar, die eng auszulegen ist mit der Folge, daß mangels ausdrücklicher Anordnung des Einredeübergangs auf den Eigentumserwerber ein solcher Übergang auch abzulehnen ist.

a. Durchbrechung der Relativität des Schuldverhältnisses

Die gegenüber dem Eigentümer bestehende Ausübungsbeschränkung des Anspruchs aus §1147 BGB soll der Gläubiger nicht durch Übertragung auf einen Dritten aushebeln können. Eine schuldrechtliche Vereinbarung des Eigentümers mit dem Gläubiger wirkt also zum Schutze des Eigentümers auch gegen den Erwerber und entfaltet damit auf der Gläubigerseite dingliche Wirkung.[36] Weil die Einrede auf eine schuldrechtliche Vereinbarung zwischen Eigentümer und Gläubiger des Grundpfandrechts zurückgehen kann, liegt eine Durchbrechung des Prinzips der Relativität der Schuldverhältnisse vor. Der Einredeerhalt nach §1157 S.1 BGB ist folglich systemwidrig und deshalb als nicht zur allgemeinen Regel erhebbare Ausnahme einzustufen.

Der Ausnahmecharakter der Verdinglichung zwingt dazu, die dingliche Wirkung schuldrechtlicher Vereinbarungen nur in den vom Gesetz ausdrücklich angeordneten Sonderfällen zuzulassen. Bei §1157 BGB betrifft die Verdinglichung nur die Gläubiger-, nicht aber die Eigentümerseite. Der Eigentümer als Partei der Vereinbarung soll vor dem Verlust der Gegenrechte durch einen von ihm nicht beeinflußbaren Gläubigerwechsel geschützt werden. Sein Recht aus der Vereinbarung hängt aber gleichfalls an seiner Person.

---

35 Vgl. *Eickmann* im MüKo, 3. Auflage, §1157 Rn 5; *ders.* in *Westermann*, 7. Auflage, 728.

36 Vgl. *Wilhelm*, Sachenrecht, Rn 824; *K. Bähr*, 25f.

b. Keine Anordnung der Verdinglichung auf der Eigentümerseite

Ein Übergang auf einen Eigentumserwerber ist hingegen im Gesetz nicht angeordnet worden und schon deshalb abzulehnen. Der Eigentumserwerber ist aber auch nicht schutzwürdig, denn es steht ihm frei, auf den Eigentumserwerb zu verzichten. Anders als bei einem Gläubigerwechsel, der gemäß §§398, 1154, 1153 BGB ohne das Zutun des mit dem Grundpfandrecht belasteten Eigentümers von Statten geht, wirkt der mit dem dinglichen Verwertungsrecht Belastete beim Eigentumserwerb und somit der Ausgestaltung seiner Belastung mit.[37]

Soll bei Übertragung des Eigentums an einem Grundstück auch ein Übergang der Einreden gegen den Anspruch aus §1147 BGB stattfinden, bedarf es daher der Abtretung durch den Veräußerer.[38] Sind die Einreden in das Grundbuch eingetragen, so wird das Grundbuch ohne eine solche Abtretung unrichtig, weil der Eigentümer nicht mehr Inhaber der Einreden ist, und der Hypothekar/Grundschuldgläubiger kann ihre Löschung verlangen gemäß §894 BGB.[39]

3. Zusammenfassung

Wird das Eigentum an einem mit durch ein Grundpfandrecht belasteten Grundstück übertragen, so bewirkt §1157 BGB keinen automatischen Übergang der Einreden des bisherigen Eigentümers auf den neuen Eigentümer. Für den Übergang bedarf es vielmehr der Abtretung.

V. Gutgläubig einredefreier Erwerb

Die Besonderheit der Regelung des §1157 BGB (insbesondere gegenüber §404 BGB) besteht in ihrem Satz 2. Anders als für die Forderung ist die Möglichkeit des gutgläubig einredefreien Erwerbs eröffnet, so daß die Zession letztlich doch zum Einwendungsabschnitt beim Eigentümer führen kann, wenn die Einrede nicht in das Grundbuch eingetragen ist.

---

37 Im Ergebnis so auch KG JW 1931, 3284; *Weber*, Kreditsicherheiten, 196; *Eccius*, Gruchot 51, 163; *Brebeck*, 45f.; *K. Bähr*, 25f.

38 Vgl. *Weber*, Kreditsicherheiten, 222; *Eccius*, Gruchot 51, 163; *Müller*, Rn 2096a.

39 Der Berichtigungsanspruch ist sorgfältig zu prüfen: Wird bei der Eigentumsübertragung ein Grundpfandrecht durch den Erwerber übernommen, so liegt darin eine konkludente Abtretung der Gegenrechte, vgl. BGH NJW 1991, 1821.

1. Schlechterstellung des Eigentümers

Der Eigentümer des mit einem Grundpfandrecht belasteten Grundstücks steht damit schlechter als der persönliche Schuldner der Forderung, dessen Einreden nicht durch gutgläubig einredefreien Erwerb gegenüber dem Zessionar erlöschen können. Hier zeigt sich der Tribut des Gesetzes an das wirtschaftlich im Vordergrund stehende Grundpfandrecht und die damit verbundene Notwendigkeit der Verläßlichkeit des Grundbuchs.[40]

Der damit dem Verkehrsschutz eingeräumte Vorrang vor dem Bestandsschutz für den Eigentümer wird bei der Hypothek noch ergänzt durch §1138 BGB. Während nach §1157 S.2 BGB der Eigentümer „nur“ seine eigenen Einreden gegen den Zedenten wegen des gutgläubig einredefreien Erwerbs einbüßt, kann der Zessionar gemäß §1138 BGB auch hinsichtlich der übergeleiteten Einreden des Schuldners gegen die Forderung gutgläubig einredefrei erwerben. Dem Schuldner bleiben die Einreden erhalten (§404 BGB), der Eigentümer hingegen verliert die Möglichkeit, sie der Inanspruchnahme aus der Hypothek entgegenzusetzen.

Gegenüber dem gutgläubigen Erwerber bleiben dem Eigentümer demnach nur die Einreden gegen die Forderung erhalten, die im Grundbuch eingetragen sind.[41]

2. Eintragbarkeit der Einreden

Um dem Eigentümer überhaupt eine Möglichkeit des Bestandsschutzes bei Übertragung des Grundpfandrechts zu geben, müssen demnach alle Einreden gegen den Anspruch aus §1147 BGB, bei der Hypothek auch alle Einreden gegen die Forderung in das Grundbuch eintragbar sein.[42] Wenn nämlich dem Erwerber die Möglichkeit des gutgläubig einredefreien Erwerbs im Vertrauen auf das Grundbuch zugestanden wird, muß dem Eigentümer im Umkehrschluß die Möglichkeit eröffnet sein, den Vertrauensschutz durch eine entsprechende Grundbucheintragung zu beseitigen. Sonst gäbe es Einreden, die für den Eigentümer wertlos wä-

---

40 Vgl. *Zenker*, 27; *Bülow*, Rn 240; *Ripfel*, DFG 1938, 185, 188 sieht damit der Benachteiligung des Schuldners „Tür und Tor geöffnet“.

41 Mißverständlich *Seggelke*, 79, der meint, wegen des Nichteinschlusses des §891 BGB in die Verweisung müsse der Eigentümer auch die eingetragene Einrede beweisen.

42 Vgl. *Baur/Stürner*, §45 Rn 35; *Wilhelm*, Sachenrecht, Rn 902; *Coester-Waltjen*, Jura 1991, 186, 189; *Eickmann* in *Westermann*, 241; *Weber*, Kreditsicherheiten, 257f.

ren, weil er sie bei Übertragung des Grundpfandrechts mit hoher Wahrscheinlichkeit verlöre.[43]

C. Die von §1157 BGB erfaßten Einreden

Die Besonderheit bei der Sicherungsgrundschuld besteht darin, daß sich Einreden gegen die Inanspruchnahme gemäß §§ 1192, 1147 BGB in erster Linie aus dem Sicherungsvertrag ergeben. Soweit im Sicherungsvertrag also Vereinbarungen über die Geltendmachung der Grundschuld getroffen werden, folgen daraus Einreden gegen den Anspruch aus §1147 BGB.[44] Für den Schutz des Eigentümers vor unberechtigter Inanspruchnahme ist demnach entscheidend, in welchem Umfang Einreden gegen den ursprünglichen Gläubiger der Grundschuld aus dem Sicherungsvertrag maßgebliche Einreden im Sinne des §1157 BGB sind, die einem Erwerber der Grundschuld entgegengehalten werden können.

Die Frage, in welchem Umfang der Sicherungsvertrag dem Sicherungsgeber Einreden im Sinne des §1157 BGB gewährt, ist dabei in den Einzelheiten sehr umstritten. So wird von einigen eine Einrede im Sinne des §1157 BGB angenommen, wenn die Voraussetzungen für einen vertraglichen Rückgewähranspruch vorliegen.[45] Andere wollen den Anwendungsbereich des §1157 BGB weiter fassen und allgemein aus dem Sicherungsvertrag eine „Einrede der Nichterfüllung des Sicherungszwecks" herleiten.[46]

Die Diskussion ist dabei geprägt von der Abwägung zwischen Eigentümer- und Erwerberinteressen,[47] die den Blick für die systematischen

---

43 Vgl. *Eickmann* im MüKo, 3. Auflage, §1157 Rn 15.

44 Vgl. *Huber,* Sicherungsgrundschuld, 124; *Seckelmann*, 135f.; *Baur/Stürner*, §45 Rn 61; *Wilhelm*, JZ 1980, 625, 628; *Lopau*, JuS 1976, 553, 554; *Rimmelspacher*, Kreditsicherungsrecht, Rn 739; *Rheinstein*, JW 1932, 1759.

45 So zum Beispiel *Lamb*, JA 1987, 1, 9; *Rimmelspacher*, Kreditsicherungsrecht, Rn 759; ähnlich BGH NJW 1985, 800, 801.

46 Vor allem *Wilhelm*, JZ 1980, 625, 628; *ders.*, Sachenrecht, Rn 905; aber auch schon *Friedrich*, NJW 1968, 1655, 1657f.; *Derleder*, JuS 1971, 90, 94; *Lopau*, NJW 1972, 2253, 2255.

47 Vgl. *Cordes*, Jura 1990, 594, 596; *Haas*, 199; *Reithmann*, NJW 1973, 879, 882; *Huber*, FS *Serick*, 195, 212. Der – in der 7. Auflage nicht mehr enthaltene – Hinweis von *Eickmann* in *Westermann*, 6. Auflage, 334, der Eigentümer gehe die Grundschuld-typischen Risiken mit der Bestellung freiwillig ein und sei daher nicht schutzwürdig, mag zwar formal zutreffen (vgl. auch *Tiedtke*, Jura 1980, 407, 418), wird jedoch zweifelhaft, wenn man die Kreditbeschaffung als heutzutage notwendiges Interesse einstuft: Wer Kredit auf ein Grundstück als

Grundlagen verstellt.[48] Im folgenden soll der Versuch unternommen werden, diesen Aspekt in den Mittelpunkt der Überlegungen zu stellen.

I. Voraussetzungen für Einreden nach §1157 BGB

§1157 BGB ordnet den Erhalt von Einreden gegen das Grundpfandrecht, genauer gegen den Anspruch auf Duldung der Zwangsvollstreckung aus §1147 BGB an. Für die Reichweite der Vorschrift kommt es demnach maßgeblich darauf an, wann eine Einrede gegen das Verwertungsrecht besteht.

1. Begriff der Einrede

Der Begriff der Einrede ist in §1157 BGB nicht definiert oder auch nur eingegrenzt. Im Zusammenhang mit dem Wortlaut anderer Vorschriften – insbesondere §§273, 320 BGB – ergibt sich jedoch, daß der Gesetzgeber damit das Recht zur Verweigerung der geschuldeten Leistung meint.[49] Eine Einrede besteht demnach, wenn der Sicherungsgeber das Recht hat, die Inanspruchnahme aus der Grundschuld zu verweigern.

Hinsichtlich der Einredewirkungen ist grundsätzlich zu unterscheiden zwischen solchen Einreden einerseits, die ihre Wirkungen erst mit ihrer Geltendmachung entfalten und solchen andererseits, die auch ohne ausdrückliche Geltendmachung *ipso iure* wirken.[50] Für den Einredeerhalt nach §1157 BGB kommt es auf diese Unterscheidung freilich nicht an. Die Vorschrift setzt nicht voraus, daß die Einrede bereits geltend gemacht worden ist, vielmehr muß sie dem Eigentümer nur „zustehen“, die Geltendmachung also jederzeit möglich sein.

Die Einordnung der Einrede als Leistungsverweigerungsrecht, als Befugnis, einem Anspruch zu widersprechen, beinhaltet wie jedes Recht eine Ausübungsoption.[51] Dem Inhaber der Einrede steht es also frei, sie zu erheben oder aber auch von ihrer Geltendmachung Abstand zu nehmen oder gar auf sie zu verzichten. Ob eine Einrede die ihr innewohnen-

---

Sicherheit erhalten will, wird durch die Banken stets auf die Grundschuld verwiesen

48 So zutreffend auch *Haas*, 203.

49 Vgl. *Jahr*, JuS 1964, 125, 127.

50 Vgl. im einzelnen *Jahr*, JuS 1964, 293ff. *Jahr* unterscheidet zwischen „echten“ Einreden, die der Geltendmachung bedürfen, und „unechten“, die *ipso iure* wirken (JuS 1964, 293, 302).

51 Vgl. *Jahr*, JuS 1964, 293.

den Wirkungen als Gegenrecht entfaltet, hängt demnach von der Ausübungsentscheidung des Berechtigten ab. Zwischen dem Bestehen einer Einrede und ihrer Ausübung ist demnach klar zu differenzieren. Die Geltendmachung ist nicht Voraussetzung für die Existenz der Einrede.

2. „Zustehen" der Einrede im Zeitpunkt des Erwerbs

Das „Zustehen" einer Einrede im Sinne des §1157 BGB und damit die Möglichkeit ihres Erhalts gegenüber einem Erwerber erfordert demnach das Vorliegen ihres Entstehungstatbestandes.[52] Das Geltendmachen ist dann allerdings die einzige Voraussetzung der rechtshemmenden Wirkung, die über das Vorliegen des Tatbestandes der Einrede hinausgeht.

Das tatbestandliche Vorliegen der Einrede ist damit ausreichend für ihren Erhalt nach §1157 BGB. Zugleich ist es aber auch Mindestanforderung für den Einredeerhalt. Nur solche Einreden können gegenüber dem Erwerber bestehen bleiben, deren Tatbestand zum Zeitpunkt des Erwerbs erfüllt ist. Damit sind die Anforderungen an eine nach §1157 BGB bestehende Einrede höher als nach §404 BGB, der nicht voraussetzt, daß dem Berechtigten die Einrede zum Zeitpunkt des Erwerbs schon vollständig „zusteht", sondern genügen läßt, daß die Einrede zum Zeitpunkt der Abtretung „begründet" ist.[53]

II. Einreden aus dem Sicherungsvertrag

Einreden gegen die Grundschuld, die gemäß §1157 BGB einem Erwerber gegenüber erhalten bleiben, ergeben sich bei der Sicherungsgrundschuld in erster Linie aus dem Sicherungsvertrag. Der Sicherungsvertrag legt fest, daß der Sicherungsnehmer von der Grundschuld nur Gebrauch machen darf, wenn das dem Sicherungszweck entspricht, wenn er also die Befriedigung seines durch die Forderung dokumentierten Kapitalinteresses verlangen darf. Der Sicherungsvertrag hindert den Sicherungsnehmer im Umkehrschluß an der Geltendmachung der Grundschuld, wenn er aus der Forderung nicht vorgehen dürfte.[54]

---

52 Vgl. *Huber*, Sicherungsgrundschuld, 144, *ders.*, BB 1965, 609, 610; *Eickmann* im MüKo, 3. Auflage, §1191 Rn 51; *Kramer*, 55f.

53 Vgl. BGHZ 85, 388, 390f.

54 Siehe oben 4. Kapitel B.II.2.

Ein Recht aus der Forderung existiert nicht, wenn die Forderung nie zur Entstehung gelangt ist oder getilgt wurde. Der Gläubiger ist aber auch dann an der Durchsetzung der Forderung gehindert, wenn sie nicht fällig ist mit der Folge, daß dann auch aus der Grundschuld nicht vorgegangen werden darf.[55] Die Verknüpfung von Forderung und Grundschuld durch den Sicherungsvertrag führt mithin dazu, daß der Geltendmachung des Anspruchs aus §1147 BGB entgegengetreten werden kann unter Hinweis auf Einreden gegen die Forderung, deren Undurchsetzbarkeit nach dem Sicherungsvertrag zum Verbot der Verwertung der Grundschuld führt. Letztlich bewirkt der Sicherungsvertrag, daß Einreden gegen die Forderung auf das Grundpfandrecht durchschlagen, die Einreden auch gegen die Grundschuld wirken.[56]

1. Umgehung der Nichtanwendbarkeit des §1137 BGB ?

Die Anwendung des §1157 BGB auf Einreden, die aus der sicherungsvertraglichen Verknüpfung mit der Forderung herrühren, wird teilweise als unzulässig angesehen mit der Begründung, damit werde Einreden gegen die Forderung Geltung verschafft und deshalb die „Nichtanwendbarkeit des §1137 BGB auf die Grundschuld“ umgangen.[57]

Diese Überlegung verkennt jedoch, daß §1137 BGB für die Grundschuld keinerlei Bedeutung, insbesondere seine Nichtanwendbarkeit keine Auswirkungen auf den Anwendungsbereich des §1157 BGB hat. Die Einreden gegen Hypothek und Grundschuld unterscheiden sich wegen des Gegensatzes zwischen forderungsabhängigem und nicht forderungsabhängigem Recht grundlegend. Damit geht einher, daß §1157 BGB bei der Grundschuld einen anderen Anwendungsbereich hat als bei der Hypothek.[58]

a. Anwendung des §1157 BGB auf alle Einreden

Zwar läßt sich für die Hypothek eine klare Abgrenzung der Anwendungsbereiche der §§1137 und 1157 BGB finden, indem man dem Hypothekar alle Einreden, die mit der Forderung zusammenhängen, gemäß §1137 BGB zubilligt, so daß §1157 BGB in keinem Fall auf

---

55 Vgl. *Huber*, Sicherungsgrundschuld, 124; *Seckelmann*, 76.

56 So zutreffend auch *Huber*, Sicherungsgrundschuld, 125; *Seckelmann*, 76.

57 Vgl. *Buchholz*, AcP 187 (1987), 107, 127f.

58 Vgl. *Huber*, FS *Serick*, 195, 203 und auch *Eickmann* im MüKo, 3. Auflage, §1191 Rn 44, der die Einreden gegen die Forderung bei der Grundschuld „anders eingeordnet“ wissen möchte.

forderungsbezogene Einreden Anwendung findet, womit der Vorschrift freilich ein sehr kleiner Anwendungsbereich verbleibt, etwa wenn die Hypothek selbst gestundet wurde.[59] Das bedeutet jedoch nicht, daß für die Grundschuld die Anwendung des §1157 BGB insoweit beschränkt sein muß, als Einreden, die daraus resultieren, daß die Grundschuld eine (nicht durchsetzbare) Forderung sichert, auf keinen Fall relevant sind.

Die Vorschrift des §1157 BGB ist nach ihrem Wortlaut und von ihrer systematischen Bedeutung her auf sämtliche Einreden anwendbar, die sich gegen den Anspruch auf Duldung der Zwangsvollstreckung aus §1147 BGB richten. Alle dem Anspruch aus der Grundschuld entgegenstehenden Rechte sollen geltend gemacht werden können. §1157 BGB erfaßt demnach auch Einreden, die ihren Ursprung in der gesicherten Forderung haben, weil sich die Undurchsetzbarkeit der Forderung wegen der Vereinbarungen im Sicherungsvertrag als verabredete Ausübungsbeschränkung für das dingliche Recht darstellt.

b. §1137 BGB als rein hypothekenrechtliche Vorschrift

Daß bei der Hypothek forderungsbezogene Einreden für §1157 BGB keine Bedeutung haben, liegt an ihrer akzessorischen Ausgestaltung und der darauf aufbauenden Regelung des §1137 BGB. Mit dieser Vorschrift werden sämtlichen forderungsbezogenen Einreden kraft (akzessorietätsbedingter) gesetzlicher Anordnung Relevanz auch für die Inanspruchnahme aus der sichernden Hypothek gemäß §1147 BGB verliehen. Zwingend erforderlich erscheint die Vorschrift nicht: Gäbe es §1137 BGB nicht, so ließe sich die Möglichkeit des Hypothekars, der Inanspruchnahme nach §1147 BGB unter Hinweis auf Einreden gegen die gesicherte Forderung zu widersprechen, ohne weiteres aus dem Grundsatz der Akzessorietät oder etwa in Analogie zu §§1163 Abs.1 oder 768 BGB herleiten.

Mit andern Worten: Daß forderungsbezogene Einreden für die Hypothek Relevanz haben müssen, ergibt sich aus ihrer Abhängigkeit von der Forderung. Dem trägt §1137 BGB Rechnung. Damit handelt es sich bei dieser Norm um eine rein hypothekenrechtliche Vorschrift, die Ausfluß der besonderen, akzessorisch forderungsabhängigen Ausgestaltung der Hypothek ist.

Die Nichtanwendbarkeit dieser Vorschrift auf die Grundschuld hat ihren Grund darin, daß die Grundschuld im Gegensatz zur Hypothek von der Forderung unabhängig ist. Die Nichtanwendbarkeit des §1137 BGB auf

---

[59] Siehe oben A.II.

die Grundschuld bedeutet demnach nur, daß es wegen der Forderungsunabhängigkeit der Grundschuld keine automatischen Wirkungen von forderungsbezogenen Einreden gegen den Anspruch aus §1147 BGB gibt. Die Nichtanwendbarkeit des §1137 ist Folge und nicht, wie *Buchholz* meint, Grundlage der Forderungsunabhängigkeit der Grundschuld. Zu der Frage, ob sich forderungsbezogene Einreden auf anderem Wege auf die Grundschuld auswirken können, läßt sich aus der Nichtanwendbarkeit des §1137 BGB nichts herleiten. Sie ist allein anhand von §1157 BGB zu beantworten.

2. Keine Trennbarkeit von maßgeblichen und eintragbaren Einreden

Im einzelnen ist die Festlegung, welche auf dem Sicherungsvertrag beruhenden Einreden gegen die Grundschuld von §1157 BGB erfaßt werden, schwierig. Dabei ist zunächst von Bedeutung, daß die Frage, welche Einreden bei der Sicherungsgrundschuld einem Erwerber gegenüber erhalten bleiben, nicht von der Frage der Eintragbarkeit der Einreden in das Grundbuch getrennt werden kann.

Wegen des durch §1157 S.2 BGB gewährten Schutzes des öffentlichen Glaubens des Grundbuchs muß jede Einrede, die geeignet ist, dem dinglichen Verwertungsrecht auch nach Übertragung entgegengehalten zu werden, eintragbar sein.[60] Andernfalls würde dem Eigentümer die Möglichkeit genommen, den Erhalt der ihm gegen die Grundschuld zustehenden Einrede auch gegenüber einem gutgläubigen Erwerber der Grundschuld sicherzustellen.[61] Das bedeutet aber auch, daß die Einreden so bestimmt sein müssen, daß sie überhaupt eingetragen werden können.

3. Einrede der Nichtexistenz der Forderung

Eine direkt gegen das dingliche Verwertungsrecht gerichtete, in eintragungsfähiger Weise bestimmte Einrede ergibt sich aus dem Sicherungsvertrag, wenn die zu sichernde Forderung nicht zur Entstehung gelangt oder erloschen ist.[62] Grundlage dieser Einrede ist die Abrede im Siche-

---

60 Vgl. *Zenker*, 131f.; *Petri*, 188; *Lamb*, JA 1987, 1, 10; *Serick*, Bd. 2, 424; *Seckelmann*, 93f.

61 Siehe oben B.V.2.; vgl. auch *Petri*, 187f. Insofern ist der Versuch von *Haas*, 228ff., die Frage der Eintragbarkeit von den dogmatischen Vorfragen zu lösen, nicht überzeugend.

62 Vgl. *Lamb*, JA 1987, 1, 9; *Lopau*, NJW 1972, 2253, 2255; *Rimmelspacher*, Kreditsicherungsrecht, Rn 759; *Haas*, 86; ähnlich BGH NJW 1985, 800, 801.

rungsvertrag, daß die Grundschuld nur zum Zwecke der Erlangung des in der Forderung verkörperten Kapitals eingesetzt werden darf.

Fehlt es an der Forderung, so besteht der vereinbarte Sicherungszweck nicht. Daraus folgt, daß der Sicherungsnehmer an der Verwertung der Grundschuld dauerhaft gehindert, ihm die Verwertung vertraglich sogar verboten ist.[63] Dieses Verwertungsverbot kann der Sicherungsgeber dem Sicherungsnehmer entgegenhalten. Dem Sicherungsgeber steht demnach eine Einrede zu, nämlich das Recht, der Inanspruchnahme aus der Grundschuld, der Geltendmachung des Anspruchs aus §1147 BGB zu widersprechen.

Die peremptorische Einrede bei Wegfall des Sicherungszwecks führt über die Widerspruchsmöglichkeit hinaus zum Anspruch des Sicherungsgebers auf Rückgewähr der Grundschuld.[64] Der Wegfall des Sicherungszwecks begründet somit die (passive) Verteidigungsmöglichkeit mit der Einrede und – darauf aufbauend – den (aktiven) Rückgewähranspruch des Sicherungsgebers. Beide sind Ausfluß des Verwertungsverbots bei Wegfall des Sicherungszwecks.

Wegen des Zusammenhangs von Einrede und Rückgewähranspruch wird die dem Sicherungsgeber bei Nichtexistenz der Forderung zustehende Einrede von einigen als Ausfluß der Rückgewährpflicht angesehen.[65] Das ist jedoch begrifflich ungenau, weil nicht die Rückgewährpflicht zu einer Einrede führt, sondern umgekehrt die bei Nichtexistenz der Forderung bestehende Einrede des Sicherungsgebers – wenn sie peremptorisch wirkt – mittels interessengerechter Auslegung des Vertrags den Rückgewähranspruch nach sich zieht. Sachgerecht erscheint es demnach, die Einrede durch den maßgeblichen Umstand zu kennzeichnen, der sie auslöst: als Einrede der Nichtexistenz der Forderung.[66]

---

63 Siehe oben 5. Kapitel A.I.1.; vgl. BGH NJW 1985, 800, 801; *Huber*, Sicherungsgrundschuld, 165; *ders.*, FS *Serick*, 195, 207f.; *Räfle* in *Erman*, §1191 Rn 18; *Wilhelm*, NJW 1983, 2917, 2918; *Seckelmann*, 93; *Schapp*, Sachenrecht, 269.

64 Siehe oben 5. Kapitel A.I.1.; vgl. *Dempewolf*, Bedeutung des Rückübertragungsanspruches, 45; *Eccius*, Gruchot 51, 162.

65 Vgl. BGH NJW-RR 1987, 1291; *Baur/Stürner*, §45 Rn 26. *Wilhelm*, JZ 1980, 625, 627 spricht von der – ihm freilich nicht weit genug gehenden – „Einrede der Rückforderbarkeit wegen Nichtvalutierung".

66 So auch *Haas*, 86.

a. Erfordernis der Endgültigkeit

Die Eintragungsfähigkeit wird von einigen nur bejaht, wenn die Nichtexistenz der Forderung und damit auch die Rückgewährpflicht „endgültig" feststehe.[67] Insofern besteht eine Parallele zu der „Endgültigkeit" des Rückgewähranspruchs.[68]

Allerdings gibt es zwischen der Einrede der Nichtexistenz der Forderung und dem Rückgewähranspruch in einem Punkt einen maßgeblichen Unterschied: Die Einrede führt nur zum Rückgewähranspruch, wenn sie dauerhaft, also endgültig ist. Nur dann ist die Grundschuld für den Sicherungsnehmer auch endgültig wertlos und deshalb zurückzugeben. Besteht hingegen nur eine aufschiebende Einrede, insbesondere wenn die Valutierung der Forderung noch möglich ist, gibt es keine Grundlage für den Rückgewähranspruch.[69] Gleichwohl kann der Sicherungsgeber, solange die Forderung nicht valutiert ist, einer Inanspruchnahme aus der Grundschuld mit Erfolg widersprechen. §1157 BGB sieht – anders als §1169 BGB – eine Beschränkung auf peremptorische Einreden nicht vor, so daß die Vorschrift auch auf dilatorische Einreden Anwendung findet.[70]

Anders als für den Rückgewähranspruch ist demnach für die Einrede keine Endgültigkeit der Nichtexistenz der Forderung vonnöten.

b. Ausbleiben der Eintragung

Zuzugeben ist indessen, daß die Eintragung jedenfalls der dilatorischen Einrede der Nichtexistenz der Forderung wegen noch nicht erfolgter Valutierung der Forderung in der Regel ausbleiben wird, weil die Valutierung der Forderung direkt bevorsteht, zumindest alsbald zu erwarten steht und mit ihrer Auszahlung das Grundbuch unrichtig würde. Die vorherige Eintragung der Einrede würde demnach die Vertragsabwicklung erheblich erschweren. An der materiellrechtlichen Existenz der Einrede ändern diese praktischen Fragen freilich nichts.

Aber auch dann, wenn endgültig feststeht, daß die Forderung nicht mehr entstehen wird oder wenn die Forderung erloschen ist, bestehen wegen

---

67 *Petri*, 190ff.; *Zenker*, 128.

68 Siehe oben 5. Kapitel A. I.4.

69 Vgl. *Huber*, Sicherungsgrundschuld, 120.

70 So auch BGH NJW 1986, 1487; *Huber*, Sicherungsgrundschuld, 136f.; *ders.*, FS *Serick*, 195, 226; *ders.*, BB 1965, 609, 611f.; *Räfle* in *Erman*, §1191 Rn 7. Anderer Auffassung sind *Reinicke/Tiedtke*, Kreditsicherung, 4. Auflage, Rn 1023 unter Hinweis auf die angeblich anderweitige Interessenlage der Parteien. Siehe dazu *Huber*, FS *Serick*, 195, 226.

der anstehenden Grundbucheintragung praktische Probleme – vor allem deshalb, weil nach Wegfall des Sicherungszwecks und der damit verbundenen Entstehung der Einrede das nicht unkomplizierte Eintragungsverfahren überhaupt erst einmal betrieben werden muß. Die erfolgreiche Eintragung bedarf überdies der Bewilligung durch den Sicherungsnehmer (§19 GBO).

Der mit der Eintragung verbundene Aufwand führt in der Praxis dazu, daß die Eintragung der Einrede unterbleibt mit der Folge, daß der Sicherungsgeber vor dem Verlust der Einrede infolge gutgläubig einredefreien Erwerbs nach §§ 1157 S.2, 892 BGB nicht geschützt ist.

4. Bereicherungseinrede

Eine Einrede im Sinne des §1157 BGB besteht auch, wenn der Sicherungsvertrag nichtig ist. Der Sicherungsvertrag beinhaltet den Rechtsgrund für die Überlassung der Grundschuld, so daß dem Eigentümer bei Nichtigkeit ein Rückgewähranspruch aus Leistungskondiktion zusteht.[71] Der diesem Anspruch ausgesetzte Sicherungsnehmer darf auch das Verwertungsrecht aus der Grundschuld nicht geltend machen.[72]

Das folgt aus §821 BGB, der freilich von der Eingehung einer Verbindlichkeit spricht und deshalb auf die Grundschuld nur entsprechend anwendbar ist.[73] Die Vorschrift legt fest, daß mit einem Bereicherungsanspruch grundsätzlich auch eine Einrede gegen die Inanspruchnahme aus dem Bereicherungsgegenstand einhergeht. Das gilt auch für die Grundschuld.[74]

---

71 Siehe oben 5. Kapitel B.III.

72 Vgl. *Weisbecker*, 21; *Nissen*, JW 1906, 803, 804.

73 So wohl auch *Baur/Stürner*, §45 Rn 24. *Haas*, 59f. möchte §821 BGB direkt als Grundlage für die Bereicherungseinrede gegen die Sicherungsgrundschuld heranziehen.

74 Vgl. *Baur/Stürner*, §45 Rn 25; *Haas*, 59f.

5. Versuche zur Erweiterung des Schutzes für den Sicherungsgeber

Hauptanwendungsfall von Einreden gegen die Grundschuld ist die Einrede der Nichtexistenz der Forderung nach deren Erlöschen. Praktisch bereitet diese Einrede aber Probleme, weil sie erst im Laufe der Vertragsbeziehungen zur Entstehung gelangt und der Sicherungsgeber im Interesse seines Schutzes vor Verlust der Einrede das Eintragungsverfahren betreiben muß.

Wegen dieser Schwierigkeiten finden sich viele Ansätze, die eine nicht vom Erfordernis der Feststellung des Wegfalls des Sicherungszwecks abhängige und von Anfang an ins Grundbuch eintragbare Einrede aus dem Sicherungsvertrag herleiten wollen.

a. Einrede der Nichterfüllung des Sicherungszwecks

Die begriffliche Bezeichnung der „ständigen" Einrede aus dem Sicherungsvertrag wird unterschiedlich gewählt. *Wilhelm*[75] nimmt an, es bestehe eine „Einrede der Nichterfüllung des Sicherungszwecks". Inhalt der Einrede soll sein, daß der Sicherungsgeber dem Verwertungsverlangen des Grundschuldinhabers allgemein entgegenhalten kann, sein Vorgehen entspreche nicht dem Sicherungszweck.

Allgemein sei der Gläubiger wegen der sicherungsvertraglichen Vereinbarung, daß die Grundschuld nur bei Ausfall der Forderung geltend gemacht werden dürfe, bis dahin an ihrer Verwertung gehindert.[76] Dem Eigentümer stehe daher von Anfang an die Einrede zu, die Verwertung der Grundschuld sei auf den Sicherungszweck beschränkt.[77] Diese Einrede wohne der Grundschuld von vornherein inne.[78]

---

75 JZ 1980, 625, 628.

76 Vgl. *Wilhelm*, JZ 1980, 625, 628; *ders.*, Sachenrecht, Rn 905.

77 Vgl. *Wilhelm*, JZ 1980, 625, 628; *ders.*, NJW 1983, 2917, 2918; *ders.*, Sachenrecht, Rn 905; *Lopau*, NJW 1972, 2253, 2256; *ders.*, JuS 1972, 502, 503; *ders.*, JuS 1976, 553, 554.

78 Vgl. *Eickmann* im MüKo, 3. Auflage, §1191 Rn 51; *ders.* in *Westermann*, 7. Auflage, 817, der die „Einrede der Nichterfüllung des Sicherungszwecks wegen Nichtvalutierung" (gemeint ist damit wohl nur die anfängliche Nichtvalutierung) in Anlehnung an *Jahr*, JuS 1964, 125 als „unechte Einrede" einstuft. Eine eigene Begründung für die Zulassung dieser Einrede bleibt *Eickmann* indessen schuldig.

aa. Mangelnde Bestimmtheit der „Nichterfüllung des Sicherungszwecks“

Die „Einrede der Nichterfüllung des Sicherungszwecks“ erweist sich bei genauer Betrachtung nicht als Einrede im Sinne des §1157 BGB. Ein konkretes, mit die Eintragung ins Grundbuch erlaubender Bestimmtheit ausgestattetes Gegenrecht stellt sie nicht dar.

Zwar trifft zu, daß der Eigentümer aus dem Sicherungsvertrag der Verwertung der Grundschuld widersprechen kann, solange sich der im Vertrag vereinbarte Sicherungszweck (noch) nicht verwirklicht hat.[79] Sein Verweigerungsrecht ergibt sich jedoch nicht allein aus dem Umstand, daß ein Sicherungszweck für die Grundschuld besteht. Vielmehr ist anhand des vertraglich vereinbarten Sicherungszwecks gerade erst zu entscheiden, ob die Inanspruchnahme aus der Grundschuld zulässig ist oder nicht.

(1) Konkretisierungserfordernis

So folgt beispielsweise bei der Sicherung einer einzelnen, feststehenden Forderung aus dem Sicherungszweck, daß die Grundschuld erst bei Fälligkeit der Forderung geltend gemacht werden darf. Ein Leistungsverweigerungsrecht steht dem Sicherungsgeber demnach nur zu, wenn die Forderung auch tatsächlich nicht fällig ist. Der Sicherungszweck allein reicht demnach zur Begründung des Leistungsverweigerungsrechts nicht aus. Vielmehr muß die Nichtfälligkeit der Forderung hinzutreten. Der Sicherungszweck ist demnach zwar Grundlage der Einrede gegen den Anspruch aus §1147 BGB, nicht aber selbst Einrede.[80]

Das gilt auch für die – letztlich nur eine Umschreibung des Sicherungszwecks selbst bildende – „Nichterfüllung des Sicherungszwecks“. Die Grundlage von Leistungsverweigerungsrechten wird damit zwar umschrieben, nicht jedoch der konkrete Inhalt der Einrede, der immer erst durch die Betrachtung der Einzelfallsituation „aufgefüllt“ werden müßte.[81]

---

79 Siehe oben 3.

80 So zutreffend auch *Huber*, FS *Serick*, 195, 220; *Baden*, JuS 1977, 75, 77.

81 Einschränkend will daher *Wilhelm*, JZ 1980, 625, 628, die Einrede der Nichterfüllung des Sicherungszwecks auf die Fälle der Nichtexistenz und Nichtfälligkeit der Forderung reduzieren. Damit entzieht er freilich der favorisierten allgemeinen „Einrede der Nichterfüllung des Sicherungszwecks“ selbst die Grundlage.

(2) Anfängliche Einrede ?

Eickmann[82] hält dem entgegen, daß „z. B. die Einrede der fehlenden Valutierung" von Anfang an bestehe. Rechtsentstehung und Einredetatbestand verwirklichten sich zum gleichen Zeitpunkt. Diese Überlegung ist jedoch schon deshalb nicht überzeugend, weil die Übertragung der Grundschuld auch zu einem Zeitpunkt erfolgen kann, zu dem die Forderung bereits valutiert ist mit der Folge, daß auch keine Einrede wegen Nichtvalutierung besteht.

Vor allem zeigt *Eickmanns* Rückgriff auf das Beispiel der „Einrede der fehlenden Valutierung" – nach der hier vertretenen Terminologie gleichbedeutend mit der Einrede der (anfänglichen) Nichtexistenz der Forderung – daß es für Einreden des Sicherungsgebers im Sinne des §1157 BGB immer eines konkreten Umstands bedarf, der sein Gegenrecht auslöst und daß es folglich eine allgemeine Einrede, die pauschal den Sicherungszweck erfaßt, nicht gibt.

Zusammenfassend: Der Begriff „Nichterfüllung des Sicherungszwecks" ist unklar. Die Frage, was für ein rechtlicher Vorgang damit eigentlich bezeichnet wird, läßt sich nicht eindeutig beantworten. Vielmehr kann die „Nichterfüllung des Sicherungszwecks" vielfältige Gründe haben. Um ein konkretes Leistungsverweigerungsrecht zu erhalten, muß jedoch der im Einzelfall bestehende Grund angegeben werden.[83]

bb. Umgehung der Nichtanwendbarkeit des §1137 BGB ?

Die Befürworter der „Einrede der Nichterfüllung des Sicherungszwecks" sehen sich überdies dem Vorwurf ausgesetzt, es werde die Nichtanwendbarkeit des §1137 BGB umgangen.[84] Tatsächlich würde mit der Anerkennung einer unbestimmten „Einrede der Nichterfüllung des Sicherungszwecks" jede Einrede gegen die Forderung auch zu einer im Grundbuch gesicherten Einrede gegen den Anspruch auf Duldung der Zwangsvollstreckung aus der Grundschuld, zumal die „Nichterfüllung" je nach Situation mit der gerade gegen die Forderung zur Verfügung stehenden Einrede aufgefüllt und konkretisiert werden könnte. Von einigen

---

82 In *Westermann*, 7. Auflage, 818.

83 Auch das übersieht *Wilhelm*, JZ 1980, 625, 628, bei seinen Einschränkungsbemühungen: Selbst wenn die Einrede auf Fälle der Nichtexistenz und der Nichtfälligkeit der Forderung beschränkt sein soll, gibt es noch immer zwei mögliche konkrete Umstände, die mit der „Nichterfüllung des Sicherungszwecks" gemeint sein können.

84 So *Buchholz*, AcP 187 (1987), 109, 127f. und *Canaris*, FS *Flume*, 371, 419f.

wird die mittelbare Geltung des §1137 BGB für die Grundschuld dann auch als erstrebtes Ziel ihrer Überlegungen angesehen; Einreden gegen die Forderung sollen über den Sicherungsvertrag vollständig auf die Grundschuld durchschlagen.[85]

Dem wird entgegengehalten, mit der vollständigen Berücksichtigung aller Einreden werde die Grundschuld so stark modifiziert, daß eine neue Art von Grundpfandrecht entstehe. Das sei mit dem Prinzip des *numerus clausus* der Sachenrechte nicht zu vereinbaren.[86]

Ein anderer Kritikansatz geht davon aus, daß §1137 als ausschließlich für die Hypothek anwendbare Vorschrift eine nur für die Hypothek vorzusehende Rechtsfolge anordne. Der Regelungsgehalt des Gesetzes dürfe nicht dadurch ausgehebelt werden, daß man zwar §1137 BGB für auf die Grundschuld unanwendbar erklärt, aber dennoch die Rechtsfolge dieser Vorschrift nunmehr über §1157 BGB eintreten lasse. Sei eine Norm tatbestandlich nicht anwendbar, so müsse das zwingend zum Ausbleiben ihrer Rechtsfolge führen.[87]

Diese Überlegungen überzeugen jedoch nicht. Ausgangspunkt für die Frage, welche Einreden gegen die Inanspruchnahme aus der Grundschuld bestehen, sind die Parteivereinbarungen im Sicherungsvertrag, mit denen festgelegt wird, daß die Grundschuld nur geltend gemacht werden darf, wenn das dem Sicherungszweck entspricht. Das ist in aller Regel gleichbedeutend damit, daß der Sicherungsnehmer aus der Grundschuld nicht vorgehen darf, solange er auch aus der Forderung sein Kapitalinteresse nicht verlangen dürfte.

Der Sicherungsvertrag räumt dem Sicherungsgeber das Recht ein, die Befriedigung des Sicherungsnehmers aus dem Grundstück zu verweigern, solange nicht die Forderung liquide ist. Die Möglichkeit der Drittwirkung für solche Leistungsverweigerungsrechte hat der Gesetzgeber in §1157 BGB geschaffen und damit auch die Möglichkeit, jede einzelne dieser Einreden in das Grundbuch einzutragen.[88] Demnach kann weder von einer unzulässigen Modifizierung der Grundschuld die Rede sein noch vom Aushebeln gesetzlicher Regelungen.

---

85 Vgl. *Friedrich*, NJW 1968, 1655, 1659.

86 Vgl. *Canaris*, FS *Flume*, 371, 419f.

87 Vgl. *Buchholz*, AcP 187 (1987), 107, 127f.

88 Siehe im einzelnen oben B.

cc. Keine Eintragbarkeit der „Nichterfüllung des Sicherungszwecks"

Gegen die „Einrede der Nichterfüllung des Sicherungszwecks" wird angeführt, daß ihre Eintragung gegen das aus §1192 BGB herzuleitende Gebot der Forderungsunabhängigkeit der Grundschuld verstoße und deshalb unzulässig sei. Die Eintragung des Sicherungszwecks in das Grundbuch führe dazu, daß die Verknüpfung der Grundschuld mit der gesicherten Forderung zum dinglich wirkenden Bestandteil der Grundschuld werde.[89] Das sei mit §1192 BGB nicht vereinbar, der ausdrücklich die Forderungsunabhängigkeit der Grundschuld konstatiere.[90]

Diese Überlegungen treffen zu. Aus dem Grundbuch würde bei Eintragung des Sicherungszwecks erkennbar werden, daß das Schicksal der Grundschuld von der Forderung abhängig ist. Die Grundschuld ist ihrem Inhalt nach jedoch ausschließlich auf die Erlangung einer Geldsumme aus dem Grundstück gerichtet und unterscheidet sich dadurch von der Hypothek, die die Befriedigung aus dem Grundstück *wegen einer Forderung* zum Inhalt hat.[91]

Die Eintragungen im Grundbuch dürfen über den materiellen Inhalt der Grundpfandrechte nicht hinausgehen. Würde der Sicherungszweck eingetragen, wäre jedoch aus dem Grundbuch erkennbar, daß die Befriedigung aus dem Grundstück auch bei der Grundschuld nur wegen einer Forderung erlaubt sein soll.[92] Damit enthielte das Grundbuch ein Grundpfandrecht, das in dieser Form durch das materielle Recht des BGB nicht vorgesehen ist.

---

89 Vgl. *Huber,* Sicherungsgrundschuld, 139; *Serick*, Bd. 2, 425; *Dempewolf*, Bedeutung des Rückübertragungsanspruches, 46. Widersprüchlich ist die Auffassung von *Wieling*, Sachenrecht, der den Sicherungszweck zwar für eintragbar hält (442), dann aber meint, die Kenntnis desselben – und damit der insoweit wegen der Nichteintragung der eintragbaren Einrede bestehenden Unrichtigkeit des Grundbuchs – mache einen Erwerber noch nicht bösgläubig im Sinne des §§1157 S.2, 892 BGB (446f.).

90 Vgl. KG JW 1932, 1759; *Huber,* Sicherungsgrundschuld, 139f.; *ders.*, FS *Serick*, 195, 220; *Becker-Eberhard*, 64f.; *Räfle* in *Erman*, §1191 Rn 7; *Pottschmidt/Rohr*, Rn 983; *Lwowski*, Rn 906. *Heck*, 413 führt dazu das formale Argument an, daß eine derart verknüpfte Obligation nur als Hypothek eingetragen werden dürfe (ähnlich allerdings *Huber*, Sicherungsgrundschuld, 139). Diese würde außerdem bei dinglich wirkender Verknüpfung von Forderung und Grundschuld auch materiell überflüssig.; *Buchholz*, AcP 187 (1987), 107, 123 sieht darin einen Verstoß gegen den Typenzwang des Sachenrechts.

91 Den Charakter des reinen „Bodenkredits" gesteht der Grundschuld auch *Wilhelm*, NJW 1983, 2917, 2919 zu.

92 Darauf weisen zutreffend hin auch *Münstermann*, 37 und *Huber,* Sicherungsgrundschuld, 139, der annimmt, damit liege in Wahrheit eine Hypothek vor.

Die formale Unzulässigkeit der Eintragung wird durch materiellrechtliche Bedenken bestärkt. Der Charakter der Grundschuld als forderungsunabhängiges Grundpfandrecht wäre mit der Eintragung der Forderungsabhängigkeit in Frage gestellt und schließlich der Unterschied zur Hypothek beseitigt.[93] Das stünde im Widerspruch zum Konzept des Gesetzes, das neben die Hypothek als forderungsabhängiges Grundpfandrecht ausdrücklich die Grundschuld als von einer Forderung unabhängiges Grundpfandrecht stellt.

b. Einrede der Sicherungsabrede

Noch allgemeiner und unbestimmter als die „Einrede der Nichterfüllung des Sicherungszwecks" ist die von einigen befürwortete „Einrede der Sicherungsabrede".[94] Gemeint ist damit nicht etwa dasselbe wie mit der „Einrede der Nichterfüllung des Sicherungszwecks", sondern grundlegend ein viel weiteres Verständnis von der Bedeutung des §1157 BGB. Die Grundschuld soll insgesamt nur mit den Beschränkungen des Sicherungsvertrags existieren und demnach auch nur mit diesen Beschränkungen übertragen werden können.[95]

Damit wird angeknüpft an die Rechtsprechung des Reichsgerichts, die den Erhalt der sicherungsvertraglichen Abreden insgesamt befürwortete und damit dem Sicherungsgeber sogar die Möglichkeit eröffnete, durch die Bezahlung der Forderung an den Sicherungsnehmer auch nach Übertragung der Grundschuld an einen Dritten noch die (peremptorische) Einrede der Nichtexistenz der Forderung auszulösen und daraus resultierend den Rückgewähranspruch des Sicherungsgebers.[96] Begründet wird das damit, daß die Tilgung der Forderung Bedingung für den Rückgewähranspruch sei. Den Eintritt der Bedingung müsse der Erwerber

---

93 Vgl. *Reinicke/Tiedtke*, Kreditsicherung, 4. Auflage, Rn 1014. Der Charakter als forderungsunabhängiges Grundpfandrecht wird nicht dadurch beseitigt, daß die Grundschuld fast ausschließlich zu Sicherungszwecken eingesetzt wird. Die ständige Praxis der sicherungsvertraglichen Verknüpfung mit einer Forderung vermag den dinglichen Rechtsinhalt der Grundschuld nicht zu verändern (so aber *Wilhelm*, NJW 1983, 2917, 2919).

94 Vgl. *Friedrich*, NJW 1968, 1655, 1657f.; *Lopau*, NJW 1972, 2253, 2255; *ders.*, JuS 1976, 553, 556; *Derleder*, JuS 1971, 90, 94.

95 Vgl. *Friedrich*, NJW 1968, 1655, 1657f.; *Lopau*, NJW 1976, 2253, 2255; ähnlich *Wieling*, Sachenrecht, 442 und *Eickmann* im MüKo, 3. Auflage, §1191 Rn 44.

96 Vgl. RGZ 91, 218, 224f.; dagegen zutreffend *Huber*, Sicherungsgrundschuld, 144f.; *ders.*, FS *Serick*, 195, 209; *Baden*, JuS 1977, 75, 76; *Rimmelspacher*, Kreditsicherungsrecht, Rn 747; *Schwab/Prütting*, Rn 770.

gegen sich gelten lassen. Das folge aus §404 BGB, der auf Hypothek und Grundschuld entsprechend anzuwenden sei.[97]

Diese Begründung überzeugt freilich nicht. §404 BGB ist gerade wegen der Sondervorschrift des §1157 BGB auf die Grundpfandrechte nicht anzuwenden.[98] Neuere Stellungnahmen versuchen daher, die vollständige Überleitung aller sicherungsvertraglichen Beschränkungen auf den Erwerber allein mit dem Sinn und Zweck des §1157 BGB zu erklären.[99] Konsequenz dieser Überlegungen wäre allerdings, daß selbst der gewissenhafte Erwerber, der den Sicherungszweck kennt und sich sowohl Forderung als auch Grundschuld übertragen läßt, in seiner Rechtsposition noch durch ein nachträgliches, nur die Forderung betreffendes Ereignis beeinträchtigt werden könnte, wenn die Forderung an den bisherigen Gläubiger bezahlt wird. Beruft sich der Sicherungsgeber dann auf §407 BGB, so gälte damit die Forderung auch gegenüber dem Erwerber als erloschen mit der Folge, daß der Erwerber aus der Grundschuld nicht mehr vorgehen könnte.[100]

aa. Mangelnde Bestimmtheit

Für die „Einrede der Sicherungsabrede" gilt freilich im wesentlichen dasselbe wie für die „Einrede der Nichterfüllung des Sicherungszwecks". Sie bezeichnet kein konkretes Leistungsverweigerungsrecht. Im Gegenteil: Der Hinweis auf die Möglichkeit der nachträglichen Forderungstilgung belegt deutlich, daß es immer noch der Ausfüllung durch einen konkreten rechtlichen Umstand bedarf, der dann auf Grundlage der Sicherungsabrede, des Sicherungszwecks erst zu einer Einrede gegen den Anspruch aus §1147 BGB führt.

bb. Herbeiführung der Rechtsfolge des §404 BGB

Hinzu kommt, daß letztlich weiterhin der Anwendung des §404 BGB das Wort geredet wird, wenngleich die Vorschrift nicht ausdrücklich zur Begründung der Möglichkeit einer gegenüber dem Erwerber wirksamen nachträglichen Forderungstilgung herangezogen wird. Die Auslösung der Einrede der Nichtexistenz der Forderung nach Übertragung der Grund-

---

97 Vgl. RGZ 91, 218, 225.

98 Siehe oben B.I.

99 Vgl. *Friedrich*, NJW 1968, 1655, 1657f.; *Lopau*, NJW 1972, 2253, 2255; *ders.*, JuS 1976, 553, 556.

100 So das ausdrückliche Ergebnis bei *Lopau*, NJW 1972, 2253, 2256; *ders.*, JuS 1976, 553, 557 und bei *Friedrich*, NJW 1968, 1655, 1659.

schuld bedeutet im Ergebnis nichts anderes, als daß es für §1157 BGB genügen soll, wenn die Einrede bei der Übertragung nur angelegt ist.

Ein solches Verständnis des §1157 BGB ist jedoch mit dem insbesondere durch die gegenüber §404 BGB unterschiedliche Formulierung eindeutigen Wortlaut der Norm nicht in Einklang zu bringen. Einreden können dem Eigentümer des mit dem Grundpfandrecht belasteten Grundstücks demzufolge nur zustehen, wenn ihr Entstehungstatbestend bei der Übertragung schon vollständig erfüllt ist.[101] Darin liegt der entscheidende Unterschied zu §404 BGB, der es für den Einredeerhalt ausreichen läßt, wenn die Einrede zum Zeitpunkt der Abtretung nur „begründet" ist. Der Wortlautvergleich mit §404 BGB zeigt unmißverständlich, daß gemäß §1157 BGB nur solche Einreden erhalten bleiben, deren Tatbestand im Übertragungszeitpunkt vollständig vorliegt.[102]

Dasselbe Ergebnis folgt aus einem systematischen Argument: §1157 S.2 BGB ermöglicht den gutgläubig einredefreien Erwerb, gegen den sich der Eigentümer durch Grundbucheintragung der Einrede schützen kann. Die Eintragbarkeit setzt voraus, daß eine vollständig entstandene Einrede vorliegt und nicht bloß eine zukünftige Einredemöglichkeit.[103]

cc. Keine zwingende Ausübungsbeschränkung aus der Sicherungsabrede

Die „Einrede der Sicherungsabrede" ist schließlich auch deshalb nichtssagend, weil aus dem Sicherungszweck nicht in jeder erdenklichen Fallkonstellation zwingend ein Recht des Sicherungsgebers ergibt, der Inanspruchnahme zu widersprechen. Vielmehr kann aus dem Sicherungszweck sogar folgen, daß – wegen Ausfalls der Forderung – die Verwertung gerade zulässig ist.[104] Letztendlich bedeuten sowohl „Einrede der

---

101 Vgl. BGHZ 85, 388, 390.

102 Vgl. BGHZ 85, 388, 390; *Huber*, Sicherungsgrundschuld, 144. *Reinicke/Tiedtke*, Kreditsicherung, 4. Auflage, Rn 1019 meinen, daß allein der gegenüber dem Zessionar der Forderung höhere Schutzbedarf des Erwerbers einer Grundschuld ausreiche, die Anforderungen an eine Einrede nach §1157 BGB höher anzusetzen als bei §404 BGB.
Den Unterschied zwischen §§404 und 1157 BGB erkannt auch *Eickmann* in *Westermann*, 817f. an, ohne freilich die daraus resultierenden Probleme für sein weites Verständnis hinsichtlich der von §1157 BGB erfaßten Einreden lösen zu können.

103 Vgl. *Huber*, Sicherungsgrundschuld, 143.

104 Vgl. *Haas*, 82. Insofern ist die von *Wilhelm*, NJW 1983, 2917, 2919 vorgenommene Gleichsetzung von Kenntnis des Sicherungszwecks und Kenntnis

Nichterfüllung der Sicherungszwecks“ als auch „Einrede der Sicherungsabrede“, daß man die bloße Möglichkeit des Bestehens eines konkreten Gegenrechts für ausreichend erachtet.[105]

c. Einrede der Regelung der Verwertungsbefugnis

Ähnlichen Bedenken wie die „Einrede der Nichterfüllung des Sicherungszwecks“ und die „Einrede der Sicherungsabrede“ begegnet die Befürwortung der Eintragung der sicherungsvertraglichen „Regelung der Verwertungsbefugnis“ als Einrede in das Grundbuch.[106] Als Argument für diese „Einrede“ wird angeführt, daß sie gleichzeitig mit der Grundschuld eingetragen werden könne und so den durch §1157 BGB angeordneten Schutz des Eigentümers optimal umsetze.[107]

aa. Kein Leistungsverweigerungsrecht

Die Eintragung der Verwertungsvereinbarung als Einrede in das Grundbuch käme jedoch von ihrer Wirkung her einer Eintragung des Sicherungszwecks gleich. Die Verwertungsbeschränkungen, denen der Gläubiger unterliegt, ergeben sich sämtlich aus dem Sicherungsvertrag und damit aus dem Sicherungscharakter der Grundschuld.[108] „Einrede der Verwertungsbefugnis“ bedeutet nämlich nichts anderes, als daß die Grundschuld nur in den vom Sicherungsvertrag festgelegten Fällen, also in der Regel bei Nichtbezahlung der fälligen Forderung geltend gemacht werden darf, womit das Schicksal der Grundschuld wiederum von dem der Forderung abhängig gemacht würde.

Wie für die „Einrede der Nichterfüllung des Sicherungszwecks“ und auch die „Einrede der Sicherungsabrede“ ergäbe sich freilich ein tatsächliches Leistungsverweigerungsrecht nur, wenn die Forderung nicht existierte, so daß auch für die "Einrede der Verwertungsbefugnis" stets die Betrachtung des Schicksals der Forderung hinzukommen müßte um festzustellen, ob tatsächlich ein Recht zum Widerspruch gegen den Anspruch aus §1147 BGB besteht.

---

der Nichtdurchsetzbarkeit der Grundschuld als Sicherungsgrundschuld unzutreffend.

105 Vgl. *Rimmelspacher*, Kreditsicherungsrecht, Rn 749; *Baden*, JuS 1977, 75, 77.

106 Dafür plädiert *Petri,* 194ff.

107 So *Petri,* 198; vgl. auch *Eickmann* im MüKo, 3. Auflage, §1191 Rn 41.

108 Vgl. *Serick*, Bd. 2, 425.

Hinzu kommt, daß die Regelung der Verwertungsbefugnis im Sicherungsvertrag nicht zwingend dazu führt, daß die Geltendmachung der Grundschuld verboten ist. Im Gegenteil: Aus der Regelung der Verwertungsbefugnis kann sich gerade ergeben, daß die Inanspruchnahme aus der Grundschuld rechtmäßig ist.[109] Bei Eintritt des Sicherungsfalls bestünde noch immer der Sicherungsvertrag, dessen Regelung über die Verwertung der Grundschuld sich nunmehr wegen des Ausfalls der Forderung zu Ungunsten des Eigentümers auswirkte. Die Nichtbeitreibbarkeit der Forderung führt zum Recht des Sicherungsnehmers, die Grundschuld zu verwerten, und das entspricht voll und ganz der geregelten Verwertungsbefugnis.

bb. Keine Eintragbarkeit der „Einrede der Verwertungsbefugnis"

Außerdem begegnet auch die Eintragbarkeit der Einrede der Verwertungsbefugnis den gleichen Bedenken wie die Eintragung des Sicherungszwecks. In beiden Fällen würde aus dem Grundbuch eine Verknüpfung von Forderung und Grundpfandrecht ersichtlich sein, die nach der Regelung des §1192 BGB nicht zulässig ist.

cc. Schaffung eines neuen Grundpfandrechts durch sofortige Eintragung

Die gewünschte *sofortige* Eintragung der „Einrede der Regelung der Verwertungsbefugnis" käme schließlich endgültig der Schaffung eines neuen Grundpfandrechts gleich, denn mit der von Anfang an bestehenden Beschränkung der Ausübung des dinglichen Rechts auf die Fälle des Eintritts des Sicherungsfalls, die gemäß §1157 BGB auch gegenüber einem Erwerber wirken würde, wäre eine vollständig forderungsabhängige Grundschuld zur Eintragung gelangt.[110]

---

109 Vgl. *Haas*, 82.

110 Das wird im Ergebnis auch von *Hieber*, DNotZ 1958, 378 übersehen, der bei Eintragung der Grundschuld gleichzeitig eine Rückgewährvormerkung für den Eigentümer eingetragen wissen möchte (siehe dazu unten III.). Allerdings will *Hieber* dem Eigentümer diese Vormerkung nur dann zugestehen, wenn er weiß, daß er weitere – nachrangige – Grundpfandrechte bestellen wird und die Rückgewähr der Grundschuld demnach auch im Interesse der nachrangigen Gläubiger liegt (379). Die Undurchführbarkeit seines Ansatzes scheint *Hieber* aber selbst klar zu sein: Zur Beurteilung der Zulässigkeit der Vormerkung müßte stets eine Prognose über zukünftige Bestellung von Grundpfandrechten abgegeben werden, die wohl kaum als hinreichende Tatbestandsvoraussetzung ausreichen kann (380).

6. Ergebnis: keine Einreden ohne konkretes Leistungsverweigerungsrecht

Die Versuche, im Interesse des Sicherungsgebers eine allgemeine, von der konkreten Situation der Forderung unabhängige und gleichwohl ins Grundbuch eintragbare Einrede gegen den Anspruch aus §1147 zu konstruieren, überzeugen allesamt nicht. Relevant gemäß §1157 BGB und damit ins Grundbuch eintragbar sind nur solche Einreden, die auf einem konkreten Leistungsverweigerungsrecht beruhen, in aller Regel wegen Nichtexistenz der Forderung.

7. Wortlaut der Grundbucheintragung

Für die Bildung des Wortlauts der Grundbucheintragung bieten sich grundsätzlich zwei verschiedene Vorgehensweisen an: Zum einen kann der Grund für die Einrede im einzelnen benannt werden, zum anderen könnte nur die Rechtsfolge festgehalten werden, also das Recht des Sicherungsgebers, der Inanspruchnahme aus der Grundschuld zu widersprechen.

Bei der Wahl zwischen den beiden Alternativen wirkt sich aus, daß die Grundschuld gemäß §1192 BGB das forderungsunabhängige Grundpfandrecht darstellt, womit sich eine Eintragung in das Grundbuch verbietet, die eine Abhängigkeit der Grundschuld von der Forderung wiedergibt.[111] Damit scheidet die Angabe der die Einrede auslösenden Umstände im Grundbuch aus. Unabhängig davon, welchen Grund die Einrede im einzelnen hat, könnte die zulässige Grundbucheintragung demnach lauten:

> „Der Eigentümer ist berechtigt, der Befriedigung des Gläubigers aus dem Grundstück zu widersprechen."[112]

III. Sicherung des Rückgewähranspruchs durch Vormerkung ?

Die Eintragung der Einrede, insbesondere im häufigsten Anwendungsfall des Erlöschens der Forderung, ist in der Praxis mit vielen Schwierigkeiten verbunden, nicht zuletzt wegen der erforderlichen Mitwirkung des Sicherungsnehmers, der die Eintragung bewilligen muß.[113] Als weitere Möglichkeit zur Absicherung des Eigentümers wird deshalb die Siche-

---

111 Siehe oben 5.a.cc.; vgl. *Huber*, FS *Serick*, 195, 228.

112 So der Vorschlag von *Huber*, FS *Serick*, 195, 228.

113 Siehe oben II.3.b.

rung des Rückgewähranspruchs durch eine – von Anfang an eintragbare – Vormerkung erwogen.[114]

Die Eintragung einer Vormerkung zur Sicherung des Rückgewähranspruchs gemäß §883 BGB erscheint ohne weiteres möglich. Der Rückgewähranspruch ist, unabhängig davon, wie man seine Rechtsnatur einordnet,[115] mit Einräumung der Grundschuld zumindest bestimmbar und damit vormerkungsfähig.[116]

1. Mittelbare Eintragung der noch nicht existenten Einrede ?

Allerdings könnten sich Bedenken gegen die Zulässigkeit der Eintragung einer Vormerkung des Rückgewähranspruchs daraus ergeben, daß durch sie mittelbar auch die mit dem Anspruch korrespondierende Einrede der Nichtexistenz der Forderung zur Eintragung gelangte, obwohl die einredebegründenden Tatsachen (noch) nicht vorliegen und die Einrede demzufolge die nach §1157 BGB erforderlichen Eintragungsvoraussetzungen nicht erfüllt. [117]

Diesen Bedenken könnte die Eintragung der Vormerkung freilich ohne weisteres Rechnung tragen. Ihr Wortlaut dürfte die Beziehung zur Forderung nicht erkennen lassen. Insofern gilt sinngemäß das gleiche wie für

---

114 Vgl. *Huber,* Sicherungsgrundschuld, 38; *ders.*, FS *Serick*, 195, 221; *Reinicke/Tiedtke*, Kreditsicherung, 4. Auflage, Rn 1075; *Weisbecker*, 37f.; *Schwab/Prütting*, Rn 773; *Lindemann*, JW 1931, 2613, 2614; *Petri*, 170 (der aber auch die „Einrede der Verwertungsregelung" für sofort eintragbar hält). Hauptsächlich wird die Frage der Vormerkungssicherung zum Schutz der Bank erwogen, der der Rückgewähranspruch abgetreten wurde, vgl. *Dempewolf*, Bedeutung des Rückübertragungsanspruches, 10ff.; *ders.*, NJW 1957, 1257, 1258f.; *Wolfsteiner* in *Staudinger*, 13. Auflage, Vorbem. zu §§1191ff. Rn 133.

115 Siehe oben 5. Kapitel A.I.3.

116 Vgl. OLG Hamm, NJW-RR 1990, 273; *Huber,* Sicherungsgrundschuld, 186; *ders.*, FS *Serick*, 195, 222; *Linde*, NJW 1957, 449, 450; *Dempewolf*, Bedeutung des Rückübertragungsanspruches, 11. *Seggelke*, 81f. lehnt die Möglichkeit gänzlich ab, weil die Eintragung der Einrede nicht auf eine dingliche Rechtsänderung gerichtet und damit nicht durch eine Vormerkung sicherbar sei. Dabei verkennt er, daß die Vormerkung den Rückgewähranspruch sichert und nicht die mit ihm korrespondierende Einrede. Der Rückgewähranspruch ist aber auf Übertragung der Grundschuld oder Verzicht und somit auf eine dingliche Rechtsänderung gerichtet.

117 Auf diese Umstände weist auch *Huber*, Sicherungsgrundschuld, 187 hin, ohne sie indessen für problematisch zu erachten.

die Eintragung der Einrede in das Grundbuch. Die Eintragung könnte lauten:

> "Vormerkung zur Sicherung des Anspruchs des Eigentümers auf Übertragung der Grundschuld."[118]

Daraus könnte man wegen der Häufigkeit der Verwendung der Grundschuld als Sicherungsmittel zwar folgern, daß es sich um eine Sicherungsgrundschuld handelt. Daß der vorgemerkte Anspruch von der Existenz einer durch die Grundschuld gesicherten Forderung abhängt, läßt sich dem Wortlaut des Grundbuchs gleichwohl nicht entnehmen.

Schließlich kann aus den Überlegungen zur mittelbaren Eintragung der Einrede noch aus einem anderen Grund nicht die Unzulässigkeit der Eintragung einer Vormerkung des Rückgewähranspruchs gefolgert werden. Die Vormerkungssicherung eines Anspruchs, der die Voraussetzungen des §883 BGB erfüllt, scheitert nicht daran, daß die mit ihm einhergehende Einrede nach den für sie geltenden Vorschriften nicht eintragbar wäre. §883 BGB eröffnet vielmehr die Möglichkeit, jeden auf eine dingliche Rechtsänderung gerichteten Anspruch durch Vormerkung zu sichern.[119]

2. Eingeschränkte Verwertung der Grundschuld

Die Eintragung einer Vormerkung des Rückgewähranspruchs ist also zulässig. Damit wird indessen die Diskussion um die Einredeproblematik nicht obsolet. Während nämlich die Eintragung einer tatbestandlich vorhandenen Einrede gemäß §894 BGB mit gerichtlicher Hilfe auch gegen den Willen des Sicherungsnehmers durchgesetzt werden kann, weil die aus dem Grundbuch ersichtliche Einredefreiheit der Grundschuld mit der materiellen Rechtslage nicht übereinstimmt, bedarf die Eintragung der Vormerkung der freiwilligen Mitwirkung des Sicherungsnehmers.

Diese wird in vielen Fällen schwerlich zu erlangen sein, weil der Sicherungsnehmer sich damit der Möglichkeit begäbe, die Grundschuld durch Übertragung an einen Dritten zu verwerten. Durch die Vormerkung wird eine Rechtszuordnung zugunsten des Vormerkungsberechtigten bewirkt, die wegen der nach §883 Abs.2 BGB angeordneten Unwirksamkeitsfolge für vormerkungswidrige Verfügungen nicht mehr ohne sein Zutun beseitigt werden kann.[120]

---

118 Formulierungsvorschlag nach *Linde*, NJW 1957, 449, 450.

119 Vgl. *Huber*, FS Serick, 195, 222.

120 Vgl. *Wunner*, NJW 1969, 113, 115.

Für die Vormerkung des Rückgewähranspruchs bedeutet das, daß jede Übertragung der Grundschuld an einen Dritten gemäß §883 Abs.2 BGB dem Sicherungsgeber gegenüber unwirksam wäre, soweit sie die Realisierung des Rückgewähranspruchs vereiteln würde. Die Eintragung einer Vormerkung würde also bewirken, daß die Grundschuld nicht mehr mit absoluter Wirksamkeit übertragen werden kann. Diese Einschränkung der Verwertungsmöglichkeiten der Grundschuld führt dazu, daß sich kaum ein Sicherungsnehmer auf die Eintragung einer Vormerkung einlassen wird.[121]

3. Erwirkung der Vormerkung durch einstweilige Verfügung ?

Wegen der aus wirtschaftlichen Gründen kaum zu erreichenden Mitwirkung des Sicherungsnehmers bei der Eintragung der Vormerkung wird von einigen erwogen, ob der Sicherungsgeber die Möglichkeit hat, die Vormerkung gemäß §885 BGB im Wege der einstweiligen Verfügung zu erzwingen.[122]

Gegen diese Auffassung spricht, daß die aus dem Sicherungsvertrag herrührende Verpflichtung des Sicherungsgebers, dem Sicherungsnehmer die Grundschuld so lange zu belassen, bis feststeht, ob der Sicherungsfall eintritt oder – durch Bezahlung der gesicherten Forderung – endgültig unmöglich wird, die Überlassung einer in den Verwertungsmöglichkeiten unbeschränkten Grundschuld erfordert.

Das Sicherungsinteresse des Sicherungsnehmers geht dahin, die Grundschuld bei Eintritt des Sicherungsfalls auch durch Veräußerung an einen Dritten verwerten zu können. Aus diesem Grund ist ein Anspruch auf Vormerkungssicherung des Rückgewähranspruchs grundsätzlich ausgeschlossen. Der bloße Hinweis auf den Sicherungsvertrag reicht demnach zur Glaubhaftmachung eines Verfügungsanspruchs nicht aus.[123]

Anders verhält es sich freilich, wenn das Sicherungsinteresse des Sicherungsnehmers durch Zahlung auf die Forderung wegfällt. Nunmehr ist der Rückgewähranspruch fällig, so daß dem Sicherungsgeber auch ein

---

121 Vgl. *Huber*, Sicherungsgrundschuld, 187; *ders.*, FS *Serick*, 195, 223; *Reinicke/Tiedtke*, Kreditsicherung, 4. Auflage, Rn 1076; *Scholz/Lwowski*, Rn 864; *Friedrich*, NJW 1968, 1655, 1656; *Ripfel*, DNotZ 1958, 518, 524. Zur Vormerkung des an die Bank zur Rangsicherung abgetretenen Rückgewähranspruchs siehe *Linde*, NJW 1957, 449 und *Wörbelauer*, NJW 1957, 898.

122 So *Ripfel*, DNotZ 1957, 518, 523.

123 Vgl. *Huber*, Sicherungsgrundschuld, 190.

berechtigtes Interesse an einer Sicherung im Grundbuch zuzubilligen ist. Macht der Sicherungsgeber folglich das Bestehen seines Rückgewähranspruchs glaubhaft, so wird seinem Antrag auf Erlaß der einstweiligen Verfügung stattzugeben sein.[124]

IV. Sicherung durch Widerspruch ?

Als weitere Sicherungsmöglichkeit wird erwogen, dem Eigentümer wegen der nicht eingetragenen Einrede der Nichtexistenz der Forderung die Eintragung eines Widerspruchs gemäß §899 BGB zuzubilligen.[125] Das müsse möglich sein, weil sonst die Verweisung des §1157 S.2 BGB auf §899 BGB unsinnig sei.[126]

Die theoretische Möglichkeit der Widerspruchseintragung besteht ohne Zweifel. Verfügt der Sicherungsgeber über eine – eintragbare – Einrede, so ist das Grundbuch unrichtig, solange die Einrede nicht eingetragen ist, so daß unproblematisch die Widerspruchsmöglichkeit gemäß §899 BGB eröffnet ist.[127] Auch die Widerspruchsmöglichkeit besteht freilich erst, wenn die Einrede vollständig entstanden ist, in der Regel also erst nach Tilgung der gesicherten Forderung.

D. Bösgläubigkeit des Erwerbers

Die vielseitige Verwendbarkeit der Grundschuld bietet einen wirtschaftlichen Vorteil sowohl für den Sicherungsgeber als auch für den Sicherungsnehmer. Er geht indessen mit dem Nachteil einher, daß die Eintragung von Einreden in das Grundbuch, die den Verlust der Einreden nach §§1157 S.2, 892 BGB durch gutgläubig einredefreien Erwerb verhindern könnte, mit praktischen Schwierigkeiten verbunden ist und deshalb nur selten umgesetzt wird. Auch eine anderweitige Absicherung des Sicherungsgebers im Grundbuch ist aus Gründen mangelnder Praktikabilität kaum möglich.

Weil die Grundbucheintragung demnach vor allem wegen der Handhabungsschwierigkeiten im Ergebnis nicht geeignet ist, den Einredeverlust

---

124 So auch *Huber*, Sicherungsgrundschuld, 100, der außerdem in Fällen der Gefährdung des Rückgewähranspruchs mit der einstweiligen Verfügung nach §885 BGB helfen will.

125 Vgl. *Münstermann*, 33; *Seckelmann*, 93 f.; *Wilhelm*, Sachenrecht, Rn 903.

126 Vgl. *Münstermann*, 34; *Weisbecker*, 37; *Reinicke/Tiedtke*, Kreditsicherung, 4. Auflage, Rn 1074.

127 Vgl. *Wilhelm*, Sachenrecht, Rn 903.

des Eigentümers zu verhindern, wird versucht, den anderen Hinderungsgrund für einen einredefreien Erwerb nach §1157 S.2 BGB möglichst weit zu fassen: die Bösgläubigkeit des Erwerbers.[128]

I. Voraussetzung des §892 BGB: Keine positive Kenntnis von der Einrede

Gem. §§1157 S.2, 892 BGB ist der gutgläubig einredefreie Erwerb der Forderung möglich, wenn die Einrede nicht in das Grundbuch eingetragen ist und der Erwerber nicht positiv um das Vorliegen der Einrede weiß.[129] Für die Frage, wann ein Erwerber bösgläubig ist, ist demnach entscheidend, welche Einreden man als die für §1157 BGB maßgeblichen Einreden ansieht.[130]

Ausgehend von der Einrede der Nichtexistenz der Forderung[131] kann die Grundschuld daher gutgläubig einredefrei erworben werden, wenn der Erwerber nicht weiß, daß er eine Sicherungsgrundschuld erwirbt und/oder daß die Forderung nicht existiert.[132] Weiß der Erwerber hingegen beides, so kennt er die maßgeblichen Tatsachen, die sowohl die Einrede der Nichtexistenz der Forderung als auch den mit ihr korrespondierenden Rückgewähranspruch begründen.[133]

---

128 Auch bei der Diskussion um die Frage der Bösgläubigkeit geht es im Kern um Billigkeitserwägungen zugunsten des Eigentümers (vgl. *Cordes*, Jura 1990, 594, 596; *Reithmann*, NJW 1977, 661, 662). Die systematisch richtige Lösung tritt gegenüber dem Gerechtigkeitsgefühl in den Hintergrund (zu dieser Erkenntnis gelangen auch *Reithmann*, NJW 1973, 879, 882; *Huber*, FS *Serick*, 195, 212 und *Haas*, 199).

129 Vgl. *Haas*, 222; *Kowalski*, Grundschuld, 28f.; *Derleder*, JuS 1971, 90, 94; *Eickmann* im MüKo, 3. Auflage, §1191 Rn 50.

130 So auch *Wilhelm*, JZ 1980, 625, 629.

131 Siehe oben C.II.3.

132 So auch BGHZ 59, 1, 3; 103, 72, 82; *Huber*, FS *Serick*, 195, 206; *Baur/Stürner*, §45 Rn 66; *Dempewolf*, Bedeutung des Rückübertragungsanspruches, 45; *Haas*, 213; *Reinicke/Tiedtke*, Kreditsicherung, 4. Auflage, Rn 1021; *Wolfsteiner* in *Staudinger*, 13. Auflage, Vorbem. zu §§1191ff. Rn 131; *Räfle* in *Erman*, §1191 Rn 23.

133 Vgl. *Baur/Stürner*, §45 Rn 66. Die rechtlich exakte Folgerung des Bestandes einer Einrede muß nicht gezogen werden, da eine solche von einem Laien nicht verlangt werden kann, vgl. *Eickmann* im MüKo, 3. Auflage, §1157 Rn 11.

II. Ausreichen der Kenntnis vom Sicherungszweck ?

Dagegen wird die Auffassung vertreten, allein die Kenntnis vom Sicherungszweck der Grundschuld schließe den gutgläubig einredefreien Erwerb aus. Wer den Sicherungszweck der Grundschuld kenne, müsse damit rechnen, daß die gesicherte Forderung nicht existiere.[134] Sonst bestehe für den Eigentümer eine unbillige Gefährdungslage, weil eine treuwidrige Verfügung des Gläubigers zu einer Inanspruchnahme durch den Erwerber führen könne.[135] Der Eigentümer habe auch keine anderweitigen Mittel, die ihn gegen solche Verfügungen sichern könnten.[136]

Die Unbilligkeit strengerer Bösgläubigkeitsmaßstäbe zeige sich vor allem im Konkurs des Sicherungsnehmers. Der vom Erwerber der Grundschuld infolge gutgläubig einredefreien Erwerbs in Anspruch genommene Eigentümer bleibe auf wertlose Schadensersatzforderungen gegen den Sicherungsnehmer beschränkt.[137]

1. Ausgangspunkt: Nichterfüllung des Sicherungszwecks als maßgebliche Einrede

Die Auffassung, bereits die Kenntnis vom Sicherungszweck begründe die Bösgläubigkeit, geht erkennbar davon aus, daß die „Einrede der Nichterfüllung des Sicherungszwecks" die maßgebliche Einrede für §1157 BGB sei.[138] Unter dieser Prämisse erscheint sie auch folgerichtig: Wenn die Nichterfüllung des Sicherungszwecks eine eintragbare Einrede wäre, müßte der gutgläubig einredefreie Erwerb entweder durch die Eintragung des Sicherungszwecks oder – bei Nichteintragung – durch die Kenntnis des Erwerbers von der insoweit bestehenden Unrichtigkeit des Grundbuchs, also Kenntnis des nicht eingetragenen, aber eintragbaren Sicherungszwecks ausgeschlossen sein.[139]

---

134 Vgl. RGZ 91, 218, 224; RG Bank-Archiv 33. Jg., 73, 74; *Wilhelm*, NJW 1983, 2917; *ders.*, JZ 1980, 625, 626; *Lopau*, NJW 1972, 2253, 2255; *ders.*, JuS 1972, 502; *ders.*, JuS 1976, 553; *Petri*, 209; *Coing*, 169; *Brebeck*, 41; *Eickmann* im MüKo, §1191 Rn 51 für das anfängliche Nichtbestehen der Forderung; *ders.* in *Westermann*, 7. Auflage, 817, anders offenbar noch in der 6. Auflage, 333f.

135 Vgl. *Wilhelm*, JZ 1980, 625, 626.

136 Vgl. *Lopau*, NJW 1972, 2253, 2256; *Wilhelm*, Sachenrecht, Rn 908f.

137 Vgl. *Wilhelm*, JZ 1980, 625, 627.

138 Vgl. *Wilhelm*, JZ 1980, 625, 629.

139 Vgl. *Wilhelm*, JZ 1980, 625, 629.

2. Unrichtigkeit des Grundbuchs ?

Wie oben gezeigt ist die „Einrede der Nichterfüllung des Sicherungszwecks" jedoch keine Einrede im Sinne des §1157 BGB. [140] Allein die Kenntnis vom Sicherungszweck einer Grundschuld beinhaltet daher nicht die positive Kenntnis vom Vorliegen einer für §1157 BGB maßgeblichen Einrede, wie sie der Ausschlußtatbestand des §892 Abs.1 S.1 BGB verlangt.

Nach §892 Abs.1 S.1 BGB kann sich der Erwerber nicht auf die Grundbucheintragung berufen, wenn er die Unrichtigkeit des Grundbuches kennt. Bei der Sicherungsgrundschuld ist das Grundbuch aber nicht wegen Fehlens der Eintragung des Sicherungszwecks unrichtig, weil weder der Sicherungszweck noch seine „Nichterfüllung" eintragbar sind.[141] Demnach ist der Erwerber, der den Sicherungszweck kennt, auch nicht bösgläubig.[142]

3. Wirtschaftliche Verkehrsunfähigkeit der Grundschuld

Außerdem würde die Auffassung vom Ausreichen der Kenntnis des Sicherungszwecks den Erwerber einer Grundschuld vollständig mit dem Risiko der Nichtexistenz der Forderung, jedenfalls aber mit einer Nachforschungspflicht – deren Grenzen kaum definierbar wären – belasten.[143] Der Erwerber müßte stets prüfen, ob die gesicherte Forderung womöglich erloschen ist.

Das würde im wirtschaftlichen Ergebnis zur Verkehrsunfähigkeit der Fremdgrundschuld führen, weil im heutigen Kreditwesen grundsätzlich davon ausgegangen werden kann, daß eine Grundschuld als Sicherungsmittel eingesetzt wird,[144] so daß die Kenntnis vom Sicherungszweck beim Erwerber in aller Regel zu bejahen sein wird. Das hätte zur Folge, daß der Erwerber immer mit dem Vorhandensein von Einreden zu rechnen hätte. Die Vorschrift des §1157 S.2 BGB würde damit regelmäßig ins Leere gehen.[145]

---

140 Siehe oben C.II.5.a.

141 Siehe oben C.II.5.a.cc.

142 So auch *Huber,* Sicherungsgrundschuld, 141; *Lamb*, JA 1987, 1, 11.

143 Vgl. *Huber*, FS *Serick*, 195, 213.

144 Vgl. *Reinicke/Tiedtke*, Kreditsicherung, 4. Auflage, Rn 1021; *Tiedtke*, Jura 1980, 407, 416.

145 Vgl. *Huber,* Sicherungsgrundschuld, 138; *Clemente*, Sicherungsgrundschuld, 177; *Reithmann*, DNotZ 1982, 67, 74.

An die Übertragung der Grundschuld würden damit außerdem höhere Anforderungen gestellt als an die Übertragung einer Hypothek, für die so weitreichende Bösgläubigkeitsmaßstäbe nicht aufgestellt werden. Der Erwerber einer Hypothek ist erst bösgläubig im Sinne der §§892 Abs.1, 1138 BGB, wenn er die Nichtexistenz der Forderung positiv kennt.[146]

4. Ergebnis

Die bloße Kenntnis vom Sicherungszweck der Grundschuld reicht nicht aus, den gutgläubig einredefreien Erwerb gemäß §§1157 S. 2, 892 BGB auszuschließen.

III. Erfordernis der Schädigungsabsicht ?

Vereinzelt geblieben ist die den Bösgläubigkeitsmaßstab noch verschärfende Auffassung, ein gutgläubig einredefreier Erwerb bleibe nur aus, wenn der Erwerber den Eigentümer mit dem Erwerb der Grundschuld schädigen wollte.[147]

Die Meinung erscheint bereits im Ansatz zweifelhaft, denn die Einrederegelung für die Grundschuld wird anhand des Art. 17 WG entwickelt, der ausdrücklich die Drittrelevanz ausschließlich der *exceptio doli* anordnet. Damit wird ein „wechselrechtliches Einredesystem“ für die Grundschuld unterstellt.[148] Ein solches sei vom Gesetzgeber bezweckt. Die 1. Kommission habe für die Grundschuld ein wertpapierrechtliches Einredesystem einführen wollen. Von dieser Absichtserklärung sei die 2. Kommission nicht abgewichen, so daß die Konzeption Bestand haben müsse.[149]

---

146 Vgl. *Huber*, Sicherungsgrundschuld, 143; *ders.*, FS *Serick*, 195, 214; *Wieling*, 445f.; *Eickmann* in *Westermann*, 333; *Rimmelspacher*, Kreditsicherungsrecht, Rn 749; *Schwab/Prütting*, Rn 770.

147 *Buchholz*, AcP 187 (1987), 107, 136ff.

148 *Buchholz*, AcP 187 (1987), 107, 131.

149 *Buchholz*, AcP 187 (1987), 107, 129.

1. Wechselrechtliches Einredesystem bei der Grundschuld ?

Tatsächlich hat lange Zeit die Vorstellung der Vergleichbarkeit von Grundschuld und Wechsel vorgeherrscht.[150] Jedoch hat sich bei der Gesetzgebung die Vorstellung des Wechselcharakters der Grundschuld nicht endgültig durchgesetzt, wenngleich sein mag, daß dieser Umstand nicht durch eine entsprechende Protokollnotiz dokumentiert wurde.

Die tatsächliche Gesetzgebungstätigkeit zeigt aber, daß mit §1157 BGB eine eigenständige Regelung des Einredesystems gefunden wurde.[151] Gerade die Schaffung des §1157 S.2 BGB verdeutlicht, daß der Gesetzgeber für die Frage der Bösgläubigkeit allein die Kenntnis von der Einrede ausreichen lassen wollte.[152] Die Entwicklung der Grundschuld für das BGB und insbesondere der Sicherungsgrundschuld in den letzten Jahrzehnten läßt die Feststellung eines eigenständigen Einredesystems zu,[153] so daß der Verweis auf ein „wertpapierrechtliches Einredesystem" bei der Grundschuld obsolet ist.

2. Verknüpfung mit der Grundschuld über §1157 BGB

Mit dem Ergebnis der Anwendung eines wechselrechtlichen Einredesystems auf die Grundschuld wäre außerdem kein Erkenntnisfortschritt verbunden. Der Anhaltspunkt im Gesetz für die Anwendung des „Lösungsmusters" des Art. 17 WG soll nämlich in der – nicht direkt anwendbaren – Vorschrift des §1157 BGB zu finden sein, die den Einredeerhalt aber nur im Zusammenhang mit §826 BGB gewährleisten soll.[154]

Wann die *exceptio doli* vorliegt, wird den Grundsätzen des Treuhandmißbrauchs entnommen, nach denen der Geschäftspartner (für die Sicherungsgrundschuld der Erwerber der Grundschuld) des seine Rechtsmacht entgegen der fiduziarischen Bindung mißbrauchenden Treuhänders ebenfalls rechtsmißbräuchlich handelt, wenn er von dem

---

150 Vgl. Motive, Bd. 3, 784; *Seggelke*, 10, 15; *Haas*, 167; *Huber*, FS *Serick*, 195, 199. Das klingt auch durch in der Denkschrift zur Reichstagsvorlage des BGB-Entwurfs (bei *Mugdan*, Bd. 3, 986).

151 Vgl. *Seggelke*, 15; *Huber*, FS *Serick*, 195, 200f. und auch *Buchholz* selbst in AcP 187 (1987), 107, 116.

152 Vgl. *Wilhelm*, JZ 1980, 625, 630; *Huber*, FS *Serick*, 195, 200.

153 Das will auch *Buchholz* als vereinheitlichende Aussage anerkennen, vgl. AcP 187 (1987), 107, 109.

154 *Buchholz*, AcP 187(1987), 107, 128ff.

Verstoß weiß und gleichwohl das so erworbene Treugut verwerten will.[155]

Damit gelangt man für die Sicherungsgrundschuld zu folgendem Ergebnis: Der Erwerber der Grundschuld, der von Sicherungszweck und Nichtvalutierung weiß und sich die Grundschuld dennoch abtreten läßt, kann die Grundschuld wegen Rechtsmißbrauchs nicht geltend machen.[156] Das Ergebnis entspricht vollständig dem der direkten Anwendung des §1157 BGB.[157] Der gutgläubig einredefreie Erwerb der Grundschuld ist ausgeschlossen, wenn der Erwerber den Sicherungszweck und die Nichtexistenz der Forderung kennt.

Schließlich stellt sich die Frage, warum überhaupt auf §1157 BGB zurückgegriffen wird.[158] Wenn §826 BGB anwendbar ist, bedarf es wohl kaum einer Überleitung treuhänderischer Pflichten aus dem Sicherungsvertrag auf den Erwerber. Vielmehr wird bei Vorliegen einer Schädigungsabsicht zu erwägen sein, ob §826 BGB einen originären Schadensersatzanspruch auf Herausgabe der Grundschuld gewährt.[159]

3. Ergebnis

Eine über die Kenntnis der einredebegründenden Tatsachen hinausgehende Schädigungsabsicht als Voraussetzung des Ausbleibens des gutgläubig einredefreien Erwerbs gemäß §§1157 S.2, 892 BGB ist abzulehnen.

---

155 Vgl. *Buchholz*, AcP 187 (1987), 107, 137f.

156 Vgl. *Buchholz*, AcP 187 (1987), 107, 139.

157 Zu dieser Erkenntnis gelangen auch *Reinicke/Tiedtke*, Kreditsicherung, 3. Auflage, 363f. In der 4. Auflage ist die Stellungnahme zu *Buchholz* nicht mehr enthalten.
Eickmann in *Westermann*, 7. Auflage, 816, hält *Buchholz* überdies entgegen, daß mit dem Abstellen auf ein wechselrechtliches Einredesystem die in §1157 BGB festgelegte Abwägung zwischen Verkehrs- und Bestandsschutz unterlaufen werde.

158 *Reinicke/Tiedtke*, Kreditsicherung, 3. Auflage, 364 erblicken zudem einen Widerspruch in dem von *Buchholz* entwickelten System: Wenn die Grundschuld ein "Wechsel auf das Eigentum" sei, könne ihre Nichtvalutierung keine eintragbare Einrede sein; *Buchholz* lasse diese Eintragung jedoch zum Schutz des Eigentümers zu (vgl. *Buchholz*, AcP 187 (1987), 107, 140f.).

159 So *Münstermann*, 30; *Huber,* Sicherungsgrundschuld, 145; *ders.*, FS *Serick*, 195, 198; *Friedrich*, NJW 1968, 1655, 1656.

IV. Zusammenfassung: Bösgläubigkeit nur bei Kenntnis von Sicherungscharakter und Nichtexistenz der Forderung

Nach alledem überzeugt keiner der Versuche, die Bösgläubigkeit des Erwerbers ohne dessen positive Kenntnis der die Einrede begründenden konkreten Tatsachen zu bejahen oder andererseits die Bösgläubigkeit auch bei vorhandener Kenntnis einzuschränken.[160] Der Erwerber ist demnach bösgläubig im Sinne des §1157 S.2 BGB, wenn er den Sicherungszweck der Grundschuld und die Tatsachen kennt, die die Einrede der Nichtexistenz der Forderung begründen.[161]

E. Ergebnis: Kein ausreichender Schutz des Eigentümers durch §1157 BGB

Ein Einredeerhalt gemäß §1157 BGB kommt nach alledem nur in Betracht, wenn dem Sicherungsgeber eine konkrete Einrede – in der Regel die Einrede der Nichtexistenz der Forderung – zusteht, die entweder im Grundbuch eingetragen ist oder von der der Erwerber weiß.

Damit bleibt festzuhalten, daß die Gefahr der unberechtigten Inanspruchnahme bei der Sicherungsgrundschuld durch die Anwendung des §1157 BGB bei dogmatisch richtiger Betrachtung nicht ausgeschlossen

---

160 Zu diesem Ergebnis gelangt auch *Haas*, 222.

161 Gleichwohl soll nach Auffassung des BGH NJW 1986, 1487 der Gutglaubensschutz versagen bei Erwerb der Grundschuld infolge Ablösung durch einen Dritten gemäß §268 BGB. Durch die Ablösung komme es zu einem gesetzlichen Übergang der Grundschuld, so daß es an dem für §892 BGB notwendigen rechtsgeschäftlichen Erwerb mangele (zustimmend *Reinicke/Tiedtke*, WM 1986, 813, 819f., die die Ablösung als einen Fall des §893 BGB auffassen und die in §1157 S.2 BGB fehlende Verweisung auf diese Vorschrift als gewollten Schutz des Eigentümers einstufen, der durch eine Zahlung, die er auch selber habe leisten können, nicht schlechter stehen soll, wenn ein Dritter sie erbringt).
Gegen die Auffassung des BGH spricht jedoch, daß der ablösende Dritte nicht weniger schutzwürdig ist als der Erwerber, dem die Grundschuld vom Gläubiger übertragen wird. Beide handeln mit dem Ziel der Erlangung der Grundschuld und vertrauen dabei beide auf den Bestand der Grundschuld, wie sie das Grundbuch ausweist (vgl. *Canaris*, NJW 1986, 1488). Die Formulierung des §892 BGB „durch Rechtsgeschäft" muß daher richtigerweise so verstanden werden, daß auch ein Erwerb aufgrund eines Rechtsgeschäfts (also auch der Ablösung gemäß §268 BGB) erfaßt wird (vgl. *Canaris*, NJW 1986, 1488, 1489; ähnlich (und gegen *Reinicke/Tiedtke*) auch *Rimmelspacher*, WM 1986, 809, 811, der die Ablösung zwar unter §893 BGB fallen läßt, die mangelnde Verweisung in §1157 S.2 BGB jedoch für ein Redaktionsversehen hält).

werden kann. Das grundpfandrechtliche Einredesystem des BGB vermag die Gerechtigkeit für den Sicherungsgeber nicht herzustellen.[162]

Entgegenstehende Auffassungen versuchen, mit Billigkeitserwägungen andere Ergebnisse zu erzielen, die jedoch aus Erwerbersicht Ungerechtigkeiten mit sich bringen können. Eine gerechte und zugleich systematisch befriedigende Lösung bietet das Gesetz demnach nicht.

Wie gezeigt, wird die vom BGH favorisierte Lösung der Gesetzeslage gerecht – mit der Folge, daß ein gutgläubig einredefreier Erwerb der Grundschuld nur ausscheidet, wenn der Erwerber sowohl von Sicherungszweck als auch Nichtexistenz der Forderung Kenntnis hat. Aus Sicht der Grundstückseigentümer kann die Rechtslage daher nur als unsicher bezeichnet werden.

---

162 So auch *Haas*, 203ff.

9. Kapitel: Beseitigung der Gerechtigkeitsprobleme durch Gesetzesänderung ?

Eine Möglichkeit, die "Gerechtigkeitsprobleme" bei der Sicherungsgrundschuld zu lösen, bestünde in der gesetzlichen Einführung eines neuen Rechtsinstituts "Sicherungsgrundschuld", das den Erhalt aller Einreden gegen die Forderung über §1157 BGB ermöglichte.[1] Indessen ist eine solche Gesetzesänderung nicht zu erwarten. Ein Blick in die jüngere Geschichte offenbart vielmehr, daß gesetzgeberische Maßnahmen zur Erneuerung der Grundpfandrechte ergebnislos geblieben sind.

A. Die Beratungen der Akademie für deutsches Recht

Eine intensive Diskussion über die Neuregelung der Grundpfandrechte führte die im Dritten Reich gegründete Akademie für Deutsches Recht.[2] Neuere Reformbestrebungen in Deutschland sind indessen nicht ersichtlich. Dabei mögen sich die Verhandlungen der Akademie als rechtshistorischer Hemmschuh für einen Ansatz zur Reform der Grundpfandrechte darstellen. Solche Überlegungen könnten leicht in den Geruch der Fortführung nationalsozialistischen Gedankenguts geraten.

Gleichwohl darf die Tatsache, daß unter der Herrschaft der Nationalsozialisten eine Veränderung des Rechts der Grundpfandrechte diskutiert wurde, nicht zu dem Schluß führen, daß Modifikationen des Systems der Grundpfandrechte zwangsläufig nationalsozialistisch geprägte Akte seien.

I. Nationalsozialistische Rechtsanpassung und rechtswissenschaftliche Forschung

Zwar findet sich in den Verhandlungen der Akademie für Deutsches Recht reichlich Gedankengut, dessen Ursprung in der nationalsozialistischen Ideologie unverkennbar ist, wenn etwa die hohe Mobilisierung des Bodens durch die Brief-Grundpfandrechte als „vom Standpunkte einer nationalsozialistischen Auffassung von Grund und Boden“ nicht hin-

---

[1] Dafür plädiert *Serick*, Bd. 1, 5; vgl. dazu *Huber*, FS *Serick*, 195, 215.

[2] Zur Entstehungs- und Tätigkeitsgeschichte vgl. *Hattenhauer*, JuS 1986, 680.

nehmbar bezeichnet wird.[3] Auch die offizielle Arbeitsaufgabe der Akademie, das Recht unter „völkischen“ Gesichtspunkten neu zu ordnen, darf man nicht vergessen.

Gleichwohl zeigen die umfangreichen Erwägungen und Referate der Akademie, daß keineswegs ausschließlich über die Anpassung des Rechts an nationalsozialistisches Gedankengut debattiert wurde, sondern die allgemeine wissenschaftliche Diskussion im Vorderfrund stand.[4] Den beteiligten Juristen bot sich die Gelegenheit, die Regeln des BGB nach gut 30jähriger Erprobungszeit kritisch zu überprüfen und bei Mängeln Neuregelungen zu diskutieren.[5]

II. Inhalt der Verhandlungen

Die Diskussion der Akademie um die Grundpfandrechte drehte sich bereits um die rechtspolitischen Grundüberlegungen, die auch heute noch die entscheidende Rolle in der juristischen Argumentation spielen. Im wesentlichen ging es seinerzeit wie heute um die Frage, ob sich die Interessen des Sicherungsgebers oder die des Sicherungsnehmers durchsetzen. Je nach dem, welche Interessen man für wichtiger hält, wird man sich heutzutage einer der zur Reichweite des §1157 BGB vertretenen Meinungen anschließen.

1. Schaffung eines einheitlichen Grundpfandrechts contra Abschaffung der Grundschuld

Bei den Verhandlungen der Akademie gab es einerseits Befürworter der Abschaffung der Hypothek und damit einer erleichterten „Bodenmobilisierung“ im Interesse der Kreditinstitute,[6] die sogar ein einheitliches Grundpfandrecht vorschlugen, das zudem die persönliche Haftung des Eigentümers beinhalten sollte.[7] Andererseits gab es Befürworter der Abschaffung der Grundschuld, die darauf abziele, dem Gläubiger zu viel

---

3 Vgl. das Protokoll der Sitzung vom 21.06.1941, bei *Schubert*, 253.

4 Darauf weist auch *Hattenhauer*, JuS 1986, 680, 681, hin.

5 Vgl. *Hattenhauer*, JuS 1986, 680, 681.

6 Vgl. das Protokoll vom 2./3.12.1938, bei *Schubert*, 221f.

7 So *Kreller* in der Sitzung am 17./18.03.1939 (bei *Schubert*, 225) sowie in seinem Referat vom 27.07.1939 (bei *Schubert*, 414). Zur Begründung gab er an, daß damit der Anlagekredit optimal gesichert sei (bei *Schubert*, 225, 414); vgl. auch die Erwägungen bei *Münstermann*, 56 und *Kober* in *Staudinger*, 10. Aufl., Vorbem. vor §1113 Rn 4.

Rechtsmacht zu verleihen[8] und daher mit „den derzeitigen Anschauungen“ nicht vereinbar sei.[9] Die Anhänger dieser Fraktion hatten vor allem den Schutz des Kreditnehmers im Auge.

Nachdem zunächst die Bestrebungen zur Abschaffung der Grundschuld die Oberhand hatten[10] und sogar von Bankenvertretern Vorschläge zur Beseitigung der Nachteile der Höchstbetragshypothek gemacht wurden,[11] mehrten sich schließlich die Stimmen, die für eine Beibehaltung des bestehenden Systems plädierten.[12] Die Grundschuld habe sich als für den Kapitalverkehr sehr nützlich erwiesen,[13] und ihre Abschaffung würde wegen der aus Sicht der Kreditinstitute ungünstigeren Sicherungsmöglichkeit zu einer Erschwerung des Kapitalverkehrs führen, weil die Kreditinstitute nicht mehr so bereitwillig Darlehen vergeben würden.[14]

2. Keine endgültigen Ergebnisse

Zu einem endgültigen Ergebnis kam die Akademie für Deutsches Recht, die ihre Aktivitäten mit Fortschreiten des Krieges immer weiter reduzieren mußte,[15] nicht mehr. Ihre Debatten wurden nach dem Ende der nationalsozialistischen Gewaltherrschaft nicht fortgesetzt, jedenfalls nicht mit dem Ziel der Neuregelung der Grundpfandrechte.

B. Europäisches Recht

Eine gesetzliche Regelung der Sicherungsgrundschuld könnte sich im Zeitalter der europäischen Integration und der europäischen Rechtsan-

---

8 Vgl. das Protokoll vom 24./25.08.1939, bei *Schubert*, 231.

9 Vgl. das Protokoll vom 24./25.08.1939, bei *Schubert*, 233.

10 Vgl. das Protokoll vom 17./18.03.1939 (bei *Schubert*, 226), in dem festgestellt wird, daß die Grundschuld „viele Mängel“ aufweise und daher abzuschaffen sei.

11 Sie sollte verzinslich gestellt und die sofortige Zwangsvollstreckung sollte ermöglicht werden, vgl. das Protokoll vom 24./25.08.1939, bei *Schubert*, 233.

12 Vgl. das Protokoll vom 21.06.1941, bei *Schubert*, 240; *Schütz*, ZAkDR 1939, 475, 478.

13 Vgl. das Protokoll vom 21.06.1941, bei *Schubert*, 240.

14 Vgl. *Schütz*, ZAkDR 1939, 475, 478; vgl. auch *Münstermann*, 56 f., der den Fortbestand des zweigleisigen Grundpfandrechtsystems damit begründen will, daß sowohl Grundschuld als auch Hypothek deutschrechtlichen Ursprungs seien.

15 Vgl. *Hattenhauer*, JuS 1986, 680, 683.

gleichung auch aufgrund von Bestrebungen zur Rechtsvereinheitlichung in der Europäischen Union vorgenommen werden. Eine nähere Betrachtung gelangt jedoch zu dem Ergebnis, daß sich solche Erwartungen in absehbarer Zeit nicht erfüllen werden.[16]

I. Rechtsvereinheitlichung

Zwar wurde auf europäischer Ebene bereits im Jahre 1966 durch den sogenannten Segré-Bericht die Vereinheitlichung der Vorschriften über die Grundpfandrechte als vorrangige Aufgabe eingestuft.[17] Daran anschließend gab es mehrere Ansätze zu einer Rechtsvereinheitlichung in Europa auf diesem Gebiet.[18] Bei allen Vorschlägen für ein einheitliches europäisches Grundpfandrecht wurde das Augenmerk auf dessen Flexibilität und die Möglichkeit der Sicherung laufender Forderungen gelegt, also auf Kriterien, die die Grundschuld als Sicherungsmittel erfüllt.[19]

Eine von der Internationalen Vereinigung des lateinischen Notariats[20] eingesetzte Kommission mit dem Arbeitstitel „Eurohypothek" kam 1987 zu dem Ergebnis, daß sich als einheitliches Grundpfandrecht am besten ein dem schweizerischen Schuldbrief nachgebildetes Recht eigne,[21] weil dieser die nötige Flexibilität und Übertragbarkeit aufweise.[22]

Der schweizerische Schuldbrief ist ein nichtakzessorisches Grundpfandrecht, das gem. Art. 799 ZGB durch Einigung und Eintragung in das Grundbuch bestellt wird.[23] Die Verknüpfung mit einer persönlichen Forderung kann wie bei der Grundschuld deutschen Rechts nur durch einen Sicherungsvertrag geschehen, so daß der Schuldbrief der Grundschuld sehr ähnlich ist.

Auf Initiative der deutschen Hypothekenbanken ist inzwischen ein an die Ergebnisse der „Eurohypothek"-Kommission angelehnter „Gesetzent-

---

16 Siehe dazu auch *Baur/Stürner*, §36 Rn 129.

17 Vgl. *Stöcker*, 217; *Stürner*, FS *Serick*, 377, 387.

18 Es gab Vorschläge des Max-Planck-Instituts und des Hypothekenverbandes bei der EG (vgl. *Stöcker*, 218ff).

19 Vgl. *Stürner*, FS *Serick*, 377, 387.

20 UINL= Union Internationale du Notariat Latin.

21 Vgl. *Stöcker*, 229.

22 Vgl. *Stöcker*, 229.

23 Vgl. *Stöcker*, 240.

wurf" erarbeitet worden.[24] Gesetzgeberische Aktivitäten hat jedoch auch dieser Vorstoß nicht auszulösen vermocht.

II. Gegenseitige Anerkennung

Alle bisherigen Überlegungen zum Trotz ist jedoch eine baldige Rechtsangleichung in Europa nicht zu erwarten. Zu unterschiedlich sind die Regelungen in den EU-Mitgliedstaaten. Selbst die bisherigen Versuche, zumindest im Wege der gegenseitigen Anerkennung der Entstehungsvoraussetzungen für Grundpfandrechte nach dem jeweiligen nationalen Recht eine Vereinheitlichung herbeizuführen, sind weitgehend gescheitert.[25]

---

24 Siehe im einzelnen *Gaberdiel*, Rn 8f.

25 Vgl. *Eilmannsberger*, EuZW 1991, 691; siehe auch *Bülow*, Rn 84.

10. Kapitel: Möglichkeiten des Sicherungsgebers zur Risikobegrenzung

Als Fazit bleibt festzustellen, daß die Gefahr der unberechtigten Inanspruchnahme des Sicherungsgebers einer Sicherungsgrundschuld durch die vorhandenen gesetzlichen Mechanismen nicht ausgeschlossen werden kann, eine Änderung der Gesetzeslage gleichwohl nicht in Aussicht steht. Der Sicherungsgeber kann die Gefahr nur mildern, indem er in den Verhandlungen mit dem Sicherungsnehmer von vornherein auf Vereinbarungen besteht, die der unberechtigten Verwertung der Grundschuld entgegenwirken.

A. Vormerkung des Rückgewähranspruchs

Zu empfehlen ist die Vereinbarung der Vormerkung des Rückgewähranspruchs. Eine gegen den Sicherungsgeber wirksame Verfügung über die Grundschuld nach Bezahlung der gesicherten Forderung wird durch sie ausgeschlossen, womit auch die Gefahr der Inanspruchnahme aus der Grundschuld trotz Tilgung der Forderung gebannt wird.

B. Eigentümer als Inhaber des Rückgewähranspruchs

Der Eigentümer, der eine Grundschuld an seinem Grundstück zur Sicherung einer Forderung des Sicherungsnehmers gegen einen Dritten gibt, sollte darauf achten, daß nach dem Sicherungsvertrag er selbst Inhaber des Rückgewähranspruchs wird, damit er sich nicht der Gefahr eines treuwidrigen Zusammenwirkens von Schuldner und Sicherungsnehmer zu seinem Nachteil aussetzt.

C. Zahlung gegen Rückgabe der Grundschuld

Schließlich sollte der Sicherungsgeber bei der Abwicklung des Kreditverhältnisses darauf achten, daß die Bezahlung der letzten Forderungsrate tatsächlich nur gegen Rückgabe der Grundschuld vorgenommen wird, also gegen Aushändigung des Grundschuldbriefs und/oder einer Eintragungsbewilligung zugunsten des Sicherungsgebers.

Zuvor sollte er sich bei der Buchgrundschuld anhand des Grundbuchs vergewissern, daß sie nicht an einen Dritten übertragen wurde. Bei der Briefgrundschuld bietet der Besitz am Brief dafür die Gewähr.

Bei der Briefgrundschuld kann der Sicherungsgeber sich absichern, indem er sich im Gegenzug zur Bezahlung den Grundschuldbrief aushändigen läßt. Bei der Buchgrundschuld sollte er sich eine Löschungs- oder Umschreibungsbewilligung aushändigen lassen und sogleich den entsprechenden Antrag beim Grundbuchamt stellen.

D. Bedingte Grundschuld

Kommt es dem Eigentümer nicht darauf an, die Grundschuld zur Sicherung weiterer Forderungen zu verwenden, kommt auch die Vereinbarung einer bedingten Grundschuld in Betracht. Damit würde gewährleistet, daß der Sicherungsnehmer die Grundschuld erst bei Entstehung der Forderung erhält (aufschiebende Bedingung der Valutierung der Forderung) und sie bei Tilgung sofort wieder verliert (auflösende Bedingung des Erlöschens der Forderung). Ob sich ein Kreditinstitut auf eine bedingte Grundschuld einlassen und damit die Möglichkeit der Vereinbarung einer weiten Zweckabrede verzichten wird, ist indessen zweifelhaft.

Literaturverzeichnis

Adams, Michael, Ökonomische Analyse der Sicherungsrechte, Königstein/Taunus 1980

Baden, Eberhard, Noch einmal: § 1157 BGB und das Einredesystem der Sicherungsgrundschuld, in: JuS 1977, S. 75-79

Bähr, Gerhard, Akzessorietät bei der Sicherungszession, in: NJW 1983, S. 1473-1475

Bähr, Kurt, Die nichtvalutierte Grundschuld, Erlangen 1935

Baur, Jürgen F. / Stürner, Rolf, Lehrbuch des Sachenrechts, 17. Auflage München 1999

Bayer, Walter / Wandt, Manfred, Das Verhältnis zwischen Bürgen und Grundschuld-Besteller - BGH NJW 1982, 2308, in: JuS 1987, S. 271-275

Becker-Eberhard, Ekkehard, Die Forderungsgebundenheit der Sicherungsrechte, Bielefeld 1993

Blomeyer, Karl / Löffler, Helmut, Hypotheken und Grundschulden, 2. Auflage Frankfurt am Main 1990

Brebeck, Robert, Die Grundschuld zur Sicherung einer Forderung, Borna / Leipzig 1916

Bremer, F. P., Hypothek und Grundschuld, Göttingen 1869

Broihan, Ullrich, Die Reichweite formularmäßiger Sicherungsabreden bei Bürgschaft und Grundschuld, Frankfurt am Main / Bern / New York / Paris 1992

Buchholz, Stephan, Zur Entstehung und Entwicklung der „abstrakten Hypothek“: die Grundschuld als Sonderform der Hypothek im ostelbischen Raum, in: *Coing, Helmut / Wilhelm, Walter* (Hrsg): Wissenschaft und Kodifikation des Privatrechts im 19. Jahrhundert, Band III, Frankfurt am Main 1976, S. 218-239

Buchholz, Stephan, Abstraktionsprinzip und Immobiliarrecht: Zur Geschichte der Auflassung und der Grundschuld, Ius commune Sonderheft 8, Frankfurt am Main 1978

Buchholz, Stephan, Sicherungsvertraglicher Rückgewähranspruch bei Grundschulden, in: ZIP 1987, S. 891-899

Buchholz, Stephan, Abtretung der Grundschuld und Wirkungen der Sicherungsvereinbarung - Zur Anwendbarkeit des § 1157 BGB auf die Sicherungsgrundschuld, in: AcP 187 (1987), S. 107-141

Bülow, Peter, Recht der Kreditsicherheiten, 4. Auflage Heidelberg 1997

Bülow, Peter, Sicherungsgeschäfte als Haustür- oder Verbraucherkreditgeschäfte, in: NJW 1996, S. 2889-2893

Bülow, Peter, Die These von der Doppelcausa im Kreditsicherungsverhältnis – ein Holzweg, in: NJW 1997, S. 641-643

Caemmerer, Ernst von, Bereicherung und unerlaubte Handlung, in: Festschrift für Ernst Rabel, Band I, Tübingen 1954, S. 333-401

Canaris, Claus-Wilhelm, Die Verdinglichung obligatorischer Rechte, in: Festschrift für Flume (1978), Band I, S. 371-427

Canaris, Claus-Wilhelm, Anmerkung zu BGH NJW 1986, 1487, in: NJW 1986, S. 1488-1489

Canaris, Claus-Wilhelm, Die Problematik der Sicherheitenfreigabeklauseln im Hinblick auf § 9 AGBG und § 138 BGB, in: ZIP 1996, S. 1109-1123

Capeller, Die Zwangsvollstreckung in die durch den Schuldner zur Sicherheit eines Kontokorrentkredits bestellte Grundschuld, in: MDR 1953, S. 153-154

Clemente, Clemens, Rechtsfragen der Kreditsicherung mittels Grundschuld in der Praxis der Kreditinstitute, Diss. München 1982

Clemente, Clemens, Die Zweckerklärung der Sicherungsgrundschuld in der Bankpraxis - eine kritische Bestandsaufnahme, in: NJW 1983, S. 6-10

Clemente, Clemens, Sicherungsabreden im Spiegel der neueren Rechtsprechung, in: ZIP 1985, S. 193-201

Clemente, Clemens, Die Sicherungsabrede der Sicherungsgrundschuld – eine Bestandsaufnahme, in: ZIP 1990, S. 969-976

Clemente, Clemens, Recht der Sicherungsgrundschuld, 2. Auflage Köln 1992

Clemente, Clemens, Aktuelle Entwicklungen beim Anspruch auf Rückgewähr einer Sicherungsgrundschuld, in: ZIR 1997, S. 127-132

Coester-Waltjen, Dagmar, Die Durchsetzung der Hypothek: Einreden und Einwendungen des Eigentümers, in: Jura 1991, S. 186-190

Coing, Helmut, Die Treuhand kraft privaten Rechtsgeschäfts, München 1973

Cordes, Albrecht, Rund um die Sicherungsgrundschuld, in: Jura 1990, S. 594-599

Dempewolf, Günter, Bedeutung und Wirkung des Rückübertragungsanspruches bei Sicherungsgrundschulden im bankgeschäftlichen Verkehr, Diss. Köln 1957

Dempewolf, Günter, Der Rückübertragungsanspruch bei Sicherungsgrundschulden als Kreditsicherungsmittel, in: NJW 1957, S. 1257-1261

Dempewolf, Günter, Die Pfändung eines Anspruches auf Rückgewähr einer Sicherungsgrundschuld, in: NJW 1959, S. 556-560

Dempewolf, Günter, Welchen Rang hat der nicht valutierende Teil einer Sicherungsgrundschuld ?, in: NJW 1959, S. 2148-2149

Derleder, Peter, Der praktische Fall: Die unsichere Sicherungsgrundschuld, in: JuS 1971, S. 90-95

Dernburg, Heinrich, Das Pfandrecht nach den Grundsätzen des heutigen römischen Rechts, Erster Band Leipzig 1860, Zweiter Band Leipzig 1864

Eccius, Noch einmal die ins Freie fallende Grundschuld, in: Gruchot 51, S. 162-165

Eickmann, Dieter, Die fiduziarisch gegebene isolierte Grundschuld als Rangsicherungsmittel, in: NJW 1981, S. 545-550

Eickmann, Dieter, Aktuelle Fragen zur Sicherungsgrundschuld, in: ZIP 1989, S. 137-144

Eilmannsberger, Thomas, Die Liberalisierung des Hypothekarkredits in der EWG, in: EuZW 1991, S. 691-698

Erman, Walter, Kommentar zum BGB, 2. Band, 9. Auflage Münster 1993

Enneccerus, Ludwig / Lehmann, Heinrich, Recht der Schuldverhältnisse, 15. Auflage Tübingen 1958

Felgentraeger, Wilhelm, Hypothek und Grundschuld, in: Festschrift für J. v. Gierke (1950), S. 140-162

Flemming, W., Forderungserwerb bei Befriedigung des Grundschuldgläubigers, in: ZAkDR 1937, S. 22

Friedrich, Rüdiger, Die Eintragungsfähigkeit der bei Bestellung einer Grundschuld vereinbarten Sicherungsabrede, in: NJW 1968, S. 1655-1660

Füchtenbusch, Dieter, Der Akzessorietätsgedanke in der modernen Entwicklung des Hypothekenrechts, Münster 1960

Fullenkamp, Josef, Die erweiterte Zweckerklärung bei Bürgschaft und Grundschuld, Frankfurt am Main / Bern / New York / Paris 1989

Gaberdiel, Heinz, Kreditsicherung durch Grundschulden, 6. Auflage Stuttgart 2000

Ganter, Hans Gerhard, Die nachträgliche Übersicherung eines Kredits, in: ZIP 1994, S. 257-264

Gernhuber, Joachim, Die fiduziarische Treuhand, in: JuS 1988, S. 355-363

Gernhuber, Joachim, Die Erfüllung und ihre Surrogate, Handbuch des Schhuldrechts, Band 3, 2. Auflage Tübingen 1994

Gerth, Axel, Zur Kündbarkeit der Zweckerklärung von Grundschulden, in: BB 1990, S. 78-81

Gierke, Julius von, Bürgerliches Recht - Sachenrecht, 3. Auflage Berlin / Göttingen / Heidelberg 1948

Göbel, Jürgen, Übersicherung und Freigabeklauseln in vorformulierten Kreditsicherungsverträgen, Berlin 1993

Güthe, Georg, Wie ist die nicht valutierte Grundschuld im Falle der Zwangsversteigerung zu behandeln ?, in: DJZ 1908, Sp. 929-934

Güthe, Georg, Die wirtschaftlichen und rechtlichen Grundlagen des modernen Hypothekenrechts, Berlin 1914

Haas, Michael J. H., Materiellrechtliche Einreden gegen die Sicherungsgrundschuld und ihre Drittwirkung bei rechtsgeschäftlichem Grundschuldübergang, Frankfurt am Main / Berlin / Bern / New York / Paris / Wien 1992

Hachenburg, Der 60. Band der Entscheidungen des Reichsgerichts in Zivilsachen, in: DJZ 1906, Sp. 297-303

Haselbach, Detlef, Die prozessuale Verteidigung gegen die Sicherungsgrundschuld, Bielefeld 1983

Hattenhauer, Hans, Die Akademie für Deutsches Recht (1933-1944), in: JuS 1986, S. 680-684

Heck, Philipp, Sachenrecht, Tübingen 1930 (Nachdruck Aalen 1960)

Herzfeld, Manfred, Übertragung nicht-akzessorischer Sicherheiten, in: JR 1958, S. 453-455

Hieber, Hans, Abtretung des Rückübertragungsanspruchs bei Grundschulden, in: DNotZ 1958, S. 378-381

Hoche, Ulrich, Anmerkung zu BGH DNotZ 1958, 383, in: DNotZ 1958, S. 386-388

Hornung, Anton, Vollstreckungsunterwerfung und Höchstbetragshypothek, in: NJW 1991, S. 1649-1654

Huber, Ulrich, Die Sicherungsgrundschuld, Heidelberg 1965

Huber, Ulrich, Die Pfändung der Grundschuld, in: BB 1965, 609-612

Huber, Ulrich, Verpflichtungszweck, Vertragsinhalt und Geschäftsgrundlage, in: JuS 1972, 57-65

Huber, Ulrich, Einreden gegen die Grundschuld, in: Festschrift für Rolf Serick (1992), S. 195-239

Jäckle, Wolfgang, Die Sicherungsgrundschuld bei Störungen des Kreditverhältnisses, in: JZ 1982, S. 50-56

Jahr, Günther, Die Einrede des bürgerlichen Rechts, in: JuS 1964, S. 125-132, 218-224, 293-305

Janberg, Hans, Zweifelsfragen bei der Grundschuld als Kreditsicherungsmittel, in: DFG 1939, S. 57-58, 80-83

Jauernig, Othmar, Zur Akzessorietät bei der Sicherungsübertragung, in: NJW 1982, S. 268-270

Jestaedt, Egbert, Eine dingliche Komponente beim Grundschuld-Rückgewähranspruch ?, in: Gedächtnisschrift für Schulz (1987), S. 149-166

Kaser, Max, Das Römische Privatrecht, Erster Abschnitt, München 1955

Klee, Hans-Joachim, Eigentümergrundschuld oder Fremdgrundschuld ?, in: NJW 1951, S. 579-582

Kolbenschlag, Herbert, Zur Interessenwahrungspflicht des Grundschuld-gläubigers im Zwangsversteigerungsverfahren, in: WM 1958, S. 1434-1436

Kollhosser, Helmut, Grundbegriffe und Formularpraktiken im Grundpfandrecht, in: JA 1979, S. 61-67

Komanns, Theo, Das Grundpfandrecht als fiduciarische Sicherheit, Düsseldorf 1939

Koppensteiner, Hans-Georg / Kramer, Ernst A., Bereicherungsrecht, 2. Auflage Berlin / New York 1988

Kowalski, Herbert, Die Pfändung der Sicherungsgrundschuld, in: JW 1934, S. 1837-1838

Kowalski, Herbert, Die Grundschuld im modernen Grundbuchverkehr, 2. Auflage Berlin 1939

Kramer, Günther, Grundschuld und Schuldgrund, Urach (Württ.) 1932

Krawielicki, Grundlagen des Bereicherungsanspruchs, Breslau 1936

Küchler, Kurt, Die Sicherungsgrundschuld, Diss. Marburg 1939

Kühnast, L., Untersuchung des Grundschuldbegriffs, Berlin 1878

Lamb, Irene, Die Sicherungsgrundschuld, in: JA 1979, S. 1-12

Landsberg, Rechtliches Schicksal einer nicht valutierten Grundschuld, in: PosMSchr 1905, S. 78-79

Larenz, Karl / Canaris, Hans-Wilhelm, Lehrbuch des Schuldrechts, 2. Band, 2. Halbband, 13. Auflage München 1994

Liebs, Detlef, Bereicherungsanspruch wegen Mißerfolgs und Wegfall der Geschäftsgrundlage, JZ 1978, 697-703

Linde, Trutz, Sicherung des Gläubigers nachrangiger Grundpfandrechte, in: NJW 1957, 449-450

Lindemann, Sicherungsgrundschuld, in: JW 1931, S. 2613-2614

Lohmann, Franz, Zur Lehre von der Grundschuld unter besonderer Berücksichtigung der nichtvalutierten Grundschuld, ihrer Pfändung und ihrer Stellung in der Zwangsversteigerung, Emsdetten 1933

Lopau, Eberhard A., Die Nichtakzessorietät der Grundschuld - OLG Köln OLGE 1969, 419, in: JuS 1972, S. 502-506

Lopau, Eberhard A., Die Rechtsstellung des Schuldners bei der Kreditsicherung durch Grundschulden, in: NJW 1972, S. 2253-2257

Lopau, Eberhard A., Der praktische Fall: Die nichtvalutierte Sicherungsgrundschuld am zwangsversteigerten Grundstück, in: JuS 1976, S. 315-319

Lopau, Eberhard A., Die Sicherungsgrundschuld im Spannungsfeld von Eigentümer- und Verkehrsinteressen, in: JuS 1976, S. 553-559

Lwowski, Hans-Jürgen, Das Recht der Kreditsicherung, 8. Auflage Berlin 2000

Matschl, Gustav, Die persönliche Forderung bei Befriedigung des Gläubigers einer Sicherungsgrundschuld durch den Eigentümer, in: NJW 1962, S. 2132-2134

Medicus, Dieter, Durchblick: Die Akzessorietät im Zivilrecht, in: JuS 1971, S. 497-504

Mertens, Bernd / Schröder, Jan, Der Ausgleich zwischen Bürgen und dinglichem Sicherungsgeber - Überlegungen zu BGHZ 108, 179ff., in: Jura 1992, S. 305-311

Motive zu dem Entwurfe eines Bürgerlichen Gesetzbuches für das Deutsche Reich, Band III, Berlin / Leipzig 1888 (Nachdruck 1983)

Müller, Klaus, Sachenrecht, 2. Auflage Köln / Berlin / Bonn / München 1990

Münchener Kommentar zum BGB, 2. Auflage, Band 3: Schuldrecht Besonderer Teil, 2. Halbband, München 1986; 3. Auflage, Band 5: Schuldrecht Besonderer Teil III, München 1997; Band 6: Sachenrecht, München 1997

Münstermann, Hans, Grundschuld und persönliche Forderung, Gelsenkirchen 1937

Mugdan, Benno, Die gesamten Materialien zum Bürgerlichen Gesetzbuch für das Deutsche Reich, Band 3, Neudruck Aalen 1979

Neuhof, Rudolf, 16 Jahre Kreditsicherheiten Makulatur ?, in: NJW 1993, S. 2840-2845

Neuhof, Rudolf, Drittwirkung der AGB-Gesetzwidrigkeit zugunsten Vertragsfremder und Rückwirkung des Unwirksamkeitsverdikts auf Sicherheitenverträge, in: NJW 1994, S. 1763-1767

Neuhof, Rudolf, Wiederaufnahme abgeschlossener Konkursverfahren bei nachträglich erkannter Unwirksamkeit formularmäßig bestellter Kreditsicherheiten, in: NJW 1995, S. 937-939

Neuhof, Rudolf, Rechtsprechung zur Freigabe von Sicherheiten am Scheideweg, in: NJW 1995, S. 1068-1070

Neuhof, Rudolf / Richrath, Jochen, Rückabwicklung nichtiger Kreditsicherungsverträge nach der Lehre von der Doppelcausa, in: NJW 1996, S. 2894-2899

Neumann, Hugo, Die nicht valutierte Grundschuld, in: JW 1906, S. 153-154

Nissen, Die nicht valutierte Grundschuld, in: JW 1906, S. 803-805

Nobbe, Gerd, Aktuelle Entwicklungen zu Sicherungsübereignung und Globalzession im Lichte des AGB-Gesetzes, in: ZIP 1996, S. 657-665

Nußbaum, Arthur, Lehrbuch des Deutschen Hypothekenwesens, 2. Auflage Tübingen 1921

Oberneck, Hermann, Das Reichsgrundbuchrecht, 2. Band, 4. Auflage Berlin 1909

Oehler, Wolfgang, Sicherungsgrundschuld - Folgen der Zahlung durch den Eigentümer - BGH NJW 1988, 2730, in: JuS 1989, S. 604-610

Opalka, Joachim, Ausgewählte Probleme der Grundschuldbestellung, Unterwerfungserklärung und der Schuldübernahme, in: NJW 1991, S. 1796-1801

Petri, Heinz-Jürgen, Die Grundschuld als Sicherungsmittel für Bankkredite, Diss. Münster 1975

Pfeiffer, Thomas, Übersicherung, Freigabeanspruch, Freigabeklauseln, in: WM 1995, S. 1565-1573

Planck, Gottlieb, Kommentar zum BGB, Dritter Band, 4. Auflage Berlin / Leipzig 1920

Polzin, Günter, Die praktische Anwendung der Grundschuld, in: AcP 134 (1931), S. 219-235

Pottschmidt, Günter / Rohr, Ulrich, Kreditsicherungsrecht, 4. Auflage München 1992

Protokolle der Kommission für die zweite Lesung des Entwurfs des Bürgerlichen Gesetzbuchs, Band III, Berlin 1899 (Nachdruck 1983); Band IV, Berlin 1897 (Nachdruck 1983)

Puplick, Georg Alexander, Rechtsprobleme der Sicherungsvereinbarungen bei Grundschulden, Frankfurt am Main / Bern / New York/ Paris 1988

Quentin, Heinz, Die Sicherungsgrundschuld, Halle 1936

Radloff, Die Sicherungsgrundschuld, in: DJZ 1929, S. 981-982

Räbel, H., Rechtsfragen zur Kreditsicherungsgrundschuld, in: NJW 1953, S. 1247-1250

Räfle, Siegfried, Die neuere Rechtsprechung des Bundesgerichtshofes zu Hypothek und Grundschuld, in: WM 1983, S. 806-816

Rehbein, Dieter, Sicherung und Sicherungszweck, in: Festschrift für Heinsius (1991), S. 659-681

Reinicke, Dietrich / Tiedtke, Klaus, Der Schutz des guten Glaubens beim Erwerb einer Grundschuld kraft Gesetzes, in: WM 1986, S. 813-820

Reinicke, Dietrich / Tiedtke, Klaus, Das Schicksal der persönlichen Forderung bei Ablösung der Grundschuld durch den Eigentümer des Grundstücks, in: WM 1987, S. 485-495

Reinicke, Dietrich / Tiedtke, Klaus, Kreditsicherung, 3. Auflage Neuwied 1994; 4. Auflage Neuwied 2000

Reithmann, Christoph, Die Grundschuld in Recht und Praxis, in: NJW 1973, S. 879-883

Reithmann, Christoph, Die Grundpfandrechte in der Rechtswirklichkeit, in: NJW 1977, S. 661-665

Reithmann, Christoph, Grundpfandrechte heute - Rechtsentwicklung und Aufgaben des Notars, in: DNotZ 1982, S. 67-90

Reithmann, Christoph, Die Zweckerklärung bei der Grundschuld, in: WM 1985, S. 441-448

Rheinstein, Max, Anmerkung zu RG JW 1932, 1759, in: JW 1932, S. 1759-1760

Richrath, Jochen, Die Übersicherungsproblematik bei nichtakzessorischen Kreditsicherheiten - Funktion und inhaltliche Gestaltung des Sicherungsvertrages, Bayreuth 1995

Riecke, Olaf, Gesetzgeberische Absicht und Praxiswandel bei der Sicherungsgrundschuld, Diss. Würzburg 1983

Rimmelspacher, Bruno, Gutglaubensschutz bei der Ablösung von Grundpfandrechten, in: WM 1986, S. 809-812

Rimmelspacher, Bruno, Kreditsicherungsrecht, 2. Auflage München 1987

Ripfel, Franz, Zweifelsfragen bei der Grundschuld als Kreditsicherungsmittel, in: DFG 1938, S. 185-191

Ripfel, Franz, Die Eigentümeransprüche gegen den Grundschuldgläubiger und ihre Sicherung, in: DNotZ 1957, 518-527

Ritter, Georg, Die rechtliche Lage bei Verbindung der Grundschuld mit einer persönlichen Forderung, Esslingen 1914

Rünger, Hans Ulrich, Der Rückübertragungsanspruch bei der teilvalutierten Sicherungsgrundschuld in der Zwangsversteigerung, Diss. Erlangen-Nürnberg 1985

Rutke, Wolfgang, Praktische Handhabung der Teilabtretung von Briefgrundschulden ohne Teilbriefbildung, in: WM 1987, S. 93-100

Schapp, Jan, Sachenrecht, München 1989

Schapp, Jan, Zum Wesen des Grundpfandrechts, in: Freundesgabe für Söllner (1990), S. 477-504

Schnell, Claus, Die formularmäßig erweiterte Zweckerklärung bei Grundschulden, Frankfurt am Main / Berlin / Bern / New York / Paris / Wien 1994

Scholz, Hellmut, Der sicherungsrechtliche Rückgewähranspruch als Mittel der Kreditsicherung, in: Festschrift für Möhring (1965), S. 419-445

Schoppmann, Henning, Das Verbraucherkreditgesetz und seine Anwendbarkeit auf Förderdarlehen und Realkredite, in: Der langfristige Kredit 1991, S. 142-143

Schreiber, Klaus, Sachenrecht, Stuttgart / München / Hannover / Berlin / Weimar 1993

Schubert, Werner (Hrsg.), Akademie für Deutsches Recht 1933-1945, Protokolle der Ausschüsse, Band III, 7: Ausschüsse für Immobiliarkredit, Bodenrecht, Hypothekenrecht und Enteignungsrecht, Berlin / New York 1995

Schütz, Wilhelm, Die unbrauchbare Höchstbetragssicherungshypothek, in: ZAkDR 1939, S. 475-478

Schütz, Wilhelm, Auflösende Bedingung in Sicherungsverträgen, in: NJW 1957, S. 1541-1543

Schütz, Wilhelm, Rationalisierung und Recht, in: JZ 1961, S. 105-111

Schwab, Karl-Heinz / Prütting, Hanns, Sachenrecht, 24. Auflage München 1993

Schwerdtner, Peter, Grundprobleme des Hypotheken- und Grundschuldrechts, in: Jura 1986, S. 259-265, 370-380

Seckelmann, Helmut, Die Grundschuld als Sicherungsmittel, Diss. Münster 1962

Seggelke, Karl, Das Verhältnis der Grundschuld zu dem ihrer Bestellung zugrunde liegenden schuldrechtlichen Rechtsgeschäft, Kassel 1927

Seibert, Ulrich, Tilgungsbestimmung, Anrechnungsvereinbarung und Grundschuld, in: JuS 1984, 526-529

Serick, Rolf, Eigentumsvorbehalt und Sicherungsübertragung, Band 1 Heidelberg 1963; Band 2 Heidelberg 1965; Band 3 Heidelberg 1970

Serick, Rolf, Formularverträge und Mobiliarsicherheiten mit Freigabeklauseln in höchstrichterlicher Rechtsprechung: Vereinbartes Gewohnheits- oder kautelarisches Kreditsicherungsrecht ?, in: BB 1995, S. 2013-2024

Serick, Rolf, Bundesgerichtshof und Mobiliarsicherheiten in Formularverträgen: Vereinbartes Gewohnheits- oder kautelarisches Kreditsicherungsrecht ?, in: Festschrift für Trinkner (1995), S. 407-430

Serick, Rolf, Nachträgliche Übersicherung durch fiduziarische Kreditsicherheiten vor dem Bundesgerichtshof und zwingendem Gewohnheitsrecht, in: WM 1995, S. 2017-2024

Serick, Rolf, Nachträgliche Übersicherung eines Kredites - Freigabeklauseln und das Warten auf einen Spruch des Großen Senats für Zivilsachen, in: ZIP 1995, S. 789-794

Serick, Rolf, Freigabeklauseln, Deckungsgrenze und Haftobergrenze, in: NJW 1997, S. 1529-1533

Sohm, Rudolf, Über Natur und Geschichte der modernen Hypothek, Wien 1877

Staudinger, Julius von, Kommentar zum BGB, 10. Auflage, Band III / 2, München / Berlin / Leipzig 1936; 12. Auflage, Band II / 2, Berlin 1979, Band III / 4, Berlin 1981; 13. Auflage, §§1113-1203, Berlin 1996

Stöcker, Otmar M., Die „Eurohypothek", Berlin 1991

Stürner, Rolf, Das Grundpfandrecht zwischen Akzessorietät und Abstraktheit und die europäische Zukunft, in: Festschrift für Serick (1992), S. 377-388

Thieme, Paul, Sicherungsgrundschuld und Eigentümergrundschuld, in: JR 1953, S. 89-91

Thoma, Achim, Die Akzessorietät bei der Sicherungsübereignung, in: NJW 1984, S. 1162-1163

Tiedtke, Klaus, Die Sicherungsgrundschuld, in: Jura 1980, S. 407-421

Trapp, Andreas, Praktische Auswirkungen des Abschieds von der qualifizierten Freigabeklausel bei Globalzessionen, in: NJW 1996, S. 2914-2916

Wagner, Ludwig, Belastende Drittwirkungen im Recht der Sicherungsgrundschuld, München 1995

Weber, Hansjörg, Der Rückübertragungsanspruch bei der nichtvalutierten Sicherungsgrundschuld, in: AcP 169 (1969), S. 237-246

Weber, Hansjörg, Die Rechtsprechung des Bundesgerichtshofs zu Freigabeklauseln bei Kreditsicherheiten, in: WM 1994, S. 1549-1560

Weber, Hansjörg, Kreditsicherheiten, 5. Auflage München 1997

Weimar, Wilhelm, Die Sicherung von Krediten, 2. Auflage Köln 1972

Weirich, Hans-Armin, Die Sicherungsgrundschuld, in: JuS 1980, S. 188-191

Weisbecker, W., Die Grundschuld in ihren Beziehungen zur persönlichen Forderung, München / Berlin / Leipzig 1922

Weitnauer, Hermann, Betrachtungen zur causa der Sicherungsübertragung, in: Festschrift für Serick (1992), S. 389-402

Welter, Reinhard, Grundpfandrechte in den neuen Bundesländern, in: WM 1991, S. 1189-1197

Werneburg, Die Gestaltung der Grundschuld nach Reichsrecht, in: MHB 1918, S. 99-108

Westermann, Harm Peter, Die Grundpfandrechte, in: Jura 1979, S. 281-286

Westermann, Harry (Begr.) / ***Gursky, Karl Heinz*** (Hrsg.), Sachenrecht, 6. Auflage, Band II, Heidelberg 1988

Westermann, Harry (Begr.) / ***Westermann, Harm Peter / Gursky, Karl Heinz / Eickmann, Dieter***, Sachenrecht, 7. Auflage Heidelberg 1998

Westphalen, Friedrich Graf von, Grundschulddarlehen-Kontrollkriterien des AGBG, in: ZIP 1984, S. 1-10

Wieacker, Franz, Bodenrecht, Hamburg 1938

Wieling, Hans Josef, Sachenrecht, 3. Auflage Berlin / Heidelberg / Barcelona / Budapest / Hongkong / London / Mailand / Paris / Santa Clara / Singapur / Tokio 1997

Wieling, Hans Josef, Bereicherungsrecht, 2. Auflage Berlin / Heidelberg/ New York / Budapest / Hongkong / London / Mailand / Paris / Singapur / Tokio 1998

Wilhelm, Jan, Sicherungsgrundschuld und Einreden gegen den Dritterwerber, in: JZ 1980, S. 625-633

Wilhelm, Jan, Die maßgebliche Einrede bei der Anwendung des § 1157 BGB auf die Sicherungsgrundschuld, in: NJW 1983, S. 2917-2920

Wilhelm, Jan, Sachenrecht, Berlin / New York 1993

Wörbelauer, Herbert, Nochmals: Sicherung des Gläubigers nachstelliger Grundpfandrechte, in: NJW 1957, 898

Wörbelauer, Herbert, Die verhinderte Eigentümergrundschuld, in: NJW 1958, 1705-1710

Wolf, Ernst, Lehrbuch des Sachenrechts, 2. Auflage Köln / Berlin / Bonn / München 1979

Wolf, Manfred, Inhaltskontrolle von Sicherungsgeschäften, in: Festschrift für F. Baur (1981), S. 147-168

Wolff, Martin / Raiser, Ludwig, Sachenrecht, 10. Auflage Tübingen 1957

Wunner, Sven Erik, Baukostenzuschuß und Bereicherungsrecht, in: NJW 1966, 2285-2289

Wunner, Sven Erik, Gutglaubensschutz und Rechtsnatur der Vormerkung, in: NJW 1969, S. 113-118

Zeiss, Walter, Der rechtliche Grund (§ 812 BGB) für Schuldanerkenntnisse und Sicherheitsleistungen, in: AcP 164 (1964), S. 50-77

Zenker, Eckhard, Die Einreden des § 1157 BGB und der Typenzwang im Sachenrecht, Diss. Tübingen 1968

Stephanie Puls

Dagobert Duck und die *Luxemburg-Sparer*

Zugleich eine Untersuchung zu den vorgeleisteten Begünstigungen durch neutrale Handlungen

Frankfurt/M., Berlin, Bern, Bruxelles, New York, Oxford, Wien, 2001.
XXIV, 356 S.
Europäische Hochschulschriften: Reihe 2, Rechtswissenschaft. Bd. 3126
ISBN 3-631-37747-9 · br. DM 98.–*

Mit Einführung der Zinsabschlagsteuer transferierten zahlreiche Anleger unter Mitwirkung inländischer Kreditinstitute in großem Umfang Kapital zu ausländischen Finanzplätzen. Zum Teil handelte es sich hierbei um steuerunehrliche Anleger. Die Untersuchung geht der Frage nach, ob sich Bankmitarbeiter durch das Zurverfügungstellen eines speziellen und auf Verschleierung angelegten Transfersystems wegen Beihilfe zur Steuerhinterziehung strafbar gemacht haben. Im Zentrum steht die Problematik der Beihilfe in Gestalt vorgeleisteter Begünstigungen durch neutrale und berufstypische Handlungen. Die Autorin bejaht die Beihilfestrafbarkeit unter bestimmten Voraussetzungen. Daneben werden die stattgefundenen Bankendurchsuchungen und Beschlagnahmen auf ihre strafprozessuale Zulässigkeit hin untersucht.

Aus dem Inhalt: Steuerrechtlicher Hintergrund der Kapitalverlagerungen · Übersicht über das Transfersystem · Verantwortlichkeit der Mitarbeiter der Kreditinstitute · Rechtmäßigkeit der Durchsuchungen und Beschlagnahmen

Kolibri 360 GmbH
Ferdinand-Jühlke-Straße 7
99095 Erfurt, Deutschland
produktsicherheit@kolibri360.de

Druck:
CPI Druckdienstleistungen GmbH
im Auftrag der
Kolibri 360 GmbH
Ferdinand-Jühlke-Str. 7
99095 Erfurt